《中国休闲研究学术报告2012》
编委会

主　　编：冯长根

执行主编：马惠娣　宁泽群

编　　委：（以姓氏笔划为序）

王　宁　王雅林　卢　风　李相如

李　享　邢　媛　苏　青　张雅静

中国休闲研究学术报告 2012

Chinese Leisure Studies 2012

聚焦生活方式与闲暇时间

冯长根 / 主编

马惠娣 宁泽群 / 执行主编

北京·旅游教育出版社

责任编辑:孙延旭

图书在版编目(CIP)数据

中国休闲研究学术报告.2012 / 冯长根主编. —— 北京:旅游教育出版社,2013.7
ISBN 978-7-5637-2707-0

Ⅰ.①中… Ⅱ.①冯… Ⅲ.①闲暇社会学—研究报告—中国—2012 Ⅳ.①C913.3

中国版本图书馆 CIP 数据核字(2013)第 171839 号

中国休闲研究学术报告 2012

冯长根　主编

马惠娣　宁泽群　执行主编

出版单位	旅游教育出版社
地　　址	北京市朝阳区定福庄南里 1 号
邮　　编	100024
发行电话	(010)65778403 65728372 65767462(传真)
本社网址	www.tepcb.com
E - mail	tepfx@163.com
印刷单位	北京甜水彩色印刷有限公司
经销单位	新华书店
开　　本	787 毫米×1092 毫米　1/16
印　　张	13
字　　数	190 千字
版　　次	2013 年 8 月第 1 版
印　　次	2013 年 8 月第 1 次印刷
定　　价	38.00 元

(图书如有装订差错请与发行部联系)

内容简介

本书收录15篇文章，从多学科视角对生活方式与闲暇时间利用问题进行了理论与实证的探讨。其中有三篇理论文章，分别论述了生活方式研究的当代意义；探究了"时间荒"的深层原因；反思了当下消费主义陷阱带来的种种危机。七篇研究报告，通过对不同城市、地区、群体的调查，显示中国人闲暇时间分配状况，反映城市职业女性、青少年、单身女青年、农村老年人休闲生活状况，反映不同阶层参与休闲活动及出行的特征。另有五篇文章，阐述了公共空间、学习型休闲参与、旅游、体育、休闲教育对人的生活方式所产生的作用和影响。这些研究成果从多个侧面揭示了当代中国人生活方式与闲暇时间分配基本状况，也传递出了整个社会在生活形态体系、社会管理体系、民生服务体系、制度设计体系、舆论宣传体系、道德伦理体系等方面存在的问题。

目 录

序（一） ………………………………………… 冯长根 1
序（二） ………………………………………… 马惠娣 4

重提生活方式研究的重大现实意义 ……………… 王雅林 1
时间荒的社会学分析 ……………………………… 王 宁 20
超越"赚钱+花钱"的生活方式 …………………… 卢 风 33

中国家庭闲暇时间利用与社会问题调查 ………… 魏 翔 范 虹 39
社会分层与闲暇活动 ……………………………… 卢春天 石金莲 53
农村老年人休闲生活方式研究 …………………… 李 享 66
市民节假日休闲行为特征的调查与研究 ………… 吴承忠 杨 裔 73
青少年体质下降及其成因分析 …………………… 李 婧 88
海峡两岸单身女性生活方法解读 ………………… 谭家伦 102
城市职业女性休闲参与研究 ……… 彭璐璐 张 莉 李亚平 程遂营 114

城市公共空间与国民休闲生活方式 ……… 张国栋 赵 可 陈 郑 131
学习型休闲参与国民生活方式培育研究 ………… 乌 恩 144
旅游与现代休闲生活方式 ………………………… 宁泽群 152
休闲体育与生活方式 ……………………………… 栗燕梅 167
休闲教育与大学生生活方式 ……………………… 黄金葵 178

Contents

Preface 1 ·· Feng Changgen 1
Preface 2 ·· Ma Huidi 4

The Significance of Re-initiating Lifestyle Research ················· Wang Yalin 1
A Sociological Analysis on Time Shortage ···························· Wang Ning 20
Beyond the "Money Earning + Spending" lifestyle ····················· Lu Feng 33

A Survey on the Use of Family Leisure Time and Its
  Social Problems of China ·························· Wei Xiang, Fan Hong 39
Social Stratification and Leisure Activities ············ Lu Chuntian, Shi Jinlian 53
A Survey on the Pattern of the Rural Senior Citizens' Leisure Life ······ Li Xiang 66
An Investigation and Research on the Features of Urban Holiday
  Markers' Recreational Behaviors ················· Wu Chengzhong, Yang Yu 73
The Falling of the Adolescents' Physical Quality and Its Reasons ········· Li Jing 88
An Interpretation of the Cross-Straits Female Singles' Way of Life ····· Tan Jialun 102
A Research on the Leisure Activity Involvement of Urban
  Career Women ············ Peng Lulu, Zhang Li, Li Yaping, Cheng Suiying 114

Urban Public Space and National
  Leisure Lifestyle ····················· Zhang Guodong, Zhao Ke, Chen Zheng 131
A Research on Learning-oriented Leisure Activity Involvement and the
  Cultivation of National Lifestyle ····································· Wu En 144
Tourism and Modern Leisure Lifestyle ································· Ning Zequn 152
Leisure Sports and Lifestyle ··· Li Yanmei 167
Leisure Education and College Students' Lifestyle ················· Huang Jinkui 178

序(一)

冯长根[①]

过去的五年,休闲哲学专业委员会在多位学术前辈的引领下,研究工作坚持"关注国计民生中的休闲,关注休闲中的人文关怀,关注休闲中的文化取向,关注文化中的休闲现象"的宗旨,每年出版的《会议文集》或《学术报告》都体现了大家在这方面所作出的努力和取得的成就。

《中国休闲研究学术报告2012》集中展现了15篇文章的作者对生活方式和闲暇时间利用问题的调查与思考,透过这些研究报告,可以折射出当前不同群体、不同阶层生活方式的现状,也真实、客观地记录了人们利用闲暇时间的态度和行为方式。几篇理论文章对当下中国人生活方式现状的反思与忧虑也有很好的警示与启迪意义。这些成果,一方面体现了学者们理论联系实际的学风,另一方面也表明了学者的社会担当。我想,这应当成为我们始终不渝的学科方向。

2000年出版的第一套"西方休闲研究译丛"五本书,当时我就看了。后来,我参与了第二套"西方休闲研究译丛"的编委会工作,虽然没有亲自参与翻译和编辑工作,但是几位开创者,如于光远、成思危、龚育之等几位大家的思想对我的影响很深刻。

于光远先生十八年前曾说:"休闲既是一个社会问题、时代问题,又是一个个体问题、生命问题。无论如何看待,它都与我们人生中的三分之一,生命中的三分之一,生活中的三分之一密切相联。"

成思危先生十五年前指出:"知识经济时代的来临,将使未来的社会以史无前例的速度变化着。休闲将成为人类生活的重要组成部分。它将带来

[①] 冯长根,第二届中国自然辩证法研究会休闲哲学专业委员会主任委员,中国科协副主席,全国人大常委会常务委员,北京理工大学博士生导师。

两个变化:第一,人们的生活方式、工作方式发生很大的变化,在提高效率的同时,人们也将拥有更多的闲暇时间,这是一个方面;另外一个方面,随着经济全球化、网络化的到来,文化之间的相互融合、相互渗透也会在越来越多的方面体现出来。在这种情况下,我们的休闲需求、休闲价值观、休闲方式都在潜移默化地发生变化。"

龚育之先生十年前说:"休闲,从少数人的消磨光阴,到多数人的生活方式,进而变为一种研究对象,形成一门休闲科学。"

我要说的是,思想大家以他们的真知灼见为我们引路。我还想说的是,这几位大家,都将休闲问题与生活方式联系在一起。现实生活证明了他们思想的远见性与深刻性。

的确,我们的生存、成长、生活、工作、事业,哪一样没有休闲相伴?我记得二十世纪八十年代在英国留学期间,我和实验室的同学们有个习惯,大家在工作累了的时候有个"coffee break",同学们边喝咖啡边交谈,让大脑休息后再投入工作,不仅效率高,而且通过"放松"可以产生灵感。

科研工作尤其要学会利用休闲促进创造能力,并使休闲成为生活方式的重要内容。英国人,特别是剑桥的"下午茶",体现了优雅的生活方式和愉快的工作方式,培养了众多的诺贝尔奖获得者,提升了整个国家的创造力。我们从中应该受到启迪并加以借鉴。我想,这方面的研究工作在未来还要加强。

哲学,在国外一般是学养训练的科目,目的是要人们学会严密的逻辑思维和理性思维,掌握透过现象看本质的能力。不论是科研工作,还是从事其他方面的工作,有良好的逻辑思维和理性思维,对事物的认知就不会只见树木,不见森林;只见眼前,不见长远;只见表面,不见本质。哲学不是高高在上,也不是故弄玄虚,更不能脱离社会与生活。从这个意义上说,休闲哲学更具有实践和创造的特性。

我曾谈过21世纪科学技术发展的趋势问题,我认为:"科技发展使人类有可能更加合理地利用自然资源,实现人与自然的和谐发展。科学普及在21世纪也将会提高到更重要的位置,未来科学技术不应是专家的专利,而是公众都可以享有的人类精神文明成果。公众科学素质的提高,科学精神的培育,科学思维方式的形成,在人类文明发展进程中将显得日益重要。"现在我要加上一句话,科学、科普都是很好的休闲生活方式,休闲也要成为科学发现、科学普及的催化剂。

值《中国休闲研究学术报告2012》出版之际,呼吁科技界、教育界,以及各界关注休闲生活、珍惜休闲生活,用科学、健康、合理的休闲方式垒起民族的文化资本和文化素养,发展我们的科学、哲学、艺术。希望休闲研究学者们继续努力,在践行"为学术问路,为民生祈福,为社会担道义,为大众启心智"的使命中秉承前贤、关注国情、踏实学问、服务社会。期待大家有更好的研究成果。

2013 年 4 月 28 日于北京

序(二)

马惠娣

一

我们已进入普遍有闲的社会,闲暇时间正成为生活方式的核心问题。十年前,龚育之同志在总结这一社会规律时说:"休闲,从少数人的消磨光阴,到多数人的生活方式,进而变为一种研究对象,形成一门休闲科学。"可见研究生活方式,不能离开休闲问题;而研究休闲问题,不能忽略生活方式。

"2012-中国休闲与社会进步学术年会"选择了"生活方式与闲暇时间分配"这一主题,以期唤起人们对"发展目的"、"经济归宿"、"优雅生活方式之意义"、"闲暇时间孕育怎样的资源和财富"、"人从哪里来,又将到何处去"等问题的思考。

我们试图通过学者的视野对当下中国人生活方式的现状做一客观与理性的观察与思考。会议收到68篇论文及其摘要。可喜的是,许多学者都有各自第一手的调查数据,其中多篇是各类学术基金资助的项目。

《中国休闲研究学术报告2012》分为三组:其中遴选了七篇调查报告,通过对不同城市、地区、群体的调查,反映中国人闲暇时间分配状况,反映城市职业女性、青少年、单身女青年、农村老年人休闲生活状况,反映不同阶层参与休闲活动及出行特征。另有五篇文章,阐述了旅游、体育、公共空间、学习型休闲参与、休闲教育对人们的生活方式所产生的作用和影响。还有三篇理论文章,分别论述了生活方式研究的当代意义;探究了"时间荒"的深层原因;反思了当下消费主义陷阱带来的种种危机。这些研究成果从多个侧面揭示了当代中国人生活方式与闲暇时间分配中的基本状况,也传递出了整个社会在生活价值体系、社会管理体系、民生服务体系、制度设计体系、舆论宣传体系、道德伦理体系等方面存在的问题。

我们编辑《中国休闲研究学术报告2012》时，恪守于光远先生曾一再强调的思想方法："要关注时代问题、社会重大问题。我们的研究工作不应该限于一般的、抽象的思辨，而是要去作特殊的、具体的研究，向着实践的方向前进，直到实践生活中显示出这种研究的重要意义。"

二

毋庸置疑，我们正处于重大社会转型期——世界形态由寰宇到"村落"，经济形态由工业制造到网络创意，生产形态由机械到智能，生活形态由物质到精神物质兼备，消费形态由占有到格调，文化形态由单一到多元。突出的特点是："普遍有闲"成为时代的主要特征。所选的十五篇文章对转型社会中的生活方式与核心问题做了重点的调查与思考。

第一组是三篇理论研究文章。生活方式研究著名学者王雅林教授认为，认清生活方式研究的重大价值，首先必须从理论上回答它在社会发展与进步中具有怎样的地位。文中提出了"好社会"概念，认为生活方式在"好社会"建设中可以通过作为价值导向的"意义系统"、作为生活资源的"配置系统"、作为主体的"调适系统"和作为社会运行的"软动力系统"等四大系统功能改善民生，以建构文明、优雅的生活方式。可是"为什么近二十年生活方式研究遭到了冷遇"，王雅林教授以富有张力的反思，给我们许多启发。

著名社会学研究学者王宁教授，对当前一面是社会普遍的有闲，而另一面是人们处于普遍的"时间荒"中这个二律背反现象，从制度层面入手分析了这一问题的深层原因。他认为：中国人的时间荒有三个根源：第一，城市劳动力再生产成本驱动；第二，制度无效率与无效时间的大量增加；第三，中国的产业处于全球价值链低端，即："制度弹性化、制度僵化、制度短板"。那么，如何破解这样的难题？王宁教授文章条分缕析、逻辑严密地予以论说，对诊疗"普遍有闲的匆忙社会"是一剂良药。

著名哲学教授卢风在文中质疑"挣钱+花钱的生活模式"，他认为，人是追求无限的有限存在者，追求无限即追求人生意义，人的幸福感依赖于他对人生意义的理解。当今社会"资本的逻辑"几乎统辖一切，经济权就是无止境地追求财富的权利，而事实上，仅靠物质财富，人们很难有幸福的生活。他指出，现代社会被认为是最符合人性的社会，因为它是保护人权的社会。在凸显自由、平等、人权、公平、效率、财富的现代文明中，赚钱加花钱的生活方式才有了无可置疑的合法性和合理性。然而，这究竟是"馅饼"还是"陷阱"，且听卢风教授如何分解。

笔者在编辑这三篇文章时，知道三位学者虽同为人文知识分子，却相互交集甚少。然而，他们的思想、问题域却不谋而合，三个不同的主题却道出了同一种心声，看到了同一种现实，心存同一种忧虑。真乃是"天下智谋之士所见略同耳"。

第二组中含七篇调查报告，都是作者们做了多年的积累和调研成果，篇篇都凝聚着研究者们所付出的辛劳，而这辛劳体现了作者对社会各阶层的关切之情，以及对"关注国计民生中的休闲，关注休闲中的行为取向"研究宗旨的践行。

魏翔、范虹采用"时间日志"的方法做了科学的社会调查，用数据铺陈了国民每天用于娱乐休闲和社交活动的时间和行为取向。卢春天、石金莲从社会分层的视域调查了不同阶层的闲暇时间分配状况。李享关注了农村老年人休闲生活方式。彭璐璐等学者关注了城市职业女性这个群体。吴承忠、杨裔通过节庆日透视城市居民出行的行为特征。李婧关注生活方式与青少年体质的关系。谭家伦瞄准海峡两岸大龄女青年"单身成因"问题，试图找到共性与特性问题。

这些文章通过设计问卷、实地调研、数据分析、理论研究等一系列过程，客观、理性地分析了当下不同人群生活方式与闲暇时间利用的现状，以及存在的问题。数据显示的问题对我们认知"人选择什么样的生活方式"和"不同的生活方式对个人和社会带来不同的后果"有着十分重要的启示意义。

第三组有五篇文章：张国栋等人的文章认为，一座好的城市，必然折射好的生活方式，而好的生活方式有赖于城市中的休闲设施建设。乌恩文中提出"自然学习型的休闲"概念，他建议人们的休闲生活可以走出城市，回归大自然,强调城市生活与乡村的时空联系是多么的必要。宁泽群教授针对当今旅游发展的过度功利化,批判旅游正变成一种技术工具,而忘却了旅游作为生活方式所产生的文化传播正能量的作用。栗燕梅教授则从体育健身、体育强国的角度发表了见解,呼吁加强城市体育健身设施的建设,为国民健康的生活方式提供便利条件。黄金葵以"中国文化与景观审美"教学设计为案例,说明休闲教育对享受美好生活,促进生态自然、人际社会以及个体情智三者的和谐发展有着积极的教化作用。

三

固然,近三十年来伴随中国社会经济文化的进步,中国人的生活方式的确发生了重大的变化,我们在高度认同这一社会现实的同时,也想通过多重的案例看到生活方式中的怪态、病态。

首先,人们对休闲的理解过于肤浅——在大多数国人眼里,休闲已被沦落于洗浴桑拿、饕餮美食、奢侈消费、"黄金周"盆满钵满之中。其次,人与自然、人与社会、人与人、人与人自身的不平衡正在困扰着我们,人的异化日趋严重,拜物教正在大肆地吞噬着人本与人性,对物欲的疯狂追逐使多数人成了"蝼蚁之群"。第三,创新乏力、教育变异、江河水浊、空气深霾、人心躁动、社会喧嚣,国民素质与体质急剧下降成为社会的怪态。第四,消费主义成为一个中心的范畴,它给人带来两个欺骗性:其一,它貌似给人提供一种普遍的幸福,为人民币服务挤压了所有的价值系统。其二,任意的消费,似乎使人们获得了自由、快乐,却将休闲沦为感官的满足。第五,休闲在当代学人的文化理论、哲学构建、生活方式中几乎没有一席之地。第六,普遍有闲的时间资源,本应成为铸造文化资本的源泉,然而却白白地浪费在电视、各种电子产品、麻将桌、奢侈品、功利主义学习的消费中。

毋庸置疑,科学技术在中国的进步中扮演了重要的角色。科技的巨大成功,为人类提供了更多的适应和利用自然的工具,帮助人类摆脱了各种束缚,实现了从必然王国向自由王国的迈进。我们毫不怀疑,科技是人类的福祉,而且真正的繁荣与富足、自由与和平、公平与正义等等仍需凭借科技的发展。但是,我们也不能不关心科技与人的关系,科技与社会的关系,科技与人类未来的关系。科技本身的意义不言而喻,然而,人生的意义只能由人自己来决定。在这个背景下,我们不得不反思生活方式,反思我们对闲暇时间的利用。

生活方式作为一种科学概念的提出始自马克思和恩格斯。他们曾指出:"我们首先应当确定一切人类生存的第一个前提也就是一切历史的第一个前提,这个前提就是:人们为了能够'创造历史',必须能够生活。但是为了生活,首先就需要衣、食、住以及其他东西。因此第一个历史活动就是生产满足这些需要的资料,即生产物质生活本身。同时这也是人们仅仅为了能够生活就必须每日每时都要进行的(现在也和几千年前一样)一种历史活动,即一切历史的一种基本条件。"从中可以看出,马克思把生活看作是一切实证科学的本源性。因而,"人们对社会所进行的科学研究是以生活为原点和出发点的。"

马克思、恩格斯所处的时代正值欧洲社会发生巨大变革的时期,在资本主义最发达的英、法等国,一方面,科技革命促进了生产方式的巨大转变;另一方面,无产阶级的生活环境极其恶劣——工人们在体格、智力和道德方面呈现出健康恶化,都不会阅读、更不会写作,还存在道德堕落,等等状态。为此,恩格斯于1844年9月至1845年3月,以半年的时间对英国工人阶级状况展开调查,并于1845年5月出版了《英国工人阶级状况》一书。1880年4月马克思编写了一份调查问卷,这就是著名的《工人调查表》。这份调查表设计了四大类近100个问题,"其中研究劳动条件的占45%,研究工人物质状况和法律地位的占35%,研究工人组织和合作组织的占20%。"他们敏锐地捕捉到社会转型所带来的工人阶级生活状况被改变这一现实,揭示了生活方式在一定历史时期的社会关系和社会过程中的极其重要性,看到了生产方式的变革,特别是机器生产给生活方式提出的新课题,"不是人们的意识决定人们的存在,相反,是人们的社会存在决定人们的意识"。他们相信高度工业化的社会必须高度重视生活问题,以及生活方式中的人。因此,要建立一种新的世界观和方法论,这种世界观和方法论是以生活为原点和出发点的。

  对闲暇时间价值的阐述同样来自马克思和恩格斯。在他们看来,在社会变革时期需要关注工人阶级的生活方式,尤其需要关注工人阶级的闲暇时间利用问题。而在他们预见的未来社会——"自动化机器系统在经济过程中最终替代人",闲暇时间增多,必然改变工人阶级原有的生活轨迹、生活观念、生活结构、生活方式。

  闲暇时间随之演变为生活方式的核心。对此,马克思曾精辟地论述:以劳动时间作为财富的尺度,表明财富是建立在贫困的基础之上的;当自由时间成为财富增长的决定性因素的时候,"表现为生产和财富的宏大基石的,既不是人本身完成的直接劳动,也不是人从事劳动的时间,而是对人本身的一般生产力的占有"。那时,衡量财富的价值尺度将由劳动时间转变为自由时间。因为增加自由时间"即增加使个人得到充分发展的时间,而个人的充分发展又作为最大的生产力反作用于劳动生产力。"

  从这个意义上来说,选择闲暇时间分配方式,也就是选择自己的生活方式。说到底,生活方式就是利用闲暇时间的方式。因此,可以说,我们这个时代,生活方式的核心是闲暇时间分配与利用问题。

四

  令人遗憾的是,近一二十年,生活方式研究却淡出了学界。而在社会实践中(包括管理、服务、组织等等)生活方式被一心一意谋经济发展的热浪冲击到了一个人们几乎看不到的角落。这是一个值得令人反思的大问题——为什么我们在经济最繁盛的时刻,却淹没了生活与人?这种状况是怎样发生的?期待多视角的思考。

  五个方面的问题正在凸显,并提出严肃的理论问题:

  第一,人的生产方式、生活方式、工作方式、行为方式都发生了天翻地覆的变化。最突出的标志是——人们将拥有越来越多的闲暇时间。凯恩斯认为:"科学、合理地运用闲暇时间是人类永久性的问题"。马克思说,利用时间是一个极其高级的问题,亦是人类认知自身的高级规律。休闲哲学将如何解读这一"永久性的问题"和掌握这一"高级规律"?

第二,科学技术的进步赋予休闲以更深的内涵。的确,科技是人类智慧的产物,那么,人类是否会落入"聪明反被聪明误"的陷阱?有学者预言:科技的进步在未来意味着"工作的终结",有可能将人类送入"天堂",也可能打入"地狱"。什么是工作的终结?什么是天堂?什么是地狱?工作与休闲是什么关系?对此休闲哲学应有足够的理论准备。

第三,正如马克思所讲:"由于生产力提高一倍,以前需要使用100资本的地方,现在只需要使用50资本,于是就有50资本和相应的必要劳动游离出来;因此必须为游离出来的资本和劳动创造出一个在质上不同的新的生产部门,这个生产部门会满足并引起新的需要"。人们的新需求是什么?产业形态应如何转变?

第四,休闲,是社会管理、政策主张、体制系统、公共服务、生活方式必须面对的问题,那么,如何认识以文化引导的作用和人文关怀的力量来推动社会的进步,如何认识休闲作为一个新的社会文化经济现象对人的日常生活结构、社会结构以及人的行为方式和社会建制所产生的影响,如何引领先进文化的发展方向等问题,均值得跨学科的理论关注。

第五,伴随文化价值的多元化、多层化与多样化,特别是东西方文化相互渗透的加深,如何保持文化的张力,如何把握多元文化的借鉴与融合,如何保持民族与地域个性与特性等问题都值得深入研究。

笔者以为,五大难题也正期待人的回答:其一,什么是真正的好生活?其二,日益增多的闲暇时间颠覆了传统的生活方式,生活将如何重构?其三,闲暇时间增多将如何"再生人"?其四,闲暇时间与劳作时间的失衡,人类将怎样创造新生活和新工作?其五,使用不当的闲暇时间和物欲化倾向能否"断送人类的前景"?

五

生活方式具有鲜明的时代性,它是时代发展、变化与进步最重要的标志之一。西方发达国家对生活方式的研究表明,关注"人选择什么样的生活方式"和"不同的生活方式对个人和社会带来不同的后果",最大的作用就是直接参与国民美德、教养、素质的提升与陶冶。

　　生活方式,自人类社会出现以来就以某种方式存在着与进行着,所说的文化进化史,实际上,就是生活方式的嬗变史。衣、食、住、行、游戏、劳作六大要素之于人、之于生活始终相随,因此,人的生活是"一切历史的第一个前提",也是历史进程的核心问题。缺失优雅生活的经济进步,犹如狂风卷起,留下一片狼藉;缺失经济进步的生活,体面、尊严、优雅之盼不过是空中望月。既要经济进步,又要生活优雅,科学、合理、健康地运用闲暇时间是"双丰收"的制胜法宝。

　　虽然闲暇时间利用具有很强的个体主观性,但是,社会、政府、学校、家庭历来是个体的航向标。什么样的社会氛围、社会舆论、社会建制、社会心理,就有什么样的个体选择。因此,社会、政府、学校、家庭应承担这个责任。

　　一般来说,人的时间为"三八结构",即:八小时生理时间、八小时工作时间、八小时闲暇时间(其中生理时间含睡眠、吃喝拉撒、性生活;工作时间,既有有酬劳动,也有无酬劳动;休闲时间,用于自由全面地发展自我)。前两种时间人人均有,而闲暇时间虽然在生活中也每人一份,但是,不同的利用方式必然带来不同的结果。把人提升为人——具有"理性、自由、美德和欢乐"品性的人,其决定作用却来自闲暇时间。爱因斯坦曾说,是闲暇时间将人区别开来。

　　于光远先生曾说:"闲暇时间多了,我们干什么?这是时代的大课题。当年马克思、恩格斯就指出社会发展、社会享用和社会活动的全面性都取决于时间的节省。"

　　现实表明,目前我们对生活方式和闲暇时间价值的认知严重滞后,而国家假日政策、新闻媒体、舆论宣传却片面狭隘地诠释了闲暇时间的功能与用处,致使国民闲暇时间利用始终处于庸俗化、媚俗化、低端化的状态。这个现状亟待改变。

　　毋庸置疑,进入"普遍有闲的社会"是人类文明进程的总趋势,而且我们已经踏上了这一征程。把握和预见社会转型的特点和趋势,适时调整生产方式、生活方式、休闲方式、消费方式,是促进人与社会健康、文明、理性、和谐发展的必然要求。

最后感谢十五篇文章的作者以他们的辛勤耕耘和拳拳之心对生活方式与闲暇时间分配的理论与实践问题给予的关注与研究。感谢编委会各位成员在编辑这份学术报告过程中所付出的心血。

2013 年 4 月 26 日

重提生活方式研究的重大现实意义①

——当下中国人生活方式的构建

王雅林

【摘　要】 本文立足于宏观社会理论,在回顾和总结我国生活方式研究走过的30年历程之后,指出生活方式在新的全面建成小康社会、实现民族复兴的历史进程中的重要价值。本文突破西方社会学研究范式,以"生活论"为解释框架,重新定义了"社会"概念内涵,指出社会的实质是以生活为内在核心结构,以生活需要为内驱力,在整体结构关系中的组织和个人互动生成所形成的动态复合体,由此决定生活方式问题成为"好社会"建设的必要条件。

【关键词】 社会范畴　"好社会"　生活方式　生活方式系统功能

生活方式研究在我国兴起于上世纪80年代初,差不多是与社会学的恢复重建同时发生的,如今已走过30年有余的历程,我们概说为"30年"。30年中,生活方式研究经历了不同命运,但它显示的一个重要的品格就是,紧紧围绕现代化每个时期的发展,努力探索中国人美好生活的构建问题。但是只有到30年后的今天,生活方式研究才获得了充分的现实基础、重要性和迫切性,它对于全面建成小康社会、实现中华民族的伟大复兴将具有重大的理论建构和实践指导价值。本文把对新的历史条件下生活方式研究重要性的阐释置于全面建成小康社会的现实需要背景之下,因而选择了宏观社会理论研究视角。一个民族对自己的发展要有仰望星空的广阔视野和开阔胸怀,因此本项研究采取"宏大叙事"观照下的现实生活叙事方式,或许是更有意义的研究视角选择。

作者简介:王雅林(1941—),男,黑龙江齐哈尔人,教授,博士生导师,《哈尔滨工业大学学报》(社会科学版)主编,从事发展社会学、生活方式研究。联系方式:13936138999,wangyalin41@sina.com.cn。

① 国家哲学社会科学基金资助项目(10ASH001)。

一、历史的回顾与问题的提出

上世纪80年代初,在党的工作重点转移到现代化建设以后,我国一些学者提出了生活方式研究课题,为此我们首先回顾一下那一时期生活方式研究兴起的时代背景、社会条件、研究课题与理论观点,以及对今天的启示。

(一)"生活方式研究首倡时期"提出的学术观点和"黄金时期"的形成

以1978年底召开的党的十一届三中全会为标志,我国的社会生活重心开始从"以阶级斗争为纲"转移到现代化建设上来,实现现代化、改善生活成为亿万人民追寻的"中国梦"。正是在这种社会背景下,生活方式议题作为中国实现现代化的理想诉求被用学术命题表达出来了。在80年代初,最早提出生活方式研究的学者①都不约而同地把让中国人获得良好生活方式作为现代化发展的重要方向,并置于现代化发展的战略地位之上。如于光远先生在《社会主义建设与生活方式、价值观和人的成长》一文的后记中指出:"生活方式、价值观和人的成长,是研究中国社会主义发展战略、研究中国式的现代化道路时必须重视的一些问题。""一个发展中的社会主义国家,她的发展战略,不应该强调按人口平均的国民生产总值接近和赶上发达国家,而应该强调人民群众生活水平的提高和生活质量的改善……一个国家国民生产总值和该国人民群众的生活质量并不完全成比例,产品的生产结构、分配结构和生活方式对生活质量的影响是非常大的。因此,除了产品的生产结构和分配结构之外,还必须很好地研究生活方式问题。"[1]王雅林提出,"生活方式的概念能较完整地反映社会主义生产的最终目的和社会主义现代化建设目标";"对纷繁复杂的社会生活进行组织安排""离不开对社会生活方式基本特征的正确理解"[2],王玉波先生在《生活方式浅探》一文中也提出"在制定和执行国民经济与社会发展规划时,必须适应建立社会主义生活方式的需要"等观点。

除了提出"把生活方式作为实现现代化的重要组成部分"的观点之外,学者们还对新型生活方式构建应遵循的基本原则等问题作了初步的阐释和描绘。如罗元铮先生较全面系统地表述了以下观点:我们"所要建立的只能属于社会主义类型但又具有中国特点的生活方式";这种生活方式"既要符合人类先进文明的方向,又要保证生活方式具有民族的、传统的、适合自己国情的特点";"贫困是不幸的,但单有物质生活的富裕

---

① 指1981—1982年期间发表文章提出开展生活方式研究课题的学者,其中主要有于光远、杜任之、罗元铮、王玉波、王雅林等人。可以把这两年称为"生活方式研究的首倡时期"。

也不等于幸福,只有富裕的物质生活加上健康的精神生活才是幸福的";"要建立一个既能保证人民过富裕生活,又不浪费社会财富和自然资源的生活方式";以及要建立"平等、公正和同志式关系的生活方式",等等[3]。除此之外,这些学者还对人们的消费生活、休闲生活、交往生活、婚姻家庭生活以及"食、衣、住、用、行、乐"等多个领域的生活方式提出了"现实可行而又合理的"设想,等等。[4][1]

上面我们简单介绍的"生活方式研究首倡时期"(1981—1982)学者们的观点,在今天看来可贵之处是:都把生活方式的构建作为中国现代化重要组成部分和必须实现的重要目标提出来,并提出了在今天看来仍然有启示意义的一些生活方式构建的指导原则和设想。

1984年在中共中央十二届三中全会关于经济体制改革的《决定》中明确提出:"经济体制的改革,不仅会引起人们经济生活的重大变化,而且会引起人们生活方式和精神状态的重大变化。在创立充满生机和活力的社会主义经济体制的同时,要努力在全社会形成适应现代生产力发展和社会进步要求的,文明的、健康的、科学的生活方式"。《决定》的这段论述,在我们党的文献上首次从正面提出了生活方式概念,并且是把生活方式的构建放在改革发展的全局性地位提出来的,具有极其重要的现实意义。从此,在整个80年代掀起了生活方式研究热潮,不但在社会学界,而且在其他许多学科领域也把生活方式列为重要课题方向,进行了涉及范围广泛的研究。这一时期全国性的学术会议频频召开,据估算发表学术论文和研究报告上千篇,出版学术专著十余部,《中国大百科全书·社会学卷》也收录了生活方式及相关条目,填补了以往各种辞书中生活方式条目的空白。其中一些有质量的理论与应用研究产生了较好的社会效应,等等。

(二)生活方式研究冷却的20年

到了上世纪90年代初以后,生活方式研究的热潮很快退去,自那时起直到目前,我国的生活方式研究出现了近20年的相对冷却的局面,我们可以称之为"生活方式研究冷却期"。说"冷却",主要是指这一时期对生活方式问题的社会关注度和学术关注度都大大降低了。在80年代曾从事生活方式研究的大批学者转移到了其他领域,继续坚守生活方式研究领域的只有为数不多的学者,且分散在不同学科,相关的学术活动也大为减少了。但尽管如此,这20年在生活方式及相关领域的研究上还是出现了不少亮点。比如,在生活方式的基础理论和在休闲、消费、家庭生活方式的研究、在对不同社会阶层和群体生活方式的研究上,以及在网络生活方式研究等方面的应用研究上,都出现了值得赞许的成绩,一些专门的学术团体(如中国社会学会生活方式专业委员会)成立了,学术年会基本得到坚持,一些社会学专业还开设了生活方式课程,等等。

今天我们需要总结的是,为什么出现了生活方式研究近20年相对冷却的局面。我们认为主要有以下两个方面的原因:其一,从社会背景看,到上世纪90年代初,我国急速推进了发展市场经济的进程,在充分发挥市场经济的资源配置作用、大大促进经济快速发展的同时,也陷入了GDP崇拜、市场迷信的误区。市场和资本的逻辑不但主导着经济活动,也在很大程度上支配了社会生活许多领域,因而在整个社会思潮和政策导向层面同"生活方式研究提出时期"相比发生了很大变化。那个时期仍然展现的某种社会理想主义很快被物质主义、消费主义、享乐主义、科学主义思潮取代,这样从价值层面看,社会的主导思潮由改革开放初期对美好生活方式的诉求(尽管有朦胧的成分)蜕变为对物欲的强烈诉求,其结果是造成了发展的失衡,在人们的物质生活改善的同时,生活方式领域却发生了诸多扭曲现象和形成了"生活方式危机"。其二,从学术背景上看,1981—1982年期间生活方式研究倡导者们绝大多数是老一代学者,他们倡导生活方式研究的理论来源有两个:一是马克思主义理论体系(尽管在某些方面的论述上尚未完全摆脱传统社会主义理论的影响);二是他们倡导生活方式研究的论述,在思想资源上都关涉到对中国传统思想文化资源的吸收。但随着社会开放程度的提高和包括社会学在内的多学科的恢复和重建,从80年代中期起从西方引进了大批学术著作和学术思想,从研究范式到话语体系的实证主义、科学主义和结构功能主义倾向在我国的人文社会科学的发展中逐渐取得了支配地位。正如有的学者所说,在传统的西方社会学话语体系中,生活方式并不是一种概念,而是解释别的概念(如阶层概念)的从属概念。[5]这样,随着我国社会学的学科"规范化"、"西化"的进程,生活方式的研究就陷入了边缘的处境。

(三)时代呼唤生活方式研究新"黄金时期"的来临

一种理论、一个学科的命运归根到底取决于时代的需要以及人们对这种需要的学术自觉程度。生活方式的研究经过近20年相对沉寂之后,到今天,时代条件和社会需要程度已发生了极大变化,无论是完成全面小康社会的建设还是实现民族复兴的历史任务,都离不开对"中国人怎样生活"问题的回答。而"怎样生活"的问题实际上是"中国人应该成为怎样的人"的问题。同生活方式研究第一个"黄金时期"相比,今天对生活方式研究有了更高、更切实的时代需要条件。

第一,我国学术界在上世纪80年代对生活方式的研究,在很大程度上带有预期性和设想性,而经过30年的发展,在我国生活方式问题已具有了强烈的实践性特征。首先,80年代初我国现代化进程刚刚恢复和启动,那时的人均GDP只有260多美元,最迫切的问题是贫穷和物质匮乏等基本生计问题,当时最深入人心的口号是"贫穷不是社会主义"。而到了2012年,我国人均GDP已超过5000美元,达到中等偏上收入国家水平,并有了大约3.5亿中产阶层人口,从经济规模上看已名列世界第二,国力基础雄厚。其次,从城市化率上看,2010年我国城市化率已达到50%,标志着人们的生活更加多样化、多元化和开放化。因此从总体上看,虽然还存在着严重的贫富悬殊问题,但对多数中国人来说,人们的生活需求已不限于解决口腹温饱之计,已经有了更多、更高、更多样的生活需求,在"活着"不成为问题的情况下,解决人们"怎样生活"、"怎样生活才是好的"的问题才真正客观地提到了日程。这就给作为探讨"活法"问题的学问即生活方式研究提供了真正的现实基础。

第二,在人们的生活方式领域出现了许多影响幸福指数提升的不科学、不合理的问题,迫切需要发挥生活方式理论的指导作用。除上面提到的在我国转型期生活方式领域出现的由物欲化、价值迷失、物质与精神生活失衡等构成的"生活方式危机"问题外,还包括在经济社会发展安排上很少考虑生活方式发展的内在要求。例如,在我国形成的"慢不下来的中国"、"快社会"节律是对GDP过分追求的节律,体现的是"时间就是金钱,效率就是生命"的指导原则,并不是生活的节律和不能带来生活舒适的感受,加上高房价使许多人成为"房奴"等价格体系问题,致使人们处于"压力山大"的焦虑状态,成为形成"忙碌文化"的重要原因。据知名机构调查,在全球80个国家和地区的1.6万名职场人士中,认为压力大于去年的,中国内地占75%,列全球第一。由于压力大,我国职场白领阶层2/3处于亚健康状态,每年"过劳死"人数达60万[6]。另外,"黄金周"的安排考虑更多的是经济效益而不是生活方式效益,其结果是形成了在被"惩戒"般的假日和焦虑中休闲。但有趣的是,当问卷调查提出是否赞成"取消黄金周改为带薪假日"时,又遭到多数被调查者的反对,因为他们担心一旦由各单位规定带薪假日反而会享受不到假日。从实际情况看,我国的职场人员能享受带薪假日的不到三成,加班、不能完全享受双休日成为普遍现象,这些都是社会疏于对生活领域进行有效管理的表现。另外,人们的生活方式同生态环境的关系也构成一个重要社会问题,没有生活方式自觉谋划,是不能实现可持续发展的。总之,所有这些问题的解决离不开生活方式的考量和生活方式研究的介入。

第三,从我国发展的战略布局上看,"人民美好幸福生活"已列为我国发展中要实现的奋斗目标。实现这一目标,在指导思想上的一个重要内容就是从GDP主义、生产主义范式向"生活主义范式"的"生活型社会"转变[7]。目前GDP指标正在淡出地方政府的施政目标,"幸福社会"取而代之成为地方政府的施政目标。据不完全统计,截至2012年,全国至少有18个省(市、区)将"幸福"列为施政目标,100多个城市提出建设"幸福城市"。但真正实现"幸福社会"的执政目标,除了创造"五位一体"的发展条件外,也需要从生活方式的角度进行社会规划和安排,发挥"生活方式效益"。

第四,从全球化的视角看,改善人们的生存状态,提高人们的生活质量和幸福程度,已成为21世纪人类共同的价值追求。早在人类进入21世纪之前,美国著名学者罗纳德·英格尔哈特经过对43个国家和地区的价值观调查,得出的结论是,人们普遍认为,21世纪人类的生存战略应是:"最大限度地保证生存和幸福。"[8]到了新世纪,一个著名的以诺贝尔经济学奖获得者为主组成的名为"经济表现与社会进步衡量委员会"的专家组共同完成了《对我们生活的误测——为什么GDP增长不等于社会进步》的研究报告,报告提出,"太多的时候,我们混淆了目的和手段","为追求GDP增长,我们可能最终造成一个国民生活状况更糟的社会"[9],今天的发展必须改造这种状况,我们的经济和政治目标应是"让我们更幸福"[10]。因此,提升人的生存状态,让人们生活更幸福,已是21世纪人类共同的追求和文明共识。中国的崛起应是文明的崛起,行走在人类共同追求的康庄大道上。

二、"好社会"构建中生活方式的理论地位

但是,一种理论的发展不但取决于时代的客观需要,也取决于人们对这种需要所达到的理论和学术自觉程度,因此必须从理论和实践上深刻认识生活方式研究的重大价值。认识生活方式研究的重大价值,首先要从理论上回答生活方式在社会发展与进步中具有怎样的地位,这是直到今天在社会理论中一直没有得到很好解决的问题。为此我们有必要从元理论层面阐释什么是"社会"、什么是体现社会发展与进步的"好社会",以及生活方式在"好社会"构建中具有怎样功能的问题。

(一)现行社会概念的理论局限

中国古代有关于"社会"的丰富思想,但作为科学范畴的"社会"并不是中国的原产,它是近代以来西方学者的"发现"并经由日文译介引进到我国的。在西方,从"社会的发现"伊始,"社会"就一直成为极具争议的概念,甚至连概念的合法性都受到质疑和挑战。"社会"概念在西方的产生有其特定的社会和文化背景。从社会背景来看,是由于18世纪中叶开始的工业革命和市场经济的发展,日益把人们连接为一个整体并形成

了社会性生活领域。但在当时社会概念形成的实践水平是同"传统工业社会"和"第一次现代化"连在一起的,而今天人类已进入了"第二次现代化"和"后现代化"时期,人类实践所面临的社会内涵已大大改变了,因而"经典社会学"时期对社会的理解已显示出局限性。从文化和学术背景上看,西方各种学术流派对社会概念的界定是建立在主体和客体二分思维方式和认知方式基础上的,这突出表现为,对社会概念的界定形成了以涂尔干为代表的结构主义和以韦伯为代表的行为主义两大传统研究范式上。这两大研究范式共同的缺欠是没有看到社会的生成性,各自强调社会的主体或客体的一个方面和没有看到把主客体包融在一起的重要因素存在。在西方,到了"后现代"时期,对社会概念的解释有了新的突破,如出现了以吉登斯为代表的"互动论",试图避免结构主义和行为主义片面性,但各种研究范式同样没有涉及到社会的深层结构变量和动因①。时代发展到了今天,我们需要着眼于时代对理论创新的需要,从人类新的认识水平和中国特有的认知方式出发,对社会概念进行创造性的诠释。

(二)基于"生活论"范式的社会概念重释

从新时代需要出发对社会概念进行诠释,必要条件是突破以往的西方社会学研究范式,建立新的解释框架和研究范式。在这方面可借鉴的学术资源较多。如马克思、恩格斯创立历史唯物论的奠基之作《德意志意识形态》把"生活"作为历史唯物主义的基础性概念,从而建立了从现实生活出发,以生活解放为终极关怀的历史哲学,提出了人类社会发展目标是建立自由生活联合体的思想。马克思还阐述了生活的本源性、本体性,提出了人类社会发展过程就是"生活的生产"过程的思想,等等②。在这里我们不去讨论不同时期马克思理论体系是否有连贯性的问题,但上面马克思所阐述的思想就值得我们很好地阐发和"接着说"。再如,中国古典文献中也包含着丰富的社会思想,与西方主客二分的认知方式不同,我国古代的思想是以生成论的观点看待社会的,更看重生命、生活在社会建构中的本位、核心地位,如《易经》中讲"天地之大德曰生"、"生生为之易",等等,讲的是生命在自然演化中的核心地位,世代的变迁是以生命的延续为主轴的。而生活是生命的存在、展开和实现形式,讲生命的至上性就是讲生活的至上性。因而《礼记》中讲的小康、大同的社会理想其实质内涵都是以人们的不同生活状态来界定的。如"小康"讲的是人人有饭吃、有衣穿、讲礼义、守法纪的生活状态,而"大同"则

---

① 关于西方社会学对社会概念解释的不同研究范式的论述,可参阅本人的文章《从生活出发诠释社会意蕴——论费孝通教授对社会学的重大理论贡献》,见《哈尔滨工业大学学报》(社会科学版)2012年第5期。
② 上面的论述可参阅孙云龙:《"生活"的发现与历史唯物主义的形成——《德意志意识形态研究》》,复旦大学出版社2011年版;王雅林:《马克思"生活的生产"理论预设的当代意义》,《新华文摘》2005年第19期。

是更高的理想生存状态。用生活来界定社会的文化传统一直延续到今天成为普通百姓的认知方式。如党的十八大期间央视记者随机采访普通民众心目中的"小康社会",几乎所有的受访者都用生活状态加以表述。另外,西方当代社会学家有关"生活世界"的社会理论也为我们界定社会概念提供了重要启示。总起来说,上述的各种学术资源为我们超越和弥补西方社会学传统研究范式的不足提供了借鉴。

但是,我们特别要说的是,在走出西方社会学已有研究范式的阈限,创造新的研究范式和解释框架方面,费孝通教授做出了独特的贡献。他以学贯中西的厚重学养、丰富的社会阅历和敏锐的判断力,在创造性转换中国传统丰富社会思想和打通社会学与人类学界线的基础上,在西方社会学谈论较多的社会外显结构内部发现了"隐性在场"的生活这一核心结构,建立了从生活出发,以生活为核心的内外结构要素、显性与隐性结构互动生成的社会概念体系框架,我们可以把这种研究范式概括为"生活论"的社会概念研究范式。具体可凝练出以下相互关系的观点:

第一,生活是社会的本源和内在的核心结构,社会因人的生活而生。费老对社会概念实质内涵的揭示是以人的特有的生命形态作为研究的逻辑起点的。他认为,作为人的特有生命形态实现形式的生活是社会的本源,并构成社会中内在固有的核心结构,社会其实就是"一个个人"生活需要满足的群体结构方式。正是由于作为人的特有生命形式即生活及其实现生活需要的结构方式的存在,才使社会成为一个"实在的世界"。[11]在社会属性中发现了生活结构这一点是西方社会学的各种研究范式所忽略的,而费老正好抓住了解读社会密码的生活这一核心要素和重要变量,实现了对西方社会学的超越。

第二,生活需要是社会得以运行的基本逻辑和内在动因。费老反复强调了"生活需要"在社会运行逻辑中的重要功能。他指出,作为"文化性生存"的人是有能动性的,人的能动性集中表现在生活需要满足的行动之中。具体逻辑关系是:人的特有生命存在产生了生活需要;生活需要的满足过程是在群体中发生的,并借助于"分工合作体系"推动了社会结构关系(组织、制度等)的形成,"社会所规定的一切成规和制度都是人造出来,满足人的生活需要的手段,如果不能满足就得改造"。这就是说,社会成规、制度等结构关系都是为满足人自身的生活需要而"人造出来"的"手段",在满足人的需要过程中得以形成和发展。这些种种社会形式、手段只有在满足了人的生活需要时人才能获得积极性;而不满足就消极;如果长期不能适应人的生活需要,那么迟早会发生社会改革和社会变革[12]。今天的中国所发生的各种改革和变革,从本质上说正是民生问题和人民的生活诉求所推动的结果,所以人的生活需要在归根结底的意义上说,是社会得以运行的根本的内在动因。

第三,社会是以人的生活需要行动连接起来的隐性结构(生活)和外显结构(分工合作体系)互动生成体系。费老还阐述的一个重要观点是:人不但是满足自身生活需要的能动行为主体,也是体现社会结构关系"力量"的客体。每个人满足自身生活需要的"行动"是个性化的,但要想实现个人生活需要的满足又必须"通过遵守共同的行为规则加以实现",而体现这种"共同的行为规则"的社会结构关系一旦形成,又成为超越个体并制约个人行为的力量[13],这就是社会概念整体结构中的外在于具体人的客体结构方面。这样,社会体系中的隐性结构(生活)和外显结构(分工合作体系)就发生了互动生成关系,两者互动的连接点就是"生活需要",即需求行动和满足需求的行动(社会供给行动)之间所发生的互动生成关系。这样费老就建立了以生活需要及其满足方式所连接的内外结构、隐性与显性结构互动生成的社会整体结构关系体系,从而构成了社会概念的基本结构和内涵。

第四,社会归根结底是由"主体—生活—客体"动态复合体构成的"实体"。费老从"新人文思想"出发提出了"社会和个人是相互配合的永远不能分离的实体"的命题,而把社会和个人连接和包融在一起的核心要素就是生活。社会就是以生活为中介和归宿的个人与共同体(社会)相互配合的不可分离的实体,这个实体可用"人(主体)—生活—社会形式(客体)"的动态复合体来表述。在这个实体中,个人不是社会的部件和"载体",社会也不是"去人化"的外在力量,他们共同指向人的生活和在为人的生活需要的满足发挥各自功能中连为一体。在这一复合体中人的行动不是妄为的,而是在"分工合作体系"的结构关系中依据一定的规则而行动的[14]。社会关系结构不但制约人的行动,也为人的行动提供保证,同时,它又是人的行动的再造之物。人与"社会"(组织、制度)正是在这种互动生成的过程中推动社会的发展。

因此,超越西方社会学传统的结构主义、行为主义研究范式,从"生活论"的或生活主义的研究范式阐释社会范畴,那么我们就可以看到,社会的实质是以生活为内核,以生活需要为内驱力,在整体关系结构中的组织和个人互动生成所形成的动态复合体。

(三)"好社会"构建及其生活方式的理论地位

在此基础上我们就可以表达一下什么是"好社会"和如何构建"好社会"的问题。

建设中国特色社会主义的实质,就是从不同发展阶段的国情出发建设具有不同发展水平的"好社会"。我国现阶段提出的全面小康社会、和谐社会、"两型社会"、"幸福社会"、"美好中国"等等都属于"好社会"范畴。那么什么是"好社会"呢？依据上面我们对"社会"范畴的创新性阐释，可以用最简单直白的语言对"好社会"做如下表述："好社会"就是组织机构和个人在特定的结构关系中共同呵护生活、日益满足人们过更好生活愿望的社会。

这样的定义包含以下意涵：第一，"好社会"一定要用"好生活"界定，即"好社会"一定是能给人们带来"好生活"的社会。这是绝对条件。不能改善人民生活、提升人的生存状态的社会不是"好社会"。第二，"好社会"中的"好生活"是社会复合体中的组织和个体在良性互动中共同营造的结果。首先，作为社会管理者的各类组织机构（政府、政党等）应为公民过"好日子"创造各种条件，提供"总体善"和"良序"，否则就失去了合法性。在这方面，在十八届中央政治局常委与中外记者见面会上，习近平下面一段感人至深的讲话就充分体现了这点："我们的人民热爱生活，期盼有更好的教育、更稳定的工作、更满意的收入、更可靠的社会保障、更高水平的医疗卫生服务、更舒适的居住条件、更优美的环境，期盼着孩子们能成长得更好、工作得更好、生活得更好。人民对美好生活的向往，就是我们的奋斗目标。"其次，"好社会"也离不开社会中每个人良好的生活方式的建构作用，每个人良好的生活方式，不但营造着个人的好生活，同时也构成社会共同体的好生活的必要条件。第三，"好社会"的形成具有历史性和过程性，在不同的社会发展水平下展现出不同的社会性状和现实生存状态。

归结起来，如果我们这样定义"好社会"和揭示"好社会"的形成条件，那么我们就可以在"好社会"的构建中找到生活方式的位置了。既然"好社会"的构建包含着社会个体在一定的社会条件下生活方式的良性选择行动和建构行动，那么它就同社会组织机构（政府、政党等）一起，共同构成构建"好社会"的必要条件了。

三、"好社会"构建中生活方式的现实功能

党的十八大报告提出到2020年我国要全面建成小康社会。同党的十一届三中全会结束"以阶级斗争为纲"，把工作重点转移到现代化建设上来相比，这次党代会同样具有划时代意义的是，扭转了事实上存在的GDP挂帅倾向，把创造人民幸福美好生活作为战略实施的重点。那么，在建设体现人民利益至上诉求的全面小康社会的过程中，良好的生活方式建构可以发挥怎样的功能呢？回答这个问题自然涉及"生活方式是什么"的问题。

上面我们对社会范畴的阐释涉及对生活概念的解释，如果说"生活"实质是人的特

有生命的存在、展开和实现形式,那么生活方式就是一个个的人展开自己生活活动的方式和方法。具体地说,生活方式概念表达的是,在一定的社会条件和生活情境下,人们依据一定的文化样态和价值观念所形成的满足生活需要的行为体系。这个定义揭示了生活活动主体和生活活动客体互动生成的"结构—行动"关系,这正是我们阐释生活方式社会性功能的出发点。生活方式的功能可以用如下四个"系统功能"加以概括。

(一)作为价值导向"意义系统"的生活方式

如上所述,生活方式既然是人的特有生命形态的展开方式和方法,那么"呵护生命"是人的生活方式的最终归宿。但人的生命不是动物式的生存和"存活",即人的生命不只是自在的肉体生命,而是社会的、文化的、精神的,直至追求终极价值的自为的生命,因而作为具有这样生命特质的生活活动主体,必然是追寻生活意义的能动主体,必然是能够在反思现实"生活怎样"基础上追问"怎样生活"的能动主体,并通过创造性的生活活动不断提升自身的生存文明形态,最终实现人的发展和个性展现。

但我国目前存在的一个普遍的问题是,人们的物质生活水平上去了,但却发生了生活"意义系统"价值迷失的情况。我们可以同 30 年前即改革开放初期人们的价值追求比较一下。两个时期最大的共同点是人们都有对现代化和过好日子的强烈追求,但改革开放初期人们要过好日子面临的最大问题是物质匮乏,因而首要的问题是解放和发展生产力,提高人民的生活水平。那个时期生活方式研究倡导者们用"生活方式"概念反映人们生活诉求时都把提高人们的物质生活水平置于基础性地位,但同时又强调了"生活意义"规定性,比如前面提到的罗元铮先生就强调:在生活方式的建构上,"贫困是不幸的,但单有物质生活的富裕也不等于幸福,只有富裕的物质生活加上健康的精神生活才是幸福的。"十二届三中全会《决定》提出"要努力在全社会形成适应现代生产力发展和社会进步要求的,文明的、科学的、健康的生活方式"的号召,就反映了这种理论研究的成果。但在之后的发展中却发生了把努力提高人们的物质生活水平这一正确的前提变成了用"生活水平"概念代替了生活方式概念指导作用的情况,特别是到了 90 年代初,在 GDP 主义和市场自由主义思潮影响下,物欲主义、金钱主义、消费主义和享乐主义盛行,社会生活为"物化"所左右。在对生活好坏、幸福不幸福的衡量标准上,物的尺度压倒了人性的尺度,锦衣、美食、豪车、豪宅、名牌、盛名、高薪、厚禄、财富积累成为一部分人生活方式的标配,而很少顾及忙碌中人的自我保全,体会细腻情感,享受心灵自由、品味人情之美和大自然之美,等等,物欲的膨胀剥蚀了人的心灵自觉和生命的自为性。这种失去灵魂和意义的"物化生活方式"构成长时期我国"生活方式危机"的重要表现。

针对这种"物化生活方式"严重存在的现实状况,我们必须在理论上分清一个问题:人的生活方式和行为选择不是建立在"欲望"的满足上,而是建立在"需要"的满足上。"需要"和"欲望"的区别就在于,需要是文化形态,是受价值导向的行为方式和"欲求",体现着人的自我提升和创造,决定着要什么样的生活、创造怎样的生活以及不要怎样的生活,所以我们才说生活方式是个"意义系统"。

在走出"生活方式危机"、构建"有意义"的生活方式方面,我们要做很多工作。第一,通过"生活方式反思",确立"生活方式自觉"。"反思性生活方式"是吉登斯针对现代风险社会提出的概念,主要是讲当今人类将面对越来越多的社会风险,因此生活中的人必须对各种事物保持"反思"的态度。把这个概念运用到我国现实社会,就是对现实的"生活方式危机"必须保持清醒的、反思的意识,认真思考在实现"全面建设小康社会"中应怎样生活和成为怎样的中国人的问题,形成"生活方式自觉"。第二,用高于市场价值的真善美社会价值取向调节人们的生活方式。人们的生活方式不能跟着广告、跨国品牌、市场操作走,而要用更符合人性、人自身发展的价值来规划自己的生活。第三,中国人的生活方式应体现当代人类生存文明的最高成就,但不能"美国化",做"美国梦",而要善用经过"创造性转化"的优秀中华传统文化来完成自我生活方式的塑造。

(二)作为生活资源"配置系统"的生活方式

在全面建设小康社会的进程中要让人民"过上更好生活",一个基础性的条件是增加生活资源的社会供给。十八大报告提出了从2010年到2020年我国的经济总量和人均收入实现"两个翻番"的目标。根据国家统计局的数据,2010年我国城市居民人均可支配收入分别为19 109元和5 919元,2020年可分别达到38 000元和12 000元,到那时城乡居民的收入水平将有很大提高,但同发达国家相比仍有较大差距。面向未来,我国通过经济发展提高人们"过更好生活"物质基础的努力将面临更多的两难处境。我国是拥有13亿多人口的大国,一方面人均经济总量还不是很高,但另一方面已是世界最大的碳排放国;一方面人均生活水平还不是太高,但另一方面已是世界消费大国,资源环境将面临巨大的压力。因此未来要"过上更好的生活",不能企望像美国那样人均消耗那么多能源和资源,也不能企望人均GDP达到那时发达国家的水平。我国应有智慧破解发展悖论和解决这样一个问题:靠相对较少的人均资源消耗和收入水平过上质量较高的生活。解决这一难题在理论和现实层面上考量是完全可能的,因为较高的生活质量虽然需要有较高的收入水平做保证,但收入水平高又不等于生活质量好;相反,在收入水平相对较低的情况下也可能获得较高的生活质量和幸福度,实现这一点的一个重要条件就是发挥生活方式的生活资源配置作用。

人的生活方式不只是寻求"生活意义"的行为方式和方法,也是通过对生活资源的有效配置追寻生活质量的行为方式和方法,体现为一种生存智慧和艺术。因此,在全面建设小康社会的过程中社会组织不但要增量生活资源的供给(全面的生活资源供给不限于物质资源,而是包括"五位一体"建设的全部内容),也要通过政策和价值导向使人们合理配置生活资源,从而产出更高的"生活方式效益"。例如,如何实现物质和精神生活的平衡,特别是如何通过充实的精神生活来提高生活质量;如何实现社会生产和社会生活的平衡以及生活和生态、工作和休闲、公共生活和私人生活之间的平衡;等等。第二,生活方式是一门科学、学问和艺术,同样需要社会引导和进行生活教育来实现,并纳入社会整体教育体系之中,如进行家政、理财、养生等方面的教育等等。"巧媳妇难为无米之炊",但如果缺少生活技能和艺术,有米也不一定能做出好饭。我们的社会力争形成"低成本、中收入、高质量"的生活模式。从广义上说,社会治理也要进入生活领域。第三,在生活资源既定的情况下,人们怎样配置和支配生活资源才感觉幸福是个人的事和个性化的,因而社会应给个人如何经营自己的生活以更多的选择自由和空间。第四,在我国传统文化背景下,家庭是生活资源配置的最基本单位,因此要搞好家庭的生计安排和建设。

(三) 作为主体"调适系统"的生活方式

生活方式是一个个具体的、有灵性的人的生活方式。好生活固然取决于一定的社会环境和条件,但也同作为主体的人的心态、人格特质和情感结构有最为直接的关系。在这个意义上说,适合主体感受和人格特质的生活方式就是好的生活方式,因此,为了获得适合于个人的良好生活方式,一方面要通过改革和发展的举措为每个人创造必要的社会生活条件,另一方面也要发挥生活方式主体的建构作用,特别是当不可避免地面对不尽如人意的生活情境和限制性条件时,可以通过调适自我心态的方式去获得适宜自己心境的和谐的生活方式。这种主体调适的方式就如《可兰经》中讲的一句哲理:"如果你叫山走过来,山不过来,那你就走过去。"比如,目前的社会结构和运行机制会给人们的生活造成很大压力。体制、制度的因素改变要有个过程,但可以通过主体调适来缓解压力。因而生活方式在很大程度上是"心生活"。在这方面,中国传统文化中有极为丰富的仍可汲取的生活智慧,如知足常乐、修身养性、怡然自得、逍遥自在等等。庄子讲的"擅摄生"就是讲要注重生活的智慧以呵护生命。在中国文化里,"心"、"心态"

是重要的概念,费孝通讲"要扩展社会学研究的界限",其中重要一点就是讲社会学研究要扩展到对"心态"的研究,作为生活方式的研究自然更应扩展到这个领域。中国社会处于快速、激烈的社会转型阶段,各种利益关系、矛盾冲突交织、叠加在一起,落实到每个具体的人,其人生际遇不可能都是顺心如意的,因此每个人可以通过主体调适的生存策略和智慧来获得平衡的生活方式。

但是我们需要强调的是,这种在非"良序"环境中的主体自我调适行动是作为"自为"主体的积极生活行动,并不是某些大众学术明星所鼓噪的"逃避社会,退回内心"安于现状的避世主义心态,而是对自己给定状态的不断超越。因此我们讲主体的调适作用很重要的一个方面是确立刚健有为的人生态度,善于在限制性条件中创造新的生活家园。

(四)作为社会运行"软动力系统"的生活方式

在传统的社会发展动力观那里,由于奉行的是科学主义世界观和"生产决定论"的立场,只关注生产力的研究,却往往把感性的、日常的、个人化的生活活动排除在研究视野之外,很少考察生活方式、"生活力",或者只把生活活动视为受动的和被建构的因变量。我们认为,生活活动不仅具有本源性和为生产提供价值目标,而且本身在社会发展中具有独立的功能,对社会发展发挥着日益强大的推动作用。

我在自己的一部专著中曾阐述了这样的观点:在社会的生产和生活两大活动中,"社会生产通过生活资源的供给构成人的生存、生活的基础和前提;生活活动则通过对生活资源的有效配置和享用来满足人的需要,使人得以生存、享受和发展;生活资料的供给是通过"生产力"实现的,而人的需要满足过程实际是人的"生命力"即"生活力"的保持和增长过程,"生活力"的核心体现为人自身本质能力的保持和扩大,同时也体现为产生新的更高需要的能力,而人的能力的扩大必然成为新的生产过程的推动力量,并最终使整个社会充满互利和繁荣。这就是说,生产与生活的互动生成和互构过程构成现实的社会发展的动力学系统。""生活和生产、生活方式和生产方式应是马克思社会理论体系中的一对重要范畴。两者之间不仅是本原性和基础性、目的性和手段性的关系,而且在社会发展中都有着各自不可替代的重要功能。生活和生产、生活方式和生产方式的互动生成和构建,构成社会发展的动力学系统。一部人类社会的变迁史就是生活和生产、生活方式互动生成的过程,特别是在当今时代,生活活动的功能日益重要,生活力成为日益重要的社会推力。"[14]同生产力、生产方式相比,生活力、生活方式构成社会运行中的"软动力系统",这是在未来的发展中需要充分开发的领域。

另外，生活方式的发展需求也是社会结构和制度变革的动力。在社会结构关系中，当一种社会结构与制度不能满足人的生活需要和生活方式发展要求时，那么迟早会被调整和变革。我国目前在建成全面小康社会目标中提出的收入倍增计划和即将进行的收入分配改革方案的实施，从实质上说都是人们生活方式诉求推动的结果。

生活方式的四大系统功能中，"意义系统"是导向和灵魂，并通过对生活活动的客体和主体的配置系统和调适系统的功能运作构成"生活力"，实现人自身的再生产，并最终成为社会发展的"软动力系统"。

四、对重大现实关切的生活方式理论回应

在阐述了生活方式在"好社会"构建中的可发挥的重要现实功能之后，再进一步阐述在我国的重大社会转型期，面对重大现实关切问题，生活方式将发挥怎样的理论建构作用。我们重点阐述以下四个关系：

（一）生活方式与科学发展观的贯彻

十八大把科学发展观列为党和国家发展的指导思想和行动指南，具有重大的现实意义。但是要提高贯彻科学发展观的理论自觉，一个重要问题是要把对科学发展观的认识置于科学的社会观基础之上。

按着本文第一部分阐释的社会概念，社会是由作为内在核心结构的生活和外在实现形式（结构、关系、组织）两部分组成的，社会说到底是由整体关系结构中的个人与组织在良性互动中共同呵护生活、提升人的生存状态的动态复合体，科学发展观就是对这一复合体动态运行过程及各种要素关系所作的科学表达。对科学发展观，我们可以更加概括地理解为，在不断提升人的生存文明中使人的发展和社会整体的发展两大方面处于良性互动生成的关系，其中具有核心地位的是以人为本。但按马克思的观点，现实生活过程是现实的人的存在、展开和实现形成，因此，以人为本的基本立场在现实性上的表现就是必须落实到以生活为本和奉行生活至上原则上，把对人的关怀置于生活条件的改善和生活方式的进步上。为此，围绕这一核心，科学发展观的基本要求是实现全面协调可持续的发展，并全面统筹好各种关系。

但是当前我们仍然需要强调的是，要防止用发展主义、科学主义、进步主义的观点解读科学发展观，把科学发展观简单地理解为科学定律。如此则会滤掉科学发展观内在的所包含的人文发展内容，在发展的名义下割舍和遗忘生活和对生命有意义的宝贵的东西，这样的发展理念也很难顾及到生活的节律和生活方式的要求。人民生活的改

善和良好生活方式的形成必须以经济发展为基础,但"以物为纲"的 GDP 主义必须摒弃。我们可以这样认为,在我国现实的发展中,摒弃"以物为纲"的指导思想同当年摒弃"以阶级斗争为纲"的指导思想意义同样重大。科学发展观的核心是以人为本,偏离了这一核心,科学发展观就失去了灵魂和基本立场。贯彻以人为本、生活至上原则的科学发展观,反映生活方式的发展要求和发挥生活方式的系统功能就成为十分重要的问题,这有助于把科学发展观的贯彻提升到更高层次,实现人的发展与经济社会发展的真正统一。从这个意义上说,贯彻科学发展观,全面推进经济建设、政治建设、文化建设、社会建设和生态文明建设"五位一体"的总体布局,有待于发展成包括"生活文明建设"在内的"六位一体"建设。"生活文明建设"的核心是形成科学、文明、健康的生活方式。生活文明建设以"五位一体"建设为条件,而"五位一体"建设又有赖于落实到"生活文明建设"上,并接受生活方式的导向、配置、调适和软动力支持作用。

(二)生活方式与民生改善

民生问题是社会建设的重点,改善民生、增加收入也是当前广大群众的基本诉求,是让人民"过上更好生活"的保证。在以往的发展中,我国面临的现实问题是在经济高速增长的同时,由于奉行"效率优先,兼顾公平"的方针,并没同步解决民生问题,特别是由于分配结构不合理,居民消费占 GDP 总量中的比例过低和存在严重的贫富差距过大的问题,还存在着一定的社会贫困层。但我国目前对大多数城乡居民人口来说已经跨过基本生活需要满足的门槛,过上相对富裕的生活。因此从总体上说,民生的改善虽然还是一个重要社会议题和迫切任务,但在提高城乡居民生活品质上,已经客观地把"如何生活才是好的"、如何在既定的生活水平条件下发挥"生活方式效益"的问题提到了日程上。从社会统筹兼顾的安排上,已到了把民生改善和生活方式的改进同步加以考虑和安排的时候了。我们可以提出一个公式:"好生活 = 生活水平提高(民生改善)+ 生活方式优化"。

(三)生活方式与幸福度的提升

在我国,"人民生活幸福"、"幸福指数"的提升已成为从中央到地方政府一个重要的奋斗目标,这无疑是执政理念的巨大进步。

但什么是幸福?怎样才能使国民幸福?在这个问题上,必须解决两个认识误区:一种认识是:"经济发展了,国民幸福度自然会提高"。"幸福经济学"的奠基人伊斯特林在 1974 年曾提出一个得到广泛认同的重要命题:一国的经济增长未必会换来生活满意度的改善。这一命题被称为"伊斯特林悖论"。与此相关的是,也有的学者提出,人均收入达到3000美元以后,收入增长和幸福度就没有了相关性。不管上述研究是否十分精确,但有一点是可以肯定的:财富的增长不一定意味着幸福感的提升。另一种认识是:"让人民幸福是政府的责任"。这个观点不全对。幸福概念是一个舶来品,并不是中国原产的概念,它主要表述的是人们的一种主观感受。这种主观感受自然受客观社会条件的规约,政府有责任创造相应的社会条件使人们产生能量的感受,如增加收入,实现社会公平,创造安全和法制的社会环境,消除腐败,等等。但一个人是否快乐和有幸福感又不完全取决于外在的客观社会条件,还取决于独特的个人心理状态、情感结构、行为特征等等。这就是说幸福又取决于个人因素、心理因素,是个人的事,在这个领域政府行为无疑是失灵的。正如有的心理学家所说,一个人幸福不幸福,在很大程度上是自我管理和调节的结果,如常怀感恩之心,与人为善,发掘自己的优点,体育活动和娱乐,禅思,等等。如果政府在自己失灵的领域硬要越界去作为,必然会形成对私人生活的干预而产生适得其反的效果。因此,政府在幸福作为方面,同样存在悖论,我们可以称之为"政府幸福施政行为悖论"。

面对上述两个悖论,可以发挥提升人们幸福感作用的恰恰是生活方式的调节作用。在社会中,每个人的幸福感受是不同的,个性化的生活方式恰恰可以发挥自我调节和幸福建构功能。

(四)生活方式与文化软实力的增强

中华民族的伟大复兴不仅仅是经济总量的扩大,而且必然包括中华民族文化的复兴和文化软实力的增强。如果单从经济总量看,中国直到18世纪中叶经济总量仍占世界的30%,但由于文化、制度的落后很快就走向衰微了。关于文化的定义在各种学术著作的辞书中就有160多种。我们不去讨论广义的文化定义,大体可以把文化限定为安顿人类精神家园的范围,文化的本质可以到"人何以成为人"、"人的生活何以成为生活"的问题中去寻找,它的核心是为人的生活赋予价值,从而有意识或无意识地选择某种生活方式。从这个意义上说,一个民族共同体的文化就是他们共同的生活方式和生活样法。因此我国当前的文化建设的核心是树立全民族的核心价值体系,塑造全民族文明进步的生活方式。需要特别强调的是,不能用发展文化产业代替文化建设的概念。

但是,从社会学的角度看,文化和生活方式虽然有密切的联系,但也存在重要区别,即文化概念强调的是人怎样生活的"价值体系",而生活方式概念强调的是"人怎样生活"的"行动体系",讲的是人在一定的社会条件下遵循怎样的文化价值来组织和管控自己的生活行动,具有现实的实践特质和效果。由此展示出来的生活方式风貌和特质是考察一种社会模式是否具有优越性和一个民族的生活方式是否具有魅力的根本体现,也是一个社会所选择的发展道路是否具有合理性的根本体现。因此在文化的层面上研究生活方式问题就有了特殊的意义。中华民族是否能自立于世界民族之林,"中国模式"是否能得到世界的广泛认可,最终的评价标准只能是我们这个民族展现出的生活方式是否具有优越性和魅力,是否形成了全社会优雅的生活方式。从这个角度衡量,我国目前的发展还远未达到取得世界认可和具有广泛魅力度的效果。因此我国的现代化发展和全面小康社会的构建,需要制定"国民生活魅力指数"作为评价我国发展成效的重要指标体系。

参考文献

[1] 于光远. 社会主义建设与生活方式、价值观和人的成长. 中国社会科学,1981(3).

[2] 王雅林. 论社会主义生活方式. 江汉论坛,1982(10).

[3] 罗元铮. 建设有中国特点的社会主义生活方式. 经济学周报,1982-01-04.

[4] 杜任之. 谈谈生活方式. 社会,1982(1).

[5] 高丙中. 西方生活方式研究的理论发展叙略. 社会学研究,1998(3).

[6] "压力山大"全球第一每年60万人过劳死. 新华网:新华时政. http://news.xinhuanet.com/politics/2012-10/28.

[7] 王雅林. 生活型社会的构建中国为什么不能选择西方"消费社会"的发展模式. 哈尔滨工业大学学报(社会科学版),2012(1).

[8] [美]罗纳德·英格尔哈特. 变化中的价值观:经济发展与政治变迁. 国际社会科学,1996(13-3):第29页.

[9] [美]经贸部瑟夫·E·斯蒂格利茨等. 对我们生活的误测——为什么GDP增长不等于社会进步. 北京:新华出版社,2011:13-14页.

[10] 经济合作与发展组织. 民生问题——衡量社会幸福的11个指标. 北京:新华出版社,2012:1-2页.

[11] 费孝通. 文化与文化自觉. 北京:群众出版社,2010:113页.

[12] 费孝通. 个人·群体·社会——一生学术历程的自我思考. 见:费孝通著. 文化与文化自觉. 北京:群众出版社,2010:第112页,第113页.

[13]费孝通.重建社会学与人类学的回顾与体会.见:费孝通著.文化与文化自觉.北京:群众出版社,2010:第129页.

[14]王雅林等.东北区城的科学发展.北京:社会科学文献出版社,2010:第16页.

时间荒的社会学分析

王 宁

【摘 要】 美国学者斯戈首先提出了"时间荒"概念。她的"时间荒"理论对于分析中国居民的时间荒具有借鉴意义,但却不够充分。有鉴于此,本文试图结合中国的实际来扩展关于时间荒的分析。本文认为,除了斯戈所说的劳动制度和消费主义文化,中国人的时间荒还有三个根源:第一,城市劳动力再生产成本驱动;第二,制度无效率与无效时间的大量增加;第三,中国的产业处于全球价值链低端。

【关键词】 时间荒 工作 休闲 劳动力再生产 制度

一、问题的缘起

"时间荒"的概念是美国学者朱丽叶·斯戈(Juliet B. Schor)在1998年出版的《过度消费的美国人》中提出的。在本书中,她描绘了美国人如何为了积累物质财富而延长工作时间,从而挤占休闲时间的过程。早在她1992年出版的《过度工作的美国人》中,她就详细揭示了美国社会在二次大战后,人们的工作时间不但没有趋于减少,反而趋于稳定甚至是增加的趋势。这一趋势与欧洲形成了鲜明的对照——欧洲在同一时期工作时间趋于减少。与美国人工作时间趋于增加的趋势相对应,美国人的财富与消费也趋于大幅度的提高,但与此同时,美国人的幸福感却没有同步提高。尽管如此,美国人工作过度、休闲不足的趋势并没有扭转的迹象。

是什么原因造成了美国人的时间荒现象呢?斯戈分别从生产领域和消费领域分析了促成这一趋势的原因。从生产领域看,斯戈认为,促成时间荒的动力在于美国式的资本主义制度。第一,要减少雇主增加雇员的工作时间,最好的办法就是实行小时工资

作者简介:王宁,中山大学社会学与人类学学院社会学与社会工作系,教授,研究方向为消费社会学、旅游社会学、制度社会学。联系方式:广东省广州市新港西路135号,中山大学社会学与人类学学院,邮编510275。电子邮箱:Lpswn@ mail. sysu. edu. cn

制。但是，资本主义没有采纳小时工资制，而是日薪制，乃至周薪制和月薪制。在采纳日薪制的条件下，雇主天然地趋向于延长雇工的工作时间，而雇工则希望缩短工作时间。在存在失业大军的条件下，双方博弈的后果是雇主取胜。第二，资本主义的另外一个制度是计件工资制。在单件计价很低的情况下，工人要获得足够的养家糊口的收入，就不得不通过延长工作时间来完成足够的工作量。第三，机械化。资本主义在生产领域引入了机器，为了避免机器闲置，实现机器设备的最大化的使用，就要让工人适应机器的节奏（如"三班倒"）。同时，为了赢利，雇主趋向于减少雇工人数，增加雇工的工作时间。第四，职业租金。当一个职业的薪水高于其他行业，就意味着该职业具有了租金。在这种情况下，员工为了保住这份工作和职业租金，愿意更努力地工作、遵从公司的各项规定、延长工作时间。第五，附加福利。雇员的收入除了固定薪水，还包括退休金、人寿保险、带薪度假等福利性收入。由于这些福利是按人头发放，而不是按工作小时发放，员工为了保住这些福利性收入，就要保住职业，从而更愿意接受工作时间的延长。第六，常态性的失业人群的存在，使在业的人感到了压力，为了避免失业造成的损失，员工愿意在工作上更好地表现。此外，工会势力的不强大，以及工会在二战后停止了争取工作时间减少的运动，也是构成时间荒的一个因素（Schor 1992）。

　　斯戈认为，工作时间的延长，使美国人陷入了"工作然后消费"的隐性循环（the insidious cycle of work-and-spend）。人们一边拼命工作，无休无止，缺乏足够的休闲时间；一边又拼命消费，以补偿休闲时间不足造成的缺憾。于是，购物成为他们最大的休闲活动（Schor 1992）。在斯戈看来，消费本身也成为促成工作时间延长的一个因素。由于缺乏时间，生活意义的主要来源不在于休闲，而在于占用物质财富和消费品。收入的提高，提升了人们占有物质财富的经济能力和欲望，而消费借贷制度则进一步提升了这种能力和欲望。由于社会地位的竞赛变成了具有可视度的物质财富（如住房、汽车、奢侈品等）的竞赛，导致人们为了追求更有力的相对地位而进行消费竞赛。这种竞赛使得体面的消费标准水涨船高。为了满足这种生活标准的不断提高，人们不得不拼命地工作。而消费借贷所产生的家庭债务（如住房按揭），使雇员担心失业造成家庭经济破产，并愿意为保住职业而努力工作，从而延长工作时间。而工作时间的延长，进一步强化了人们从消费与物质财富的占有来获取生活意义的趋势，这反过来又继续把人们推入了消费主义的竞赛轨道。于是，尽管人们财富增加了，消费水平提高了，但人们的幸福感却不能同步增加。美国人因此显然进入了消费主义的"松鼠笼"（Schor, 1992, 1998）。

斯戈提出的时间荒理论，对中国社会的时间荒现象具有一定的解释力。但是，由于社会情境的差异，斯戈的理论在解释中国社会的时间荒现象时，也面临一些困难。第一，尽管不同的阶层都面临时间荒，但每个阶层的时间荒的根源是不同的，不能概而论之。第二，斯戈没有区分有效时间与无效时间，在她那里，美国人的时间支出换来了物质收入的回报，属于有效时间，但是，在中国情境下，许多时间的耗费属于无效时间，即：时间花出去了，却没有换来回报。第三，斯戈只用资本、社会和文化的因素来解释时间荒现象的根源，忽略了权力因素的作用，实际上，在中国，权力是造成时间荒的一个重要因素。显然，斯戈的时间荒理论对解释中国社会中的时间荒现象具有借鉴价值，但无法完全照搬。

本文的目的，就是试图在分析中国的时间荒现象之根源的基础上，推进斯戈所提出的时间荒理论。关于中国的时间荒现象，凡是斯戈理论能够解释的地方，本文尽量一笔带过。本文所关注的，是斯戈理论未曾涉及的时间荒根源。本文提出了中国情境下的时间荒的三个根源：第一，劳动力再生产成本；第二，制度无效率与无效时间；第三，价值链与发展模式。

二、劳动力再生产成本

所谓劳动力再生产成本，不是指在生物学意义上维持劳动者生命力或劳动力的成本，而是指在社会与文化的意义上劳动者维持社会所接受的"正常"的生活标准所需要的成本。正是在此意义上，马克思在《资本论》中把英国工人喝啤酒和法国工人喝红酒的成本，纳入了劳动力再生产成本的范畴。可见，劳动力再生产成本是动态的、水涨船高的。它是决定工资水平的一个主要依据。经济发展水平不同，劳动力再生产成本也不同，从而决定了在不同经济发展水平的国度，工资水平也不同。

新中国成立以后，尽管面临资金缺乏、资源不足的条件，中国政府依然采取了重工业优先发展的模式。重工业所需要的资源高度集中与中国所面临的资源短缺构成了尖锐的矛盾。为了克服这个矛盾，在工业化的刚性成本（工业化硬件成本）难以压缩的情况下，中国政府采取了压低工业化的弹性成本，即压低劳动力再生产成本的办法，来达到降低工业化的总成本的目的。而压低劳动力再生产的办法主要有两个：第一，通过统购统销政策来实现国家对农副产品等基本消费生活资料的价格的定价权，压低农副产品的国家收购价，从而为达到降低城镇职工劳动力再生产成本，实行低工资制度，创造了必要的条件。第二，由于城镇职工的低工资难以维持劳动力再生产的成本，国家建立了基本上免费的医疗保障、养老保障、住房保障和教育等福利制度,使城镇职工的低工资在维持劳动力再生产上的缺口得到弥补(林毅夫等,2002;王宁 2009)。

由于充分的就业保障和终身职业保障,人们干多干少一个样,同时也由于取消了市场竞争和私有制,人们没有意愿人为地延长工作时间。在计划经济时期,如果说人们的时间被单位所占用,那么,它更多地属于政治性占用,而非生产性占用,如:单位实行了政治学习制度,而学习通常是安排在工作时间以外(如:晚上)。此外,由于收入分配实行相对的平均主义和一定的特权分配,通过在消费水平与其他人拉开差距来显示地位,既没有合法性,也没有必要性,更缺乏现实的途径(住房等财富没有私有化,人们也很少有捞外快的机会)。同时,由于劳动力再生产成本低,人们可以很容易就实现劳动力的再生产,在社会攀比机制不存在的情况下,人们维持一个低水准的劳动力再生产(即:"赖活"),是十分容易的。客观上,人们没有延长工作时间的必要。尽管当时实行的是每周六天工作日制度,但下班以后,人们处于普遍有闲状态(政治学习例外)。

随着市场化的改革,普遍有闲状态终结。造成这种状况的原因包括:第一,劳动制度与人事制度的改革,个人的收入与个人的责任履行和个人绩效挂钩。这种情形一方面使得人们的积极性被调动起来,另一方面也使得人们因为担心被解雇而不得不努力工作,甚至不惜加班加点。第二,私有财产的出现以及市场化机制的实行,导致人们通过市场获得来获取财富的动机产生,并不断加强。市场化为人们的财富梦创造了条件,人们起早贪黑地干获得了回报,那就是财富的增加。第三,在市场化过程中,人们的努力与能力不但带来物质回报,而且由于人们的努力程度不同,能力有异,人们之间在财富上显示出差距。财富成为地位象征的符号意义。以此为契机,社会攀比机制形成。为了在社会攀比中取胜或不至于太过失败,人们不得不努力工作,包括透支休闲时间。第四,人们在生活标准上的你追我赶,导致了社会的平均生活标准不断提高。昔日被当作是奢侈品的东西,今天成为必需品。原来是少数精英人士的消费生活方式的内容,今天变成了大众化生活水平。可见,市场与社会的双重力量的联动,导致劳动力再生产的成本不断提高。例如,在 20 世纪 70 年代,女性择偶时,男性是否拥有住房并不是女性最关注的问题。但是,在今天,男性是否拥有住房,成为女性择偶的一个非常关键的考虑因素。上升了的生活标准一旦被大众理所当然化了,就构成了劳动力再生产的必要成本。许多男性到了谈婚论嫁的年龄,因为没有住房,自认为没有资格娶老婆,便不敢进入婚姻市场。"剩男"的出现,除了人口性别比失衡的原因,很大程度上是因为劳动力再生产成本提高的缘故。而"剩女"的出现,则是因为能承担白领女性所要求的劳动力再生产成本的男性在数量上出现了短缺。

不过,在中国,市场与社会的联动,只能部分地解释劳动力再生产的成本。之所以如此,是因为劳动力再生产的成本在很大程度上是由权力所决定的。在计划经济时代,政府权力的作用,在于致力于降低劳动力再生产的成本。例如,通过统购统销所获得的国家对农副产品的定价权,来压低农副产品的价格,从而使得低工资制得以实行。与此同时,国家通过提供免费的社会保障与福利来保证领取低工资的城镇职工能顺利实现劳动力的再生产。然而,到了20世纪90年代后期,国家却从两个方面加大了城镇居民的劳动力再生产的负担。

第一,社会保障与福利体制的改革。在现代国家,劳动力再生产的成本的负担分为两个组成部分:一个是由私人承担的部分,另外一个是由再分配机构(政府)承担的部分。社会保障与福利就是政府(再分配机构)所提供的、用于维持居民劳动力再生产的一部分成本。例如,在英国,随着工业化和城市化的推进,工人的工资与城市住房价格发生了脱节,劳动力再生产难以为继。在这种情况下,政府推出了保障性住房,以弥补工人工资的不足,保证工人的劳动力再生产得以完成。我国在90年代的社会保障与福利的改革,却是反其道而行之。在缺乏制度来保证劳动者的工资收入以合理的速度增长的同时,政府却削减了为维持居民的劳动力再生产所必需的、理应由再分配体制来承担的必要成本。纳税人交给政府的税收中,用于社会保障与福利的比例过少。居民交税,是因为国家需要进行再分配。再分配资源中的很大一部分应该用于降低居民的劳动力再生产的成本,但是,在中国的发展模式中,纳税人却没有从再分配过程得到足够的社会服务和回报,其中一个回报就是必要的社会保障与福利水平。政府在社会保障与福利上的投入不足,意味着把本应通过再分配过程(公共财政)来负担的劳动力再生产的一部分成本转嫁给居民来负担。

第二,"土地财政"与住房价格的持续飙升。从2001年开始我国实行严格的土地出让制度,土地出让价格随即开始一路上升,随之而来的是商品房价格的持续飙升。尽管从2003年起国家就对住房市场进行了宏观调控,但几乎所有的调控都未能遏制住房价上升的趋势。调控难以遏制房价,不但是源于调控政策的治标不治本,而且在一定程度上也是源于地方政府的不配合。之所以地方政府不配合,主要是由于地方政府在住房市场上的目标与中央政府在住房调控上的目标发生了一定的冲突。自从1994年财政分权以来,地方政府一直苦于其"财权"(地方政府的财政收入)与"事权"(地方政府所承担的公共事务和责任)的不匹配("事权"高于"财权")。2000年以后,地方政府在土地出让上的收入,在很大程度上解决了这个问题。人们把地方政府对土地出让收入的依赖叫作"土地财政"。由于政府垄断了土地的供应,因此,从地方政府的立场看,商品房价格越高,土地出让的收入就越多。它们有着推高住房价格的动机和能力(例如,在房价下跌时减少土地供应量)。此外,货币政策所导致的通货膨胀,以及股市等证券投资市场的不完善,也使得人们对选择购买住房来防止货币收入贬值有着强烈的偏好。于是,从2003年到2013年,城市住房价格翻了几番。这意味着,住房作为劳动力再生产的必要成本中的核心部分,大大提高了。而保障房的短缺、"小产权房"的不合法以及租房市场的不规范,又使得人们不得不进入价格居高不下的商品房市场。对大部人而言,除了承受高价住房以外,似乎没有别的更好的选择。

由于住房成为劳动力再生产的必要成本,而且也由于"土地财政"等制度环境助推商品房的价格上升,使得没有购买或已经购买了商品房的人,不得不拼命工作。对于已经购买了商品房的人来说,20年或30年的分期付款("按揭")构成了他们的一个持久的经济约束。这一约束意味着,一旦购房者失去收入,将可能陷入家庭经济破产。因此,为了保证收入,就要保证不失业。而为了不失业,就要更多地迎合老板的要求,其中包括加班加点,延长工作时间,牺牲休闲时间,甚至一旦老板有要求,就是下了班,也可以随叫随到。对于没有购房的人来说,为了尽快积攒足够的"首付"(在购房时一次性交齐的费用),他们也不得不努力打拼。在高房价和自由时间的选择上,他们选择放弃自由时间,延长工作时间,以便挣更多的钱来购房或还贷。由此可见,在中国,时间荒是一种结构性的现象。它是城市居民的劳动力再生产成本过高与平均收入水平偏低的矛盾的产物。

不过,必须承认,劳动力再生产成本驱动的时间荒理论也有局限。第一,许多中产阶层成员的收入足以应付劳动力再生产成本,他们也在消费主义的竞赛中胜出,但他们的工作脚步依然歇不下来,这是为什么?第二,对中国的许多民营企业的老板,甚至包括国企的管理层来说,本可以自己决定自己的工作时间的,但他们往往是给自己的工作时间加码,延长自己的工作时间,而不是缩短自己的工作时间。这又是为什么?我认为,可以从制度的角度来回答这些问题。

三、无效制度与无效时间

许多中国人的忙是没有效率的,这种无效率的忙就是"瞎忙"。尽管如此,人们还不能不去忙,不能不去用时间的大量耗费来获取少许的机会,或应付制度的刚性"命令"。"瞎忙"所占的比例如此之大,是因为制度的无效率。正是由于制度的无效率,引发了大量的无效时间。所谓无效时间,指的是本来可以节省、但由于制度的无效率或不合理而不得不支出的时间。例如,有5家公司在争夺一个投标项目,如果只有一家去"跑关系",行贿负责招标的有关人员,其他四家没有这么做,那么,如果"跑关系"的这家拿到了招标项目,它在"跑关系"中所付出的时间是有回报的,属于有效时间。但问题在于,如果其他四家也加入了"跑关系"和"打点"有关人员的非正式竞争过程,而且能够拿到招标项目的依然只有一家,那么,除了拿到招标项目的那家公司,其他公司在"跑关系"和"打点"有关人员上所付出的时间,纯属无效时间。这是在正常投标的必要时间之外所花费的额外时间。这种无效时间是由于制度失效所导致的非正式竞争所引起的。即使在这种非正式竞争中胜出的公司,也额外增加了时间投入,因此,在整体上也等于增加了无效时间的耗费。在中国,由于制度的无效率,人们耗费的无效时间愈来愈多。那么,制度的无效体现在哪些方面呢?它体现在三个方面。

(一)制度弹性化

在中国,许多制度在实施过程中存在很大的弹性。制度无法得到严格实施,或者只能选择性实施。制度的弹性化使得人们对未来无法形成确定的预期,这就导致了行为后果的不确定性。为了减少行为后果的不确定性,就要消除制度弹性化所造成的不确定性。在这种情况下,就需要通过额外的努力来促使制度按照行动者的利益最大化原则,或者得到执行,或者不被执行。这种努力,就是"制度外努力"或"非正式途径努力",其目的是要影响正式制度的实施或不实施以及实施的程度。而人们所要影响的具体目标,就是正式制度的具体的实施者。

在制度不完善的条件下,制度的实施是有租金的。制度实施者可以通过是否实施、选择性实施或不实施某项制度来向制度所影响的潜在对象收租。在这种情况下,行动者可以通过主动向制度实施者送租的方式,来影响制度的是否实施或者实施的程度和范围,从而达到自身利益的最大化。由于制度实施者的寻租也存在风险,因此,影响制度实施者的行动,就是一项非常艰巨的工作。它既要让寻租者免除对风险的担忧(确保寻租过程的隐蔽性和不被发现),又要让寻租者在众多的行贿者中选择只为自己一家服务(行贿过程的有效性)。这就必须借助非正式制度的作用,即传统的人情规则。为此,影响制度实施者的过程,就变成了与制度实施者拉关系、交朋友、建友谊的过程。为此,就要耗费大量的时间。于是,不少民营企业家为了获得制度实施者的"照顾",不得不花费大量的时间与这些制度实施者进行"应酬"。在表面上看,他们是在与官员一起进行休闲娱乐活动(如:打高尔夫球),但这种休闲娱乐带有功利的目的,是一种变相的投资行为,一种寻求官员庇护的行动,一种影响制度是否实施或实施程度的变相行贿过程。因此,这种与官同乐的休闲过程,在民营企业家那里,实质上就是一种工作。于是,市场部门的管理层不但在制度性的工作时间内工作,而且在制度性的工作时间以外也要工作。制度的弹性化环境,是导致市场部门的人们时间荒的一个重要原因。

制度弹性化在劳动或人事制度中的体现就是时间边界的模糊性。雇员不存在明确的私人时间和工作时间。老板可以各种借口要求员工加班加点,侵占员工的私人时间,甚至要求他们必须做到随叫随到。而手机的普及,为员工的随叫随到提供了技术的保证。因此,许多公司和单位要求其员工或职工保持手机处于24小时开机状态。这样,一旦有了紧急任务,员工可以随时领命。在员工的这种"可召唤度"很高的情况下,员工或职工的私人休闲时间的边界被打破,工作时间变得高度弹性,并常常被延长。例如,在一些公司或单位,老板或领导的一个电话,就可以把下属召来陪同嘉宾喝酒,或为老板或领导代酒。

(二)制度僵化

制度弹性化的另外一端是制度僵化。在信任缺失的环境下,制度设计者会通过许多制度环节弥补信任匮乏所造成的真空。但这些额外增加的制度环节大大增加了人们的无效时间。例如,在高校,由于少数人在提交的成果清单中,存在作弊现象。为了避免人们作弊,学校管理部门要求所有的人在职称晋升或年度考核中,必须上交成果原件(如:学术刊物原件),以供学校管理人员核对。这些制度环节的增加,使得教师们无端耗费了额外的时间。由于这些时间本来是可以不被浪费的,所以它属于无效时间。

信任缺失还强化了一些本来存在很多副作用的制度。以高考制度为例。高考作为一种高中学生进入大学的选拔筛选制度,是存在弊端的。例如,它只提供了卷面的考核,而没有体现考生平常的考核。同时,它把考核限定在有限的考试科目中,而没在考试科目中的考核则无从进行。此外,如果考生因为意外而未能及时达到考场,就会让考生失去当年的录取资格。更重要的是,高考制度导致了应试教育,导致学生综合素质不全面。尽管如此,高考制度不但无法从根本上进行改革,反而强化了。其中的一个原因,就是信任的缺失。例如,学校为学生写的推荐信,常常不被高校所信任。如果降低高考成绩在录取中的比重,加大平常考核成绩的比重,高校却无从信任中学所提供的考生的平常考核成绩。如果高校自主招生的口子放大,则各种"走后门"现象就会蔓延。在这种情况下,高考制度尽管存在许多弊端,却不但没有被放松,反而得到强化,也使应试教育现象有增无减。高考制度的僵化,导致学生不得不投入大量的时间进行考试准备。应届考生成为最缺少休闲时间的一群人。如果没有僵化的高考制度,考生本可以把一部分时间用于其他方面(如综合素质的提高)。但高考制度的僵化使得所有的考生同步投入超量的应考时间。这些时间的投入,其实是为了排序,但事实上不用投入超量时间同样可以达到排序的结果,因此,总体而言,全体考生都投入了大量的无效时间。

制度的僵化也体现在审批制度上。这种僵化源于权力不受约束。在政府权力过大的情况下,往往导致权力对经济事务的深度介入,以及权力在经济事务管理上的层层设卡。例如,根据许一力的介绍,一个房地产项目从立项到开工到销售,要经过几十个部门的盖章环节,要盖150多个公章,涉及十多项税、100多项费。每盖一个章,地方政府办事员、科长、处长都要签字,涉及180多个经办人(许一力,2013)。可见,在房地产开发过程中,制度交易成本是很高的。而这些制度交易成本,最终转嫁给了购房者。制度交易成本的提高,使得人们不得不付出更多的时间来办成一件事。正因为如此,耶鲁大学的陈志武(2010)教授说,中国人勤劳而不富有,原因之一是制度的无效率导致了大量的无效时间的产生。

制度的僵化还体现在制度形式主义。许多制度明明是无效的,但却一直被维持着,耗费着人们不少的时间。例如,年收入超过12万元的人必须向税务部门申报。在每人只能有一个活期账户和禁止大额现金交易等基础性金融制度没有建立以前,这一项制度对于防止偷税漏税其实并没有多大的作用,不过,它却具有形式主义的功用,表明有关部门在"有所作为"。但是,该项制度却无法保证让应该申报而事实上没有申报的人得到制裁。如果没有申报的人未得到制裁,那么,从结果上来说,申报人相对于未申报人无端消耗了多余的时间。此外,许多形式的检查评比等,尽管客观上没有多少效用,却一直被延续,从而一直让人们投入无效时间。

(三)制度短板

制度与制度之间的相互衔接,使得制度构成一个配套的体系。制度只有成为配套体系,才能发挥效力。如果制度不相互衔接,某些制度单边突进,而其他制度没有同步跟进,那么,没有同步跟进的制度,就是制度短板,从而影响现存制度的效力。在中国,制度短板比比皆是。例如,在官员财产公开制度和公共财政公开化、透明化和民主化的制度没有建立以前,现存的惩治腐败制度的效力就大打折扣。腐败现象的蔓延,必然造成负外部性,腐败的成本必然转嫁到全体居民身上,减少了居民的福祉,包括时间上的福祉。由于腐败现象的普遍化,许多机构都存在寻租现象。为了办成一件事,人们只好主动或者被动地采取各种"上不了台面"的非正式竞争行为,包括"拉关系、走后门"或行贿。而非正式竞争则让人们耗费了大量的时间。

制度短板的最重要的体现,是社会保障与福利制度的不完善。自从1997年社会保障与福利制度改革以来,社会保障与福利一直成为市场化制度体系中的一个短板,它不但拖累了市场经济(如:构成扩大消费的瓶颈之一),而且也让许多家庭额外付出了大量的无效时间。这一制度短板的存在,把本来应由集全社会之力来防范的不确定性风险,转嫁给家庭自身来防范,让一个家庭独自防范不确定风险所付出的代价,远远大于集全社会之力的风险防范成本。额外的代价,必然要求额外的努力,相应地,也就要求额外的时间付出。为了预防生病,家庭必须准备好额外的储蓄。为了减少失业的风险,人们必须提升在人力市场中的竞争力,这促使许多人想方设法去获取各种文凭和证书。为了避免将来老无所养的风险,人们必须进行财富的储备。所有这一切,都要求人们把更多的时间投入工作,甚至不惜挤占休闲时间。人们用额外的时间付出,事实上是为了抵消制度短板所造成的负面效应。表面上看,家庭自身的时间付出是有回报的,是有效时间。但是,相对于集全社会之力的风险防范制度来说,由家庭自身来进行风险防范的成本要更高,其中包括更多的时间成本,而这一部分成本本来是可以减免的,因此,相对而言,家庭额外付出的时间成本,事实上属于无效时间。

时间荒的制度理论也有局限。它采纳的是国家视野,缺乏全球视野。而一些时间荒现象,仅仅在一国范围内还难以得到充分的解释。只有在全球视野中,我们才能更清楚地看清一些阶层的时间荒现象的根源。

四、价值链低端与全球不平等

中国的改革开放,既包括制度转型,也包括对外开放,即:参与全球分工的过程。可以说,中国的对外开放的过程,就是全球的制造业尤其是劳动密集型产业向发展中国家的转移与中国农村劳动力向城市地区和沿海地区转移的相结合的过程(林毅夫等,2002)。中国参与全球产业的转移,就是参与全球产业的分工。在这种分工体系中,中国处于价值链的低端,而发达国家或核心国家处于价值链的高端。这种全球价值链和产业分工决定了,中国的劳工要获得必要的劳动力再生产的条件,不能不超时工作。事实上,大部分农民工都选择了加班。之所以如此,是因为按照每小时来计算的收入太低,只有通过延长工作时间来增加收入。尽管从2006年出现"民工荒"以后,民工的工资有所增加,但他们的收入依然难以让他们维持市民化的劳动力再生产的成本。例如,他们的收入难以让他们在城里购买商品房,而他们的外地和农村户籍身份又难以让他们获得保障房。

虽然农民工在城里难以实现市民化,但农民工依然源源不断地从乡村流入城市。之所以如此,一方面,是由于他们在城里获得了比务农更高的相对收入;另一方面,是因为农民工的劳动力使用和劳动力再生产以及养老是割裂的:农民工的使用在城里进行,但农民工的劳动力再生产的一部分成本(如住房、子女抚养与上学)和养老都是在农村支付的。以这种割裂的方式,农民工才能实现劳动力再生产,因为农村的劳动力再生产成本大大低于城里的成本(任焰、潘毅,2008)。

尽管把劳动力再生产的一部分成本放在了农村,但并不意味着农民工就减轻了生存压力,因为农民工在城里打工需要支付日常生活费用。这已经占用了他们工资收入的很大一部分,与此同时,他们还需要源源不断地寄钱回家,并为自己没有保障的未来进行储蓄。但是,过低的工资水平使得一日工作 8 小时的收入难以维持他们的预算,于是他们不得不延长工作时间以增加收入,而老板也往往要求农民工加班加点,延长工时。与此同时,过高的流动性以及工会化能力的缺乏,降低了农民工的团结力,从而降低了他们与老板集体谈判的能力。但更重要的是,农民工所从事的是一种处于价值链低端的产业,在全球产业分工中,来自发达国家的资本占据了价值链的高端,而中国的产业位于价值链的低端。在这种全球产业分工和价值链中,农民工的工资上涨受到了结构性的约束,其上涨的幅度是有限的。于是,不可避免地,农民工的工资水平长期被打压。在工资水平过低的情况下,要提高总收入,只能依靠超时工作。

农民工的低人力资本状况决定了他们不但在全球产业分工中处于价值链的低端,而且在城乡职业分工中也处于价值链的低端。农民工在城里所从事的,往往是城里人不太愿意干的粗活、累活和苦活(如在建筑工地上施工)和时间节奏颠倒的工作(如餐馆服务员、洗脚工、按摩女等)。尽管也有农民工通过努力和奋斗实现了向上的社会流动,总体来说,他们在城里务工的收入大多数都低于城市户籍人口,因为后者往往具有更高的人力资本。为了完成劳动力再生产,在低工资水平的情况下,他们用延长工时的办法来增加总收入。

休闲消费是有机会成本的。由于收入有限,农民工形成了挣钱比休闲更重要的观念,反正闲着也是闲着。如果在休闲时间内既没有过多的钱去消费,又没有太多的娱乐活动可供选择,不如把时间用来工作以增加收入。因此,在大部分城里人一周休息两天的情况下,农民工往往一周只休息一天。只有在周末,他们才结伴出去从事休闲娱乐活动(如逛街、购物、餐饮)。其他时间,他们除了睡眠和吃饭等生理性必要时间,其他基本上都用来工作挣钱(王宁、严霞,2011)。

五、结语

尽管中国人的时间荒与美国人的时间荒在时间的体验上相似,但是在根源上却不尽相同。斯戈从资本主义劳动制度和消费主义文化分别分析了引起美国人时间荒的根源。这些观点对于分析中国人的时间荒有借鉴意义,但却难以充分解释中国人的时间荒现象。本文在斯戈的基础上,从中国化的时间荒现象出发,扩展了关于时间荒根源的理论。本文认为,除了生产制度和消费主义文化的根源,中国人的时间荒还有三个根源:第一,城市劳动力再生产成本的飙升与城市居民收入水平的脱节,导致人们的延时工作;第二,无效制度导致无效时间的大量增加;第三,中国的产业处于全球价值链低端,使得时间荒现象成为一种发展中国家独特的阶层性现象(农民工现象)。

在一个物质主义价值取向占据主导地位的国家,时间荒是其不可避免的副产品。中国在计划经济时期,理想主义的价值取向占据主导地位,但是,理想主义实践并没有带来理想蓝图的实现,反而是持久的产品短缺或贫困。在某种意义上,改革开放就是物质主义对理想主义的颠覆。其典型的标志,就是"发展是硬道理"、"效率优先、兼顾公平"的国家意识形态。由于长期以来的对公平、正义等根本性价值的重视不够,我们所取得的局部效率,常常是以全局上的无效率为代价的。例如,GDP 是提高了,但环境却被污染了,食品也变得不安全了;物质生活水平是提高了,但社会的道德却几近崩溃了;财富是增加了,但人们的精神却贫乏了;居民开始有房有车了,但他们忙得连睡觉的时间都不够了。可见,忽略了公平正义等调节性价值,"发展是硬道理"便会被演绎成"发展可以不择手段"。而不择手段的发展,让我们陷入了前所未有的"爱恨交加"、"好恶交织"的张力与冲突中。而时间荒,就是这种张力和冲突中的"恨"或"恶"的一方。要化解时间荒与物质欲的冲突,就必须在政策的制定上,把公平、正义、民主、人权、自由等理想作为优先的价值取向。

参考文献

[1] Schor, Juliet B. (1992) *The Overworked American: the Unexpected Decline of Leisure*. New York: Basic Books.

[2] Schor, Juliet B. (1998) *The Overspent American: Why We Want What We Don't*

Need. New York: HarperPerennial.

［3］陈志武. 为什么中国人勤劳而不富有. 北京:中信出版社,2010.

［4］林毅夫,蔡昉,李周. 中国的奇迹(增订版). 上海:上海三联书店、上海人民出版社,2002.

［5］任焰,潘毅. 农民工劳动力再生产中的国家缺位. 见:方向新. 和谐社会与社会建设——中国社会学会学术年会获奖论文集(2007·长沙). 北京:社会科学文献出版社,2008.

［6］王宁. 苦行者社会到消费者社会. 北京:社会科学文献出版社,2009.

［7］王宁,严霞. 两栖消费与两栖认同:对广州市工业区服务业打工妹身体消费的质性研究. 江苏社会科学,2011(4):第90－100页。

［8］许一力(2013)"中国房价难调控的终极内幕"(2013－2－22),网址:http://cctvxuyili.i.sohu.com/blog/view/255552370.htm

超越"赚钱+花钱"的生活方式

卢 风

【摘 要】 当今社会,"资本的逻辑"几乎统辖一切,经济权就是无止境地追求财富的权利,而事实上,仅靠物质财富,人难有幸福的生活。自由主义者认为,现代社会是最符合人性的社会,因为它是保护人权的社会。在凸显自由、平等、人权、公平、效率、财富的现代文明中,赚钱加花钱的生活方式才有了无可置疑的合法性和合理性。然而,这难道不是人类持续发展的"陷阱"?

【关键词】 赚钱 花钱 贪婪 难以持续的生活方式

随着社会市场化的发展,金钱的魔力日益凸显。如桑德尔(Michael J. Sandel)所言:"我们生活在一个几乎一切都可以买卖的时代。"①在这个时代,我们的基本生活方式就是"工作+消费",或"赚钱+花钱"。在这个金钱(资本)推动一切的社会,许多人认为,你赚的钱越多,消费档次乃至消费品位就越高,从而越能表明你的成功、卓越,越能获得社会认同,越能生活得幸福。可见,人生的意义就在于多多地赚钱,潇洒地花钱,或勤奋地工作,痛快地消费。简言之,人生就是赚钱加花钱。

人就该这样活着吗?

人是悬挂于自己编织的意义之网上的文化动物,人是追求无限的有限存在者,追求无限即追求人生意义。人与非人动物的根本区别之一在于人总有其不知足的方面,每个人对其认定的最高价值的追求都是永不知足的。例如,拜金主义者对金钱的追求是永不知足、死而后已的,野心家对权力的追求也是永不知足、死而后已的……金钱是拜金主义者认定的最高价值,权力是野心家认定的最高价值……每个人所认定的最高价

作者简介:卢风,清华大学哲学系主任,教授,博士生导师。研究方向为:应用伦理学、科技哲学、生活哲学等。

① Michael J. Sandel, What Money Can't Buy: The Moral Limits of Markets, Farrar, Straus and Giroux/New York, 2012.

值就是他的最高生活理想或终极生活目的,他做其他种种事情都从属于这种理想或目的①。一个人若真的对什么都感到满足,那他便与非人动物无异了。老子教人无为,劝人"不贵难得之货",但决不意味着教人什么都不追求,老子教人追求"生而不有,为而不恃,长而不宰"的"玄德",教人追求"圣人"境界。佛教教人破除执着,"放下"一切负担,但决不意味着教人对什么都不执着,决不意味着真的教人放下一切。佛教只教人破除对一切凡俗事业的执着,放下凡俗的一切事务,有一样却必须永远执着地追求,决不可放下,这便是成佛(觉悟),正因为如此,佛门弟子要"发大愿",要永远精进。

追求无限在各行各业的精英人物身上表现得十分明显,在芸芸众生身上体现得较为平淡。例如,一个商业精英不会认为赚了一亿元就够了,他还想赚十亿、百亿……普通人则较容易满足,一个小商贩赚到一百万元就可能满足了。社会是由各行各业的精英们领导的。精英人物注定是对现实不满而有其执着理想的人,他们必须为超越现实而创新,其创新冲动是不可遏止的。

但人的精力和时间都是有限的,一个人若对任何好东西(价值)的追求都不知足,那迟早会累死。故每个人只对自己所认定的最高价值或最看重的东西进行追求才是最执着的,才是永不知足的。一个人相信什么是值得自己追求的最高价值,既决定着他对什么价值的追求是不知足的,也决定着他对什么价值的追求是知足的。一个拜金主义者对金钱的追求是永不知足的,他对知识、艺术、德行、境界的追求就是知足的,他甚至根本不理会、不在乎什么是德行和境界。一个痴迷于科学的科学家对知识的追求是永不知足的,他对金钱、爱情、艺术的追求就往往是知足的,他对自己专业之外的知识的追求也必然是知足的。

对于一个人来讲,对什么知足,对什么不知足,决定了他是不是有境界、有智慧。一个永不知足地追求金钱、财富、权力、地位的人决不可能是个有境界、有智慧的人。唯永不止息地修己进德而其他追求皆适可而止的人才可能是有境界、有智慧的人。

一种文明激励人们对什么知足、对什么不知足,决定了这种文明是否可大可久;一种文明激励精英们永不知足地追求什么,决定了他以何种精英(商业精英、艺术精英,还是思想精英)为领导阶级,从而决定着整个社会以何种精英为榜样,决定着整个社会的价值追求,也决定着整个社会最重视何种创新。

几乎所有的前现代文明都正确地要求人们在物质追求方面知足,而所有高级的古

---

① 一个人在其人生历程中可能会改变其最高生活理想或终极生活目的,亦即改变其信仰,从而改变其认定的最高价值。

代文明都引导其精英超越物质财富而无限追求非物质的文化价值(文学、艺术或道德境界)。传统中华文明堪称典范。古代中华文明长期以思想精英为领导,而不像现代工业文明这样以商业精英为领导。于是,中国古代精英的无限追求体现为希贤成圣的追求,即对极高人生境界的无限追求。儒家是长期影响中国政治的学说。儒者的最高追求是成为圣人,但几乎没有任何人敢于在有生之年宣称自己已成为圣人。每个人都永远行进在希贤成圣的道路上,希贤成圣的执着追求是死而后已的。儒家精英当然也重视创新,但儒家精英所重视的创新不是今日之服务于财富增长的科技创新、营销创新、管理创新和制度创新,而是"日新又日新"的人格日新,即变得越来越有德行和智慧。有德行和智慧的人必定是幸福的人。

当我们说人人都追求幸福时,"幸福"就是个抽象概念,指令人满意的生活状态。其实,不同人的幸福感是不一样的。人的幸福感依赖于他对人生意义的理解,即依赖于他的信仰(一种宗教或一种哲学)。我们不能把幸福简单地等同于快乐,幸福人生包含快乐,也包括痛苦、烦恼、寂寞等其他感受,只有快乐而没有其他感受的人生是不可想象的。人们以何为乐与他们的信仰密切相关。信仰决定着人们对人生幸福、价值和意义的理解。信仰就决定着人们对何种价值的追求知足,对何种价值的追求不知足。今天许多人以赚钱、花钱为乐,就因为他们已接受了物质主义的信仰。

孔子曾盛赞颜回,说:"一箪食,一瓢饮,在陋巷,人不堪其忧,回也不改其乐。"① 周敦颐说:"夫富贵,人所爱也。颜子不爱不求,而乐乎贫者,独何心哉? 天地间有至贵至爱可求,而异乎彼者,见其大,而忘其小焉尔。"② 颜回之所以能"贫而乐",就因为他认为有比富贵更值得追求的东西(意义),君子忧道不忧贫,"志于道",就有浩然之气,就会乐而忘忧。大卫·梭罗一生都过着简朴的生活,他的人生实验就是用最少的物质财富去过最丰富的生活。他宣称自己过得很幸福,他从不怨天尤人。他说,"我从未听到过什么坏消息"。他相信自己是世上少有的幸福人,没有什么可后悔的。他不断教导自己并努力启示于他人的思想可以用一个语词概括之——"简朴"③。梭罗之所以能于简朴中感受幸福,也因为他相信有比物质财富更值得追求的东西。

把人生的意义理解为赚钱加花钱是现代文化建构的结果。现代文化标举"自由、平等、人权、公平、效率、财富",宣称这些是普世价值。

---

① 《论语·雍也第六》。
② [宋]周敦颐著《周敦颐集》,中华书局 2009 年版,第 32—33 页。
③ Henry David Thoreau, *Walden and other Writings*, Bantam Books, 1982, Introduction, P.1.

现代人追求的自由不止于思想自由、信仰自由、集会结社自由、出版自由等,还包括追求财富增长的自由。事实上,对私人财产权的法律保障是整个现代社会秩序的基础,而现代法律赋予个人以无限追求物质财富的自由。

现代人追求的平等包括享受物质财富增长和科技进步之成果的平等。机会平等是现代立法的基本目标。市场经济坚决抵制物质财富的平均分配,但力图确保每个人都有从穷光蛋跃升为亿万富翁的可能。尽管这种可能性在许多人身上几乎为零,但个别人(如比尔·盖茨、马云等人)的成功能激励众多人在"财富阶梯"上一往无前地奋勇攀登。

现代社会力图保障的人权包括经济、社会和文化权利,包括适当生活水准权、社会保障权、健康权、教育权、闲暇和娱乐权、参加文化生活权等,在"资本的逻辑"几乎统辖一切的现代社会,经济权就是无止境地追求财富的权利。

在现代社会,公平和效率是制度创新和管理创新的基本目标,而所谓效率则主要指创造财富的效率。市场化社会以自由竞争确保各行各业生产和服务的效率。现代社会竞争的激烈程度超过了一切前现代社会。这与古典功利主义所申述的统一价值论密切相关。根据边沁的功利主义,一切积极价值都可以归结为快乐,一切消极价值都可以归结为痛苦,而快乐和痛苦是可以统一量化的,于是一切价值都可以量化。这便为经济学以货币衡量一切价值提供了理论依据,也为拜金主义提供了理论依据。于是,货币成了统一衡量所有人的贡献、成就、价值的标尺①。人对无限的追求就表现为对金钱的永不知足的追求。

以上所述就是自由主义对现代社会合理性的辩护。在自由主义意识形态的辩护之下②,现代社会被认为是最符合人性的社会,因为它是保护人权的社会。在凸显自由、平等、人权、公平、效率、财富的现代文明中,赚钱加花钱的生活方式才有了无可置疑的合法性和合理性③。

然而,现代文明严重误导了人们对人生意义的追求。它误导人们在该知足的方面

---

① 这似乎是个可精确度量一切价值之数量的标尺。实际上许多价值是不可量化的,从而是不可用货币衡量的。

② 或有人说,自由主义在我国一直是受批判、受抵制的。其实这需要具体分析。自由主义在我国经济领域已产生了巨大影响,30多年来的经济体制改革,主要是转向市场经济的改革。改革智囊团中的许多人都深受自由主义经济学的影响。我国社会已过分地受到市场和"资本"的侵蚀,这就是自由主义经济学过分影响的结果。当然,中国共产党抵制自由主义的政治影响,这便形成了如今政治体制与经济体系运作的严重不协调,导致了严重的权力腐败和社会腐败。

③ 笔者无意完全否定自由、平等、人权、公平、效率等普世价值,只是认为不能在物质主义的思想体系中去诠释这些价值。

不知足,在不该知足的方面知足。人应该在物质追求方面知足,现代文明①却激励人们永不知足地追求物质财富。人应该永无休止地修己进德,现代文明则把颜回、梭罗一类的贤人排挤在社会的边缘。如钱穆先生所言,"……没有经济基础,影响甚大。但经济水平愈提高,它对人类全部文化体系所能贡献之意义与价值并不相随提高,甚至相反地愈降低。""简单说:吃不饱,影响大;但在饱的条件之外来提高吃的标准,那可没有很大的意义与价值了。穿不暖,影响大;但在温暖的要求之外再来提高穿的标准,那它的意义与价值也便降低了。……你若增高收入到一相当限度,此后的再增高,可说对你私人生活实际上将全无意义,全无价值。不仅如此,它将发生反作用。多金为累,使你生活反而不正常,不愉快。私人如此,集体亦如此"②。

从生态学的视角看,赚钱加花钱的生活方式的坏处已远非"多金为累"和生活"不正常"、"不愉快"。在现代社会,赚钱加花钱的生活方式是主流意识形态和制度所激励的生活方式,因而是多数人的生活方式。这种生活方式的要害是物质主义及其蕴含的对物质财富的无限贪恋。迄今为止,几十亿人之赚钱、花钱的竞争就是无限贪求物质财富的竞争。商家和消费者互相激励,商家为了赚钱,不断更新产品,以激发消费者的消费欲望。于是,创新成了现代商业的赢利契机。但现代人的创新主要是技术创新、营销创新、管理创新和制度创新,企业大力创新是为了赢利,政府力倡创新是为了经济增长,于是,创新归根结底是为了经济增长。技术创新、营销创新、管理创新和制度创新归根结底是物质欲望的创新,即以创新去不断激发人们产生新的物质欲望,或改善物质生活的欲望。人们总想使用越来越充足的能量,越来越庞大、复杂的机器系统,以让自然力无偿地为人类服务。但如康芒纳所言,"没有免费的午餐。"③以顺应自然的方式利用自然力,人类才能得到自然的福佑,以现代工业文明的方式长期透支自然资源,是逃脱不了自然的惩罚的。现代社会的种种创新支持"大量生产",商家的"大量生产"要求千百万个人的"大量消费",即要求个人采取"赚钱加花钱"的生活方式。"大量生产、大量消费"必然导致"大量废弃"④,而"大量生产、大量消费、大量废弃"的生产生活方式正把人类文明引向毁灭的深渊。只有当越来越多的人们超越了"赚钱加花钱"的生活方式,才能真正做到节能减排,才能很好地维护生态健康。超越不了这种生活方式,我们只会

---

① 这里讲的"文明"与广义的"文化"同义,涵盖器物(或技术)、制度与观念(或精神)。
② 钱穆著《文化学大义》,九州出版社 2012 年版,第 34—35 页。
③ [美]巴里·康芒纳著,侯文蕙译《封闭的循环》,吉林人民出版社 1997 年版,第 35 页。
④ 以为有了循环经济和绿色科技就不会再有"大量废弃"从而就可以永远甚至变本加厉地"大量生产、大量消费"只是科技万能论者的幻想。

在生态危机中越陷越深。

生态学和全球性生态危机都表明激励所有人无限贪求物质财富的现代工业文明是不可持续的。它在18~20世纪的全球扩张中证明了自己短暂的可大，但是它不可久。由现代工业文明走向生态文明是人类文明的必由之路，生态文明才是可大、可久的文明。为走向生态文明，我们必须超越赚钱加花钱的生活方式。

超越这种生活方式需要从改变自我做起，改变自我只能体现为自我觉悟，关键是觉悟到物质主义的荒谬和"科技万能论"的错误。

超越赚钱加花钱的生活方式既是很容易的又是很难的。说这是很容易的，就因为我们只要真的觉悟了就立即能做到。其实，挣足养家活口的钱不难，但挣越来越多的钱很难。如果你真的觉悟到物质主义的荒谬，你就立即能明白钱穆先生所讲的那番道理，于是你能立即超越赚钱加花钱的生活方式，从而摆脱许多俗务的拖累，获得巨大的幸福和自由。

但觉悟又是很难的事情。许多人难以觉悟，就因为现代文化具有极强的遮蔽作用，现代制度对个人具有强大的促逼作用，多数人顺从的生活潮流具有强大的裹挟作用。"自由、平等、人权、公平、效率、财富"似乎就代表着文明和进步，而科学家们又允诺，科技进步能保障人类财富的不断增长和人类物质生活条件的无限改善。于是，许多人认为物质主义和"科技万能论"是对的，这些人当然永远执迷不悟。

揭穿物质主义的荒谬和"科技万能论"的错误乃是当代哲学的首要任务。

中国家庭闲暇时间利用与社会问题调查①

北京第二外国语学院中国闲暇经济研究中心

魏 翔 范 虹

【摘 要】本报告旨在厘清中国家庭闲暇时间的使用情况,对一系列社会性问题进行预测;并探寻中国人休闲行为的基因分布及表达,编制中国人休闲行为模式图谱,展现和分析中国国民的闲暇活动、饮食习惯、作息方式、生活方式和人口统计变量对收入、消费、幸福感、效率等社会经济指标的确切影响。

【关键词】闲暇时间利用 社会问题预警

一、问题的提出

从世界发展水平来看,人类劳动时间的缩短和闲暇时间的增多与劳动力的发展水平、技术进步和劳动生产率的提高存在着紧密的正相关关系。仅从近代经济发展进程来看,到18世纪后期,随着包括蒸汽机在内的动力机器的发明和在工业中的广泛应用,大大加快了生产速度,提高了劳动生产率,人们的工作时间随之减少,闲暇时间占总时间的比例提高到23%;到20世纪末期,电动机器在工农生产领域的普及应用提高了从食品加工到交通运输等几乎所有工业交通领域的发展速度,使人们的闲暇时间占总时间的比例提高到41%(Fogel,2001)。在一些发达的工业化国家,工人每周工作时间从

作者简介:魏翔,北京第二外国语学院中国闲暇经济研究中心主任,科研处副处长,副教授。学科方向:闲暇经济学。

① 本项目是魏翔博士主持的国家社会科学基金项目"我国国民休闲基本状况与提升生活质量问题研究"(10CGL036)的部分成果。课题组由北京第二外国语学院中国闲暇经济研究中心和中国人民大学经济学院、中国社会科学院工业经济研究所的专业老师共同完成。主要成员包括:魏翔、虞义华、邓州、王欣、苏惠、吕勤、范虹、崔丹、涂皎、李栎、尤晓丹、纪美慧、陈真、高倩、温兆一、李繁鑫、侯剑华、容雪、韩雯雨等。项目组感谢清华大学蔡继明教授、北京交通大学张辉教授。

18世纪72小时减少到19世纪中叶的69小时;到20世纪90年代,有些国家周工作时间已不足40小时,一些欧洲国家每周仅为30个小时(OECD,2008)。

闲暇时间的不断增多,是社会进步的一个重要标志。马克思和恩格斯多次指出:闲暇是人的全面发展所需要的自由时间,"这种时间不被直接生产劳动所吸收,而是用于娱乐和休息,从而为自由活动和发展开辟广阔天地。"人类的各种知识、科学、艺术的发展都依赖于闲暇时间的不断扩展。马克思、恩格斯预言未来的理想社会是闲暇时间十分充沛的时代,马克思说:"那时,财富的尺度决不再是劳动时间,而是可以自由支配的时间。"

但闲暇时间的增多,本身也是一把双刃剑:人们可以充分利用闲暇时间来发展自己,进一步满足马斯洛提出的高层次需要;也有人把闲暇时间用来挥霍浪费,从事消极的生产、劳动等等。故而,进行国民的时间调查十分有必要。

继2009年度"北京市国民时间使用调查"(Beijing Time Use Survey,BTUS)研究之后,2010年12月—2011年3月,北京第二外国语学院中国闲暇经济研究中心通过PPS抽样方式对300个随机中国大都会城市家庭进行了入户调查,组织撰写了《2011年度中国家庭入户"国民时间使用调查"(China Time Use Survey,CTUS)研究报告》。这份研究报告并非完整性国民时间使用调查报告,而是大规模人口入户调查前的预测性调查(Group Survey)报告。

本报告旨在厘清中国家庭闲暇时间的使用情况,对一系列社会性问题进行预测;并探寻中国人休闲行为的基因分布及表达,编制中国人休闲行为模式图谱。

二、调查基本情况说明

CTUS综合考察了当今世界三大时间调查体系:美国体系、日本体系和欧盟体系这三个体系的优点,尤其对符合中国国情的条目进行了仔细分析和引入。基于2009年度"北京市国民时间使用调查"(BTUS),2011年度中国家庭入户"国民时间使用调查"(CTUS)在调查体系方面进行了改进:在内容方面,结合国家统计局的专业意见和过往经验,在类目上主要借鉴了欧盟体系,在数据生成和分析方法上主要借鉴了美国体系,而在国情化调整方面则借鉴了日本的做法。

本次CTUS调查仍采用入户调查的方式,比随机采访具有更高的可信度和针对性。

基于中国国民"闲而优"、"闲中学"的特点,CTUS调查把国民在闲暇时间进行的活动分为九大类,61小类:

九大类	六十一小类
个人活动	睡觉休息
	用餐及其他饮食活动
	个人卫生活动
	宗教活动
	抽烟
	其他活动
	相关交通活动
就业活动(正常工作之外的兼职)	就业活动
	其他活动
	相关交通活动
家庭初级经营生产活动	农副产品加工
	食品制造
	酿酒与饮料制造
	纺织品、服装、皮革和相关产品的制造
	非金属矿物制品的生产加工
	其他活动
	相关交通活动
家庭服务经营活动	食品与小商品买卖
	提供修理、安装和维护服务
	提供专业服务
	提供个人护理服务
	客货运输
	有偿家政服务
	其他活动
	相关交通活动
为自己和家人最终消费提供的无酬家务活动	准备食物、饮料及相关的清理活动
	住所及周边环境的清洁整理
	洗衣、整理衣物及自制缝补衣物
	购买商品与服务
	饲养宠物及与宠物相关的活动
	自己动手进行的小规模装修、维护和护理
	家庭事务的安排与管理
	其他活动
	相关交通活动

续表

九大类	六十一小类
照顾家人和对外提供帮助	照顾未成年家人
	照顾成年家人
	对其他家庭提供无偿家务帮助
	社区服务与公益活动
	其他活动
	相关交通活动
学习培训	正规教育活动
	家庭作业、课后复习及与正规教育相关的活动
	业余学习与非正规教育
	参加与职业有关的专业培训学习
	其他活动
	相关交通活动
娱乐休闲和社会交往	使用媒体活动
	体育锻炼与健身活动
	业余爱好、游戏和消遣活动
	外出参观、看电影与演出
	社会交往
	其他活动
	相关交通活动
没有活动	没有活动

通过理论研究、设计调查问卷、实地调研、数据分析、得出结论等一系列过程来进行本次研究。调查问卷共分为 A 卷和 B 卷[①]，A 卷主要分析北京居民工作日和休息日的闲暇时间安排，B 卷主要反映北京居民一年内的闲暇时间安排。

A 卷共分为两部分：一是工作日(表一)和休息日(表二)的闲暇时间安排，二是填表人的基本情况调查(个人基本情况表和日志表后问题)。将休息日和工作日两天 48 小时按照每 10 分钟一个研究阶段进行划分，从而使研究结果更加精确。主要从以下几个方面来研究人们工作日和休息日闲暇时间安排的：

①你正在做什么(要求填写的活动精确，例如收拾桌子或吃早饭等)；②从事主要活动时你在哪(我们将活动地点分为 1. 住所内；2. 学习和工作的场所；3. 大街、公园等

---

① 如需国民时间使用调查表，可与作者联系，Email：weixiang@bisu.edu.cn

公共场所;4. 银行、商店、邮局、医院、宾馆等公共服务场所;5. 餐馆、酒吧、茶馆、快餐店等餐饮场所;6. 电影院、歌舞厅、网吧、体育馆等文体娱乐场所;7. 其他场所);③你同时还在做什么(指从事主要活动时还在做的次要活动);④主要活动开始时与谁在一起;⑤从事这些活动时的消费额;⑥收入额(指除工资以外的额外收入额)。

关于日志表后问题,主要涉及的是北京居民对当天闲暇时间安排的满意度,以及有无带薪假期,住所距工作单位的距离等个人情况的调查。

B卷主要是北京居民一年的闲暇时间研究,CTUS将活动分为七大类:①体育活动,又将体育活动细分为足球、篮球等22类;②游览或旅行,细分为一日游、境内游和境外游;③学习和研究活动,又将此活动细分为商务学习、语言学习、电脑技术学习等8类;④互联网使用,此活动包括使用电子邮箱、其他通信功能或聊天功能等7类活动;⑤宗教活动,包括佛教、基督教等6类活动;⑥爱好和娱乐活动,此活动包括参观艺术展览、到影院看电影等32类活动;⑦志愿活动,将此类活动分为与健康医疗相关的志愿活动、与服务老年人相关的志愿活动等11类。

对于B卷的各类活动,主要通过活动时间(1~4天,5~9天,10~19天,20~39天,40~99天,100~199天,200天),参加活动的组织形式(是以俱乐部成员身份还是与家人、同学、邻居等一起进行活动的),参加各类活动的花费额等几项进行分析和研究的。

实地调研主要是入户调查,同时选择去公园、景区等公共场所进行调研(不过主要还是入户调研)。CTUS事先选择好不同职业的入户(通过互联网查找住户或通过北京市的同学介绍、查找),然后入户进行实地调研。首先对CTUS成员进行入户调研培训,并建立了公共邮箱,将入户调研培训放在公共邮箱里。如果项目组成员在入户调研时遇到各种疑问,也可通过邮箱咨询。问卷遵照《中华人民共和国统计法》第十五条规定:属于私人、家庭的单项调查资料,非经本人同意绝不泄露,以使被调查人员放心填写。项目组还在每份问卷上留下了问卷负责人的名字以及电话号码,如果问卷有什么问题,或者对入户有疑问,可以直接和问卷负责人联系。

对于问卷分析,CTUS采用计量经济学进行分析,通过运用EXCEL、SPSS、EVIEWS等相关软件进行数据处理,建立模型,分析各种变量如性别、年龄等对居民闲暇时间安排的影响,以及闲暇对经济的作用。

三、CTUS 主要调查结论

（一）"闲"随"钱"涨

CTUS 研究发现，除了没有收入阶层和极高收入阶层外，闲暇时间基本上是随着收入的增加而增加的。

表1 不同收入阶层的闲暇状况

		娱乐休闲和健身社交					合计
		3小时以下	3-6小时	6-9小时	9-12小时	12小时以上	
月收入（元）	没有收入	2	6	8	12	2	30
	500以下	0	1	1	1	0	3
	500~1000	2	3	1	0	1	7
	1000~2000	7	7	2	1	1	18
	2000~5000	9	8	3	5	2	27
	5000~10000	4	3	1	1	2	11
	10000以上	0	1	0	0	0	1
	合计	24	29	16	20	8	97

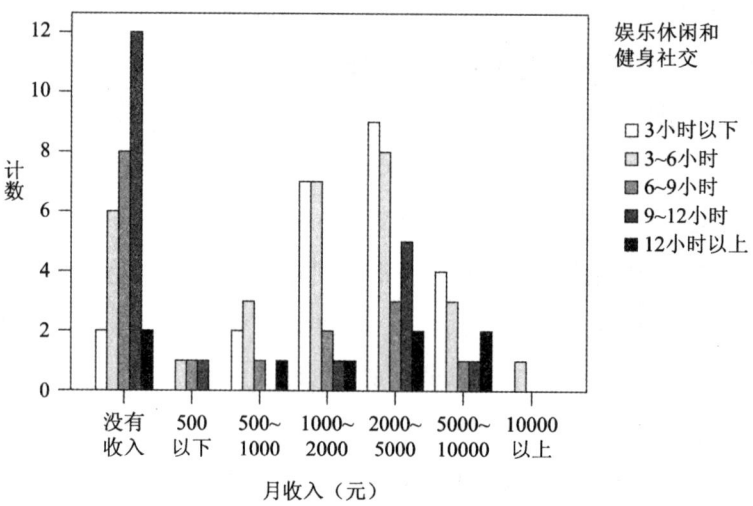

图1 月收入和闲暇时间条形图

从不同收入阶层和闲暇时间的交叉列联表（表1）及柱形图（图1）可以看出，没有收入的阶层,其每日闲暇时间为 3~12 小时区间;月收入为 1000~2000 元、5000~10000 元阶层的每日闲暇时间更多落在 3~6 小时的区间;2000~5000 元阶层主要落在 3~12 小时区间。除去没有收入阶层,收入在 500 元以下和 10000 元以上的阶层,其闲暇时间相对于其他阶层最少,2000~5000 元收入阶层的休闲时间最多。分析其原因,我们认为低收入者(收入在 500 元以下者)生活压力较大,需要为负担家庭日常开销而努力工作,因此休闲时间少;而高收入阶层(收入在 10000 元以上的企事业单位负责人)不满现状,为追求更高收益而不惜牺牲闲暇时间忙于事业;中高收入阶层(2000~5000 元收入阶层)闲暇时间最多,我们认为最主要的原因是收入有保障,对生活比较满足。

(二)婚姻使人更休闲

CTUS 研究发现,有配偶的群体生活相对休闲,平均每天休闲健身的时间是离婚群体的 2 倍以上。

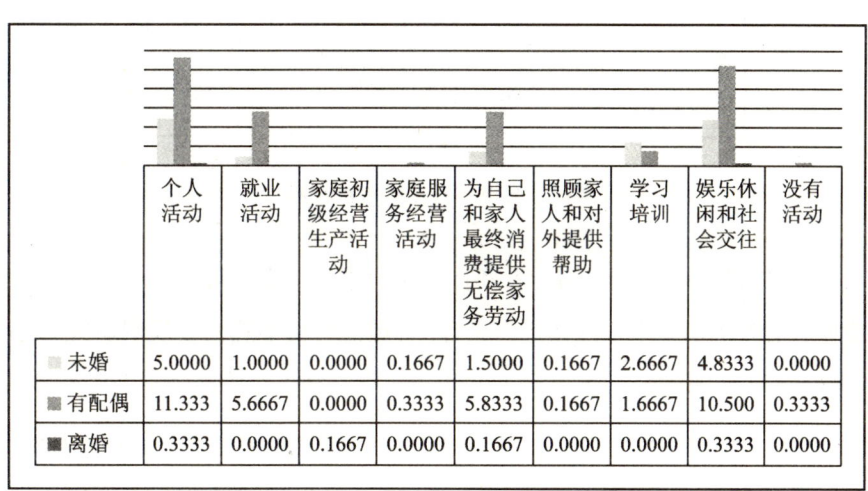

	个人活动	就业活动	家庭初级经营生产活动	家庭服务经营活动	为自己和家人最终消费提供无偿家务劳动	照顾家人和对外提供帮助	学习培训	娱乐休闲和社会交往	没有活动
未婚	5.0000	1.0000	0.0000	0.1667	1.5000	0.1667	2.6667	4.8333	0.0000
有配偶	11.333	5.6667	0.0000	0.3333	5.8333	0.1667	1.6667	10.500	0.3333
离婚	0.3333	0.0000	0.1667	0.0000	0.1667	0.0000	0.0000	0.3333	0.0000

图 2　不同婚姻状况九大类活动平均时间比较

不同婚姻状况群体的时间使用分布如图 2 所示。在个人活动上,有配偶的群体个人活动平均时间较长,离婚的群体个人活动时间最少;在就业活动上,有配偶人群工作时间最长,而离婚人群人均工作时间几乎为零,这是因为已婚人士需要养家,所以其工作时间长;在家务活动方面,有配偶人群时间最长,离婚人群时间最短,说明已婚人群为家庭付出的更多;在学习培训时间上,未婚人群平均时间较长;在娱乐健身休闲方面,有配偶的人群时间最长。

(三)媒体休闲是主流

CTUS 调查发现,国民每天用于娱乐休闲和社交活动的时间为 5.04 小时。其中使用媒体活动用时 3.9950 小时,占娱乐休闲和社交活动总时间的 64.51%;体育锻炼与健身活动用时 0.9583 小时,占 15.47%;业余爱好、游戏和消遣活动用时 0.9450 小时,占 15.26%,外出参观、看电影与演出用了 0.0683 小时,占 1.10%;社会交往用时 0.1933 小时,占 3.12%;其他活动用时 0.0333 小时。由此可见,大多数人还是喜欢通过互联网来打发空闲时间。

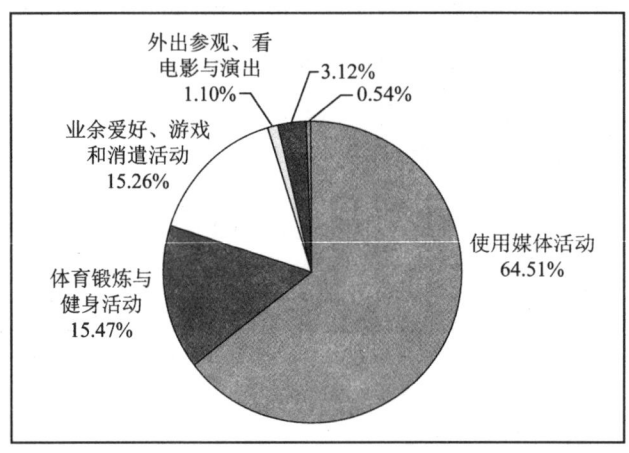

图 3　娱乐和休闲时间百分比

在使用媒体休闲的人群中,用于看新闻获取信息的人最多(如图 4 所示),这与中国社会科学院社会发展研究中心的调查相吻合(中国社会科学院社会发展研究中心的调查发现,观看网络新闻的网民占 65.9%,而真正用于学习和工作的比例还不到 40%)。

	1~4天	5~9天	10~19天	20~39天	40~99天	100~199天	200天以上
通过电子邮箱	5	10	5	4	11	5	24
通过其他通信工具或聊天功能	8	6	1	3	6	7	30
建立、更新网站或博客	7	1	1	2	4	5	18
获取信息(如新闻)	6	6	0	8	2	6	42
获取图片、电影、音乐或软件(包括网络游戏)	6	5	2	5	8	11	31
对商品或服务的预订、选购或支付(购物、理财、订票和股票交易等)	11	12	6	8	0	4	11
使用过其他网络功能	12	8	2	0	4	3	16

图 4　互联网使用时间比较

(四)"宅人"渐成都市风

被调查的中国国民中,男性平均每人每天待在住所内的时间达 6.5 小时,女性平均每人每天待在住所内的时间达 10.17 小时。分年龄段来看,所有群体在住所内的时间均是最长的。分析其原因,我们认为这与当前互联网的高度发达紧密相关。随着互联网的发展,越来越多的人喜欢宅在家里,进行工作、学习、购物、娱乐。同时人口激增与交通拥堵也是大多数人选择待在住宅内的主要原因之一。

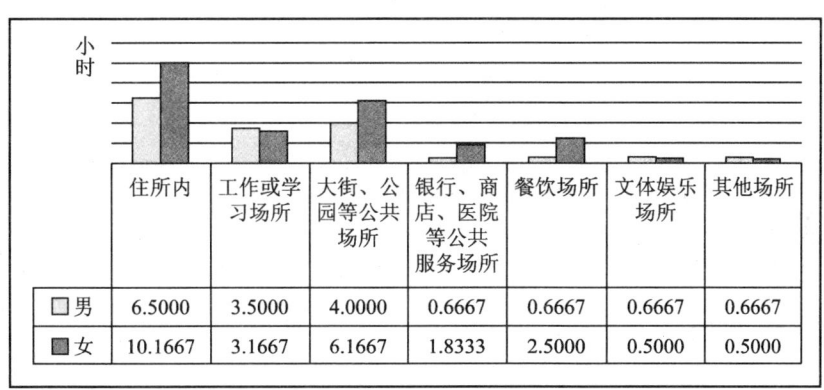

图 5　不同性别活动地点平均时间比较

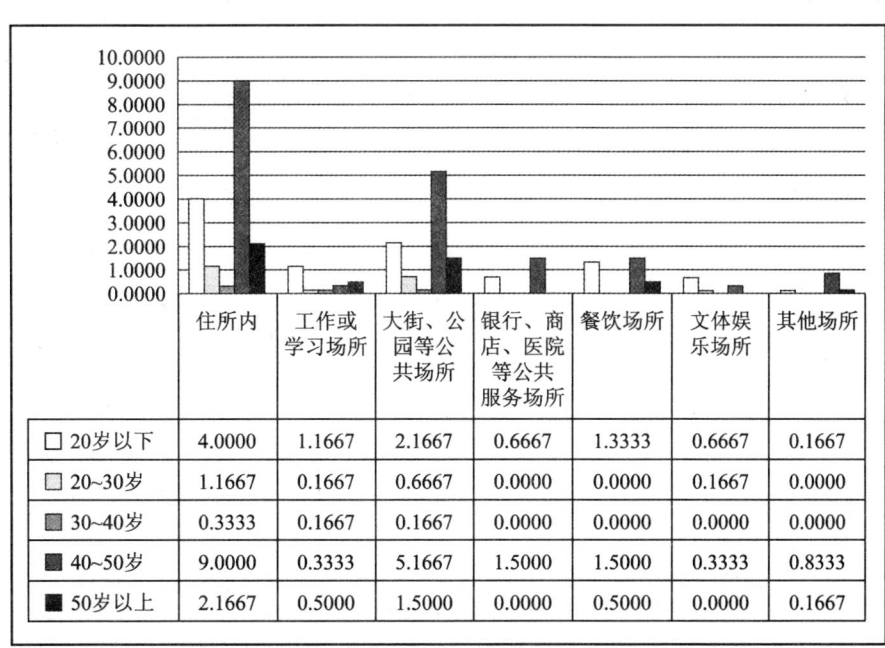

图 6　不同年龄段活动地点平均时间比较

(五)有效需求很不足

约 30% 的被调查国民偏好下载电影、听音乐、读书等无消费的活动。约 80% 的被调查国民每年出游次数小于 3 次,且 30% 的国民选择一日游,无住宿需求,每年旅行花费在 7000 元以下。

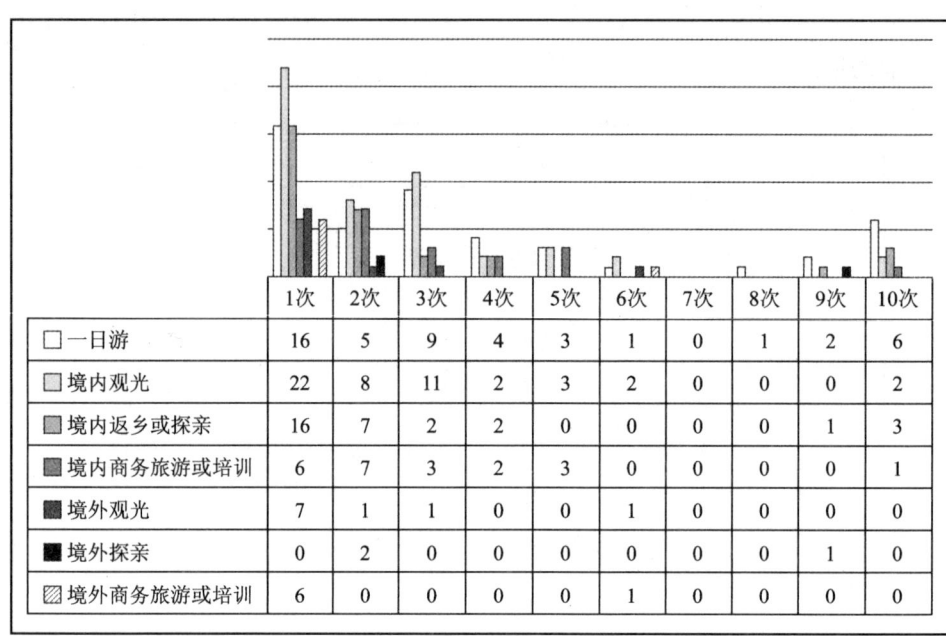

图 7　游览和旅行出行次数比较

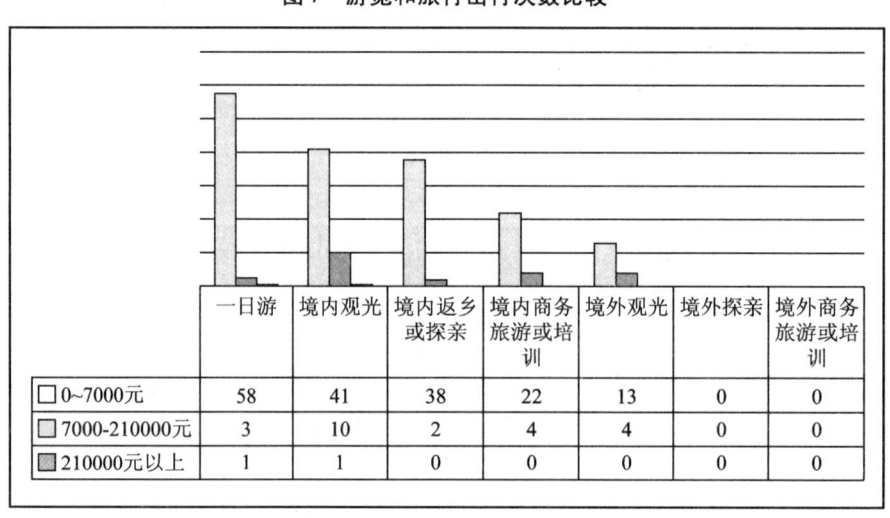

图 8　游览和旅行活动支出比较

(六)国民很幸福,主要看休闲

GDP 增长了,国民的收入提高了,国民的幸福感是"一往如钱"(这里的钱指收入,意思是如收入一样提升)还是"一往如前"？CTUS 以满意度指标反映个体的幸福感,共分五个等级,1 为不满意,2 为比较不满意,3 为比较满意,4 为满意,5 为很满意。研究发现,幸福感和月收入呈反比例关系,即随着月收入的增加,幸福感降低。

表2　月收入与幸福感的关系

模型		非标准化系数		标准系数	t	Sig.	非线性统计量	
		B	标准 误差	试用版			容量	VIF
1	(常量)	4.324	.285		15.186	.000		
	月收入	−.175	.072	−.247	−2.442	.017	1.000	1.000
a. 因变量:满意度修改								

收入增加,不一定带来幸福(由表2可知)。在收入增加到一定程度时,影响幸福的因素主要是精神方面的充实或感情方面的满足:

(1)幸福感与娱乐休闲和社会交往时间呈正相关关系(如表3所示)。娱乐休闲和社会交往时间每增加1个小时,幸福感就提高17%。而性别、年龄、职业对幸福感的影响不大。

表3　娱乐休闲和社会交往与幸福感的关系

模型		非标准化系数		标准系数	t	Sig.	共线性统计量	
		B	标准 误差	试用版			容差	VIF
1	(常量)	2.662	.464		5.731	.000		
	娱乐休闲和社会交往	.170	.073	.346	2.331	.025	1.000	1.000
a. 因变量:满意度修改								

(2)婚姻状况也是影响幸福感的重要原因。被调查者中,未婚人群的满意度比例为89.2%,已婚群体的满意度比例为75.7%。

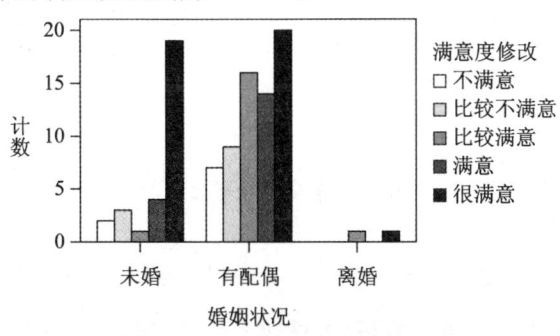

图9　不同婚姻状况幸福感条形图

表4 婚姻状况与幸福感交叉比较

			满意度修改					合计
			不满意	比较不满意	比较满意	满意	很满意	
婚姻状况	未婚	计数	2	3	1	4	19	29
		婚姻状况中的%	6.9%	10.3%	3.4%	13.8%	65.5%	100.0%
		满意度中的%	22.2%	25.0%	5.6%	22.2%	47.5%	29.9%
	有配偶	计数	7	9	16	14	20	66
		婚姻状况中的%	10.6%	13.6%	24.2%	21.2%	30.3%	100.0%
		满意度中的%	77.8%	75.0%	88.9%	77.8%	50.0%	68.0%
	离婚	计数	0	0	1	0	1	2
		婚姻状况中的%	.0%	.0%	50.0%	.0%	50.0%	100.0%
		满意度中的%	.0%	.0%	5.6%	.0%	2.5%	2.1%
合计		计数	9	12	18	18	40	97
		婚姻状况中的%	9.3%	12.4%	18.6%	18.6%	41.2%	100.0%
		满意度中的%	100.0%	100.0%	100.0%	100.0%	100.0%	100.0%

总体来看,76%的国民对自己生活持满意态度。其中很满意的人群占40%,比较满意和满意各占18%。

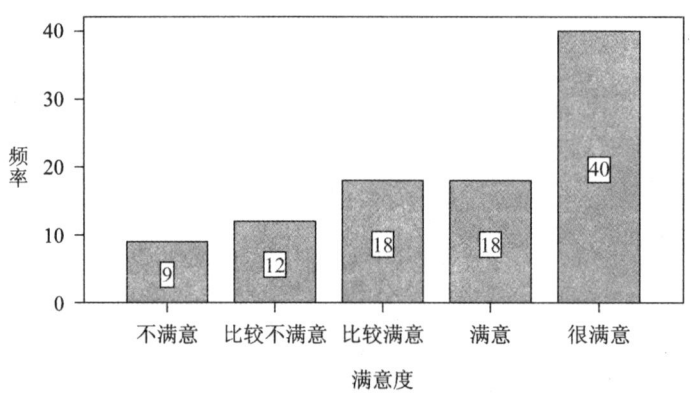

图10 幸福感频率比较

(七)农民工:贫穷未必不幸福

CTUS调查的14位北京务工农民,虽然收入较低,但其幸福感却不低。

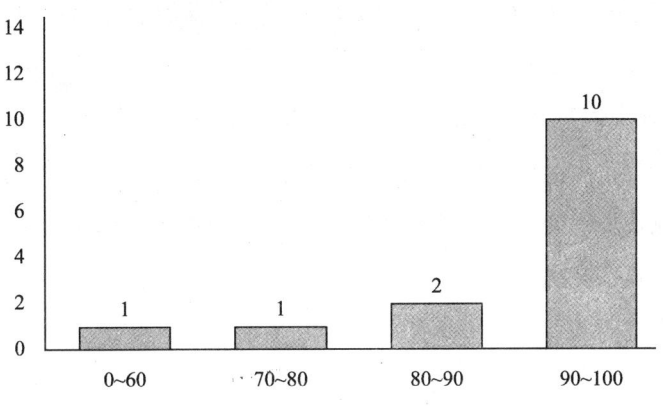

图 11　农民工满意度

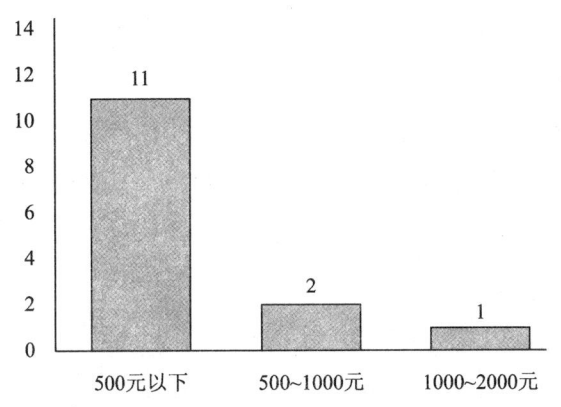

图 12　农民工的收入状况

CTUS认为影响农民工幸福感的指标比较复杂,其中最重要的就是归属感和认同感。北京作为一个"文化厚度"很高的城市,相较于其他城市,对外来人员的"容纳力"较高,使得务工人员的交互认同感较高。

闲暇时间的增加大大加快了人类社会文明进步的步伐。现如今随着休闲时间的增加,追求充实的精神生活已成为一个国家和民族文明进步的重要内容和明显标志。一个国家发达的程度和发展的质量标准,既包括人们的物质生活质量,更应包括人的生存质量、生命质量以及人的全面发展。进入21世纪,随着知识经济时代的来临,技术创新速度将进一步加快,将使未来的社会以史无前例的速度发生变化。据国际有关专家预测,到2015年前后,新技术和其他一些趋势可以让人把生命中50%的时间用于休闲,发达国家将进入名副其实的"休闲时代",休闲将成为人类生活的重要组成部分。与休闲密切相关的娱乐业、旅游业、服务业和交通业等将更快地发展。休闲经济在美国的国民生产总值中将占有一半的份额。专门提供休闲的产业将会成为主导劳务市场的重要方面。

CTUS调查研究发现,随着我国城市居民收入水平的提高,居民用于娱乐、教育、健身和旅游等满足精神生活方面的时间迅速增加。同时,随着产业结构的调整,与休闲有关的产业和行业在供给能力上有了较快的发展,在客观上为休闲经济的发展创造了必要的条件。特别是在我国商品市场总体供求关系发生根本性变化,买方市场初步形成,经济的增长从供给制约型转向需求制约型的条件下,发展休闲经济对于扩大内需,拉动经济增长有着更为重要的作用。从1999年以来的几个假日黄金周的实践充分证明了我国休闲消费市场的巨大潜力,也证明了休闲消费对于区域经济乃至整个国民经济增长的强有力的带动作用。休闲假日消费带动了旅游、交通、娱乐、餐饮、健身、零售购物、文化、咨询、金融保险业和社区服务业等多行业的发展,休闲经济开始成为经济发展的助推器。

本次CTUS调查,将为中国初步建立起国内首个时间调查系统。通过这个系统,可以比较容易地融合社会学、经济学、心理学、医学和政府管理的研究需求,详细展现和分析中国国民的闲暇活动、饮食习惯、作息方式、生活方式和人口统计变量对收入、消费、幸福感、效率等社会经济指标的确切影响。

社会分层与闲暇活动

——基于 2010 中国综合社会调查的实证分析

卢春天　石金莲

【摘　要】经过 30 多年的发展，中国社会阶层发生了巨大的变化。根据对 2010 全国综合调查数据的研究发现：无论是主观还是客观的社会分层，在闲暇活动上也体现出阶层化的趋势，尤其在社会最低层、中下层、中间层、中上层中比较明显，但是作为最顶端的社会阶层，四类闲暇活动和中上层之间的差异性不是特别明显。

【关键词】闲暇活动　社会分层　潜类分析

一、引言

休闲这一词的兴起是和改革开放后的经济快速发展历程密切相关的。休闲活动在现代社会变得越来越重要，因为它不仅和劳动力的再生产紧密相关，而且对人的全面自由发展也有着密切的作用。近年来休闲产业的兴起也进一步表明了它的重要性。可以预见，休闲将成为未来生活方式研究的主题之一。

从人类休闲的历史来看，休闲方式有着多样化，但是总目标就是使得休闲者身心愉悦。杰弗瑞·戈比在其著作中从 3 个角度来理解休闲：第一个是时间角度，把一天工作的时间分为工作时间和业余时间，从时间维度看，富裕阶层不需要为生存奔波，有着更多的时间用在闲暇上；第二个是从活动内容看，可以分为娱乐、休息和自我实现；最后一个是从内心的感受看，精神状态[1]。但是，如果从消费金钱的角度看，可以分为需要消费金钱的休闲和不需要消费金钱的休闲，而消费活动很多时候不过"是种象征性竞争，

[作者简介]卢春天(1978 -)，男，福建龙岩人，博士，西安交通大学人文学院副教授，研究方向为社会学定量研究方法和应用社会学，E - mail：luchuntian@gmail.com；石金莲(1972 -)，女，内蒙古呼和浩特人，博士，北京联合大学旅游学院副教授，研究方向为自然资源游憩与保护和生态旅游，E - mail：busystone@126.com。

是经济和社会领域的社会分层在象征领域的延伸"[2]。

休闲活动的多样化也折射到不同的社会阶层上。中国30多年改革的一个明确结果就是从社会结构上"去阶级,去阶层,去差别化"变成一个由各种不同社会阶层组成的社会[3]。不同社会阶层的生活方式和质量的差别很多时候可以在他们的休闲活动中体现出来,可以说休闲活动对不同社会阶层地位的塑造和建构有着重要的意义。通过凸显特定类型的休闲活动来获得对自身阶层地位的自我认同,并建立起本阶层文化和价值的合法性。

二、闲暇活动与社会分层

闲暇活动是生活方式的一个重要内容,它是人们自觉自愿参加的,在没有外在的压迫感和内在的压抑感情况下,以获得消遣、满足和快乐,个性得到自由发挥的活动。人们选择哪种休闲活动,很多时候是他们生活方式的体现,同时也是由他们的社会阶层决定的。社会分层就是据一定标准,例如职业、收入、权力等而进行的高低有序的等级层次的排列。西方工业革命以来,休闲生活并非是普通的社会现象,但是已经引起西方学者的关注。马克思和恩格斯对阶级的划分是以社会的生产关系、经济关系为基础的。但是,生活方式和生产方式有着密切的关系,而且这种联系可以被看作"生产方式决定生活方式,生产方式在更广泛的意义上是生活方式的一个方面。"[4]因此生活方式也是区别阶级(后来扩展为更广泛的社会群体)的一个重要指标。这一个思路在后来得到了马克思·韦伯和凡勃伦更进一步的论述。

韦伯在其论著《阶级、地位与权力》中提出,生活方式一致的群体构成地位群体,而地位群体要求"其成员共享一种特定的生活风格,所有生活方式就可以视为该群体加以描述的具体表现——人们能够通过这些表现分辨该地位群体的社会构成"[4]。这种特定的生活方式表现在消费商品和闲暇活动安排的特定规律。因此把生活方式转化为对消费方式或者闲暇活动的研究,进而为研究社会阶层的不同生活方式提供了研究视角。

凡勃伦在《有闲阶级论》中,从历史社会学的方法系统探讨了有闲阶级的产生及其特征属性。凡勃伦认为有闲阶级和炫耀性的生活方式是合为一体的。这里的所谓有闲就是时间的非生产性消费。用凡勃伦的话来说就是"所以要在不生产的情况下消耗时间,是由于:①人们认为生产工作是不值得去做的,对它抱轻视态度;②借此可以证明个人的金钱力量可以使他安闲度日,坐食无忧。"[5]在凡勃伦看来,是否有着有闲生活方式是划分社会分层的一种标准。有闲阶级不从事生产性的劳动,而且为了显示自己的荣耀,把钱投入能够象征他们高人一等的炫耀性消费。

生活方式在韦伯和凡勃伦看来是社会分化后可观察的一个指标,为社会学确立了生活方式研究的基础并且形成两种研究思路。一种是把生活方式差异作为社会分化以及社会群体差异研究,比如,华纳提出的划分阶层的8项指标里面就包括生活方式,在生活方式里面一共列举了12个子项目,有些子项目是和闲暇活动紧密联系在一起的[6]。国内学者从90年代初也开始了对这一方面的研究,例如,周晓虹通过调查发现,由于经济收入、教育程度、职业、年龄、性别的不同,社会阶层在时尚流行中扮演的角色也是不一样的[7];李培林和张翼发现不同社会阶层的消费休闲方式不一样,在闲暇时间的消费上呈现出层级化的趋势[8]。但是也有学者根据2003年中国社会综合调查数据认为,客观社会分层位置与生活方式之间有着一定的关联,但是在生活方式维度上的阶层化并不是十分的明显[9]。第二种思路把生活方式转化为对消费的研究,从注重整体性和群体性的方式到侧重于个人化风格的演化过程。本文目前主要采用的是第一种研究取向,从社会分层的视角来考察中国城市居民闲暇活动的差别。

三、研究策略及数据和变量编码

为了进一步揭示社会分层和闲暇活动之间的对应关系,我们采取如下的分析策略量。第一步是考察主观社会分层和闲暇活动直接的关系,第二步是分析客观分层与闲暇活动的对应关系,这里采用的是潜类分析技术(Latent Class Analysis)。潜类分析的目标是从观测变量的联合分布概率的特征值中寻找某些具有相同特征人群的集合。潜类分析通过联合分布的最大概率似然值求解法(ML),给出观察变量之各类在潜变量的类上的响应概率,研究者可以据此来揭示潜变量中不同维度的基本特征。

中国综合社会调查(CGSS)第二期(2010—2019)的抽样设计采用多阶分层概率抽样设计,其调查点覆盖了中国大陆全部31个省级行政单位。2010年CGSS最终的有效样本量为11328个,应答率为71.32%,由于当前城乡二元的社会结构导致的收入、教育、闲暇活动差距比较大,我们这里的分析主要是限制在城市地区,最终我们得到的城市样本是7091个。

主观社会分层变量:主要是让受访者对自己的社会地位进行自我评价。问卷中设计的问题是"在我们的社会里,有些群体居于顶层,有些群体处于底层,您认为自己目前在那个等级上"。以10分代表最顶层,1分代表最底层。为了和下面客观分层能有一个对比性,我们对这一变量重新进行了编码,最顶层为9~10,次顶层为7~8,中间层为5~6,中下层为3~4,最下层为1~2。

客观分层变量,通常包括职业、教育和收入三个变量。职业阶层以权力和工作的自主性为核心。国内外学术界对分多少层没有一个明确的答案,中国社会科学院"当代中国社会阶层结构研究"课题组就以职业的分类为基础,以组织资源、经济资源、文化资源的占有状况为标准来划分社会阶层,将中国社会分为十大社会阶层[10]。在这里为了简化一些分析结果,我们采用了李路路提出的阶层理论框架:党政机关、企事业单位负责人及中高层管理人员、专业技术人员、一般管理人员、工人、自雇佣者和无业者[11]。收入等级:这里的收入变量是指受访者过去一年的总收入。我们将收入划分为5等分,分别为:最高收入20%、次高收入20%、平均收入20%、次低收入20%、最低收入20%。教育水平:被访者的教育程度分为三个等级,第一个为初中及以下,包括初中、小学、私塾和未受过任何教育;第二个为高中、中专、技术学校;第三个是包括全日制和非全日制的大专、本科和研究生以上的学历。社会人口特征变量:性别为二分变量,其中男性为1,女性为0,年龄为持续变量。

四类闲暇活动:休闲活动种类繁多,为了考察不同社会分层的人对特定闲暇活动的偏好,我们从总的闲暇活动中分别挑选了4项闲暇活动:看电视和看碟、读书、与朋友聚会和参加体育活动来分别代表居民的娱乐、学习、社交和体育活动。对这些问题的回答分别是①每天,②一周数次,③一月数次,④一年数次或者更少,⑤从不。为了在潜类模型精简一些类别,我们对变量重新进行了编码:"从不"被赋值为1;"一年数次或者更少"标签为"偶尔",赋值为2;"每个月数次"和"一周数次"和"每天"标签为"经常",赋值为3。

四、主观社会分层及其四类闲暇活动

社会分层既有客观的事实,同时也存在主观的建构。客观的社会分层由于划分的标准或者所用的指标不一样,所导致的划分阶层的数目也不一样。主观社会分层侧重于研究社会群体的阶层心理认同。如果把社会看作一个长短不一的阶梯组成的结构形状,这个阶梯可以是金字塔形,也可能是菱形或者纺锤形。对于普通公众,他们往往根据自己的直觉和经验去给自己定位在哪一个阶梯上,从表1可以看出,男女性别在不同社会阶层的认同上差别不大,只有在中下层的阶层认同上,男性的认同度比女性显著多一些,总的来说,大约44%的公众认为自己在中间层,31%的人认为自己是中下层,认为自己是中上层和上层的不超过7%,而认为自己在社会底层的却有17.5%,从这一比例来看,我们的社会是菱形结构:人们以中间层认同为主,且中下层和最底层认同的人仍较多,而最上层的特别少。

表1 性别与社会阶层认同

社会阶层认同	男	女	总计
最下层	17.2%$_a$	17.7%$_a$	17.5%
中下层	33.2%$_a$	30.6%$_b$	31.8%
中间层	43.3%$_a$	45.1%$_a$	44.2%
中上层	5.6%$_a$	5.7%$_a$	5.6%
最上层	.8%$_a$	.8%$_a$	.8%
总计	100.0%	100.0%	100.0%

注:同一行中如果有着不同下标(a,b),就表示这两个列百分比在 a = 0.01 上有着显著差别。

社会分层的主观建构并不一定和客观现实相吻合,不同的社会分层认同是否也体现在他们在闲暇活动的差别上?2006年国家统计数据表明,中国电视观众总人数达到10.7亿人,平均电视剧普及率达到85.5%。从表2可以看出,无论哪个阶层看电视的频率都达到90%以上。"从不"看电视人群比例从最底层到中间层之间是递减的,而且他们比例差异显著。中下层到中上层的"经常"看电视的比例显著高于最底层的人群,从他们的卡方检验(P值小于0.001)和G系数0.208来看,他们之间有着正相关的关系。

表2 四类闲暇活动与主观社会分层

闲暇频次	主观社会分层					总计
	最底层	中下层	中间层	中上层	最上层	
过去一年,您是否经常在空闲时间从事以下活动:看电视						
从不	4.5%$_a$	2.3%$_b$	1.4%$_c$	1.0%$_{b,c}$	N/A	2.2%
很少	3.2%$_a$	2.6%$_a$	2.6%$_a$	2.3%$_a$	3.5%$_a$	2.7%
经常	92.3%$_a$	95.2%$_b$	96.0%$_b$	96.7%$_b$	96.5%$_{a,b}$	95.1%
总计	100.0%	100.0%	100.0%	100.0%	100.0%	100.0%

续表

闲暇频次	主观社会分层					总计
	最底层	中下层	中间层	中上层	最上层	
过去一年,您是否经常在空闲时间从事以下活动:聚会						
从不	23.9%$_a$	14.6%$_b$	12.1%$_c$	10.6%$_c$	14.0%$_{a,b,c}$	14.9%
很少	47.1%$_a$	45.7%$_a$	41.6%$_b$	39.4%$_b$	45.6%$_{a,b}$	43.8%
经常	29.0%$_a$	39.7%$_b$	46.3%$_c$	50.0%$_c$	40.4%$_{a,b,c}$	41.3%
总计	100.0%	100.0%	100.0%	100.0%	100.0%	100.0%
过去一年,您是否经常在空闲时间从事以下活动:读书						
从不	49.4%$_a$	38.0%$_b$	30.0%$_c$	22.4%$_d$	35.1%$_{b,c}$	35.5%
很少	24.3%$_a$	24.5%$_a$	23.9%$_a$	21.4%$_a$	26.3%$_a$	24.0%
经常	26.3%$_a$	37.6%$_b$	46.1%$_c$	56.3%$_d$	38.6%$_{b,c}$	40.4%
总计	100.0%	100.0%	100.0%	100.0%	100.0%	100.0%
过去一年,您是否经常在空闲时间从事以下活动:体育						
从不	51.8%$_a$	40.4%$_b$	32.4%$_c$	24.6%$_d$	42.1%$_{a,b,c}$	38.0%
很少	17.7%$_a$	20.3%$_a$	19.0%$_a$	20.4%$_a$	12.3%$_a$	19.2%
经常	30.4%$_a$	39.3%$_b$	48.6%$_c$	55.0%$_d$	45.6%$_{b,c,d}$	42.8%
总计	100.0%	100.0%	100.0%	100.0%	100.0%	100.0%

注:同一行中如果有着不同下标(a,b,c),就表示这两个列百分比在 $a=0.01$ 上有着显著差别。

社交中的朋友聚会是根植于中国饮食文化的一种普遍的闲暇活动。朋友聚会有着多种功能,一方面可以拓展原来的人际关系网络和维护原有的情感纽带,另外一方面也可以为某种社会交换提供一个非正式的平台。从表2可以看出,"从不聚会"一行中的人群比例从最底层到中上层是递减的,从中上层到最上层则是增加了不到4%,而且最底层"从不聚会"的比例远远高于别的社会阶层在"从不'聚会的比例。在"经常聚会"这一行中,最底层只有29%,中间层的比例达到46.3%,中上层最高达到50%。卡方值检验(P值小于0.01)和G系数为0.196,表明聚会的多少和分层高低有着正相关。

在古代私学教育没有出现前,读书是贵族或者说是上层社会成员的特权,只有贵族或者上层社会的人才有时间和金钱去接受教育。到了近代,随着教育的普及,更多的底层民众有机会进入学校接受专门的教育。随着现代知识经济的到来,意味着学习并不是完成学校的教育就可以了,还需要在闲暇之际不断充实自己。从表2可以看出,中间层和中上层经常读书的频率最高,远超最低层和中下层,而且中间层和中上层从不读书的比例也是最少的,必须指出的是,最上层经常读书的比例显著低于中上层,但还是显著高于最底层的比例。卡方值检验(P值小于0.01)和G系数为0.232,表明读书的频次和其主观社会分层高低有着正相关。

随着现代社会生活节奏的加快,体育和休闲结合成为人们健康生活的一部分。陈钦在福州市的调查发现,党政干部、专业技术人员、企业经营管理人员、产业工人等4个阶层在休闲体育活动方式的项目、活动的场所、活动的次数、活动的意愿和活动的时间5个方面均存在差异[12]。从表2可以看出,中下层到中上层从不锻炼的比例都显著低于最底层,而且他们经常锻炼的比例也是显著高于最底层。最上层锻炼的比例和中下层、中间层、中上层的人没有显著区别。卡方值检验(P值小于0.01)和G系数为0.232表明参加体育锻炼的频次多少和分层高低有着正相关。

从这四类休闲活动与主观社会分层的交叉分析,我们可以发现,即使看电视这一最具有大众化的闲暇活动也体现出不同社会阶层人的差距。最下层的民众经常看电视的比例还是显著低于那些自认中下层、中间层和中上层的公众。从其他三类闲暇活动来看,经常读书这一群体比例在总的社会人群中是最低的,只占总样本的40.4%,但是这三类闲暇活动频次体现出最底层、中下层和中间层对他们各有着不同的偏好。总的来说,中上层和中间层对这些闲暇活动有着更多的参与率,这一方面是源于他们自身的健康、自我学习和加强社会联系的需要,另一方面也暗示了他们逐渐成为引领社会主流闲暇活动的主力军。正如张宛丽指出的那样:"新中间层"将成为推动现代化发展、引导社会消费、稳定社会形式、定型社会规范及确立主流社会价值观的社会结构的主体力量[13]。同时我们也必须看到,那些认为自己是社会最上层人员的闲暇活动和中间层或者中上层相比,在这4类活动上差异不是特别明显,一个可能的原因就是受到问卷的限制,问卷中没有专门为上层阶层打造专门的测量项目,比如奢侈品的消费、出国旅游等。

五、闲暇活动和客观分层的潜类分析

从四类特定的闲暇活动和主观社会分层的认同的交叉分析中,我们可以发现人们的闲暇活动和他们的主观阶层认同有着一定的正相关关系,也就是说,公众从事的闲暇活动的频次越高,他们对自己的阶层认同越高。是否闲暇活动和以教育程度、收入、职业这三个客观指标来划分的客观社会分层也有着类似的关系呢？我们通过潜类分析方法对这三个客观社会分层指标和四类特定闲暇活动进行分类，这些类别构成潜在变量，并给出这7个外显变量在各个类别上的响应概率，从而揭示潜在变量不同维度之间关系的基本特征。

对同一组数据，潜类分析可以划分多少个潜类主要根据模型的数据拟合情况来决定。但是由于为了和五个层次的主观认同做对比，我们的研究对这7个变量的潜类分析模型做了5个潜类的测量性处理，虽然不是最佳的拟合模型，但是也符合模型的准确和精确的原则。表3和表4分别列出了模型的拟合检验和潜类分析表。

表3 模型的拟合检验

	G^2 似然比卡方	AIC （艾凯克信息标准）	贝叶斯信息指标	自由度	自由参数
模型（类别=5）	3622.19	95425.32	96105.11	7181	99

表4 客观分层和休闲活动的潜类分析表

			潜类1 (0.123)	潜类2 (0.189)	潜类3 (0.222)	潜类4 (0.229)	潜类5 (0.236)
客观分层	收入等级	最低20%	0.203(0.032)	0.000(0.000)	0.223(0.016)	0.065(0.008)	0.391(0.018)
		次低20%	0.040(0.018)	0.057(0.010)	0.185(0.015)	0.347(0.015)	0.236(0.014)
		中间20%	0.486(0.033)	0.251(0.017)	0.394(0.016)	0.299(0.013)	0.304(0.014)
		次高20%	0.144(0.022)	0.232(0.014)	0.152(0.013)	0.134(0.010)	0.050(0.008)
		最高20%	0.128(0.039)	0.460(0.018)	0.046(0.009)	0.155(0.012)	0.019(0.005)
	教育水平	初中以下	0.114(0.039)	0.006(0.007)	0.630(0.031)	0.550(0.023)	0.922(0.012)
		高中中专	0.424(0.030)	0.147(0.021)	0.319(0.024)	0.406(0.020)	0.069(0.011)
		大专以上	0.461(0.046)	0.846(0.023)	0.051(0.013)	0.044(0.010)	0.009(0.004)
	职业阶层	管理人员	0.000(0.000)	0.111(0.011)	0.000(0.000)	0.012(0.004)	0.001(0.001)
		技术人员	0.072(0.020)	0.304(0.018)	0.000(0.001)	0.099(0.010)	0.007(0.003)
		办事人员	0.056(0.018)	0.376(0.024)	0.000(0.002)	0.058(0.008)	0.000(0.000)
		体力劳动	0.114(0.031)	0.122(0.016)	0.000(0.003)	0.606(0.016)	0.199(0.015)
		自雇佣者	0.053(0.018)	0.029(0.009)	0.000(0.004)	0.226(0.013)	0.075(0.009)
		目前无业	0.705(0.056)	0.058(0.030)	1.000(0.000)	0.000(0.000)	0.718(0.019)

续表

			潜类1 (0.123)	潜类2 (0.189)	潜类3 (0.222)	潜类4 (0.229)	潜类5 (0.236)
休闲方式	看电视	从不	0.017(0.006)	0.007(0.003)	0.009(0.004)	0.010(0.003)	0.059(0.007)
		很少	0.039(0.009)	0.044(0.006)	0.016(0.004)	0.027(0.005)	0.018(0.004)
		经常	0.944(0.011)	0.949(0.007)	0.975(0.006)	0.963(0.005)	0.923(0.008)
	看书	从不	0.000(0.000)	0.042(0.007)	0.300(0.034)	0.299(0.023)	0.904(0.019)
		很少	0.098(0.043)	0.171(0.013)	0.404(0.026)	0.410(0.015)	0.049(0.013)
		经常	0.902(0.043)	0.787(0.015)	0.296(0.033)	0.291(0.020)	0.047(0.011)
	朋友聚会	从不	0.023(0.013)	0.012(0.004)	0.105(0.016)	0.053(0.008)	0.460(0.022)
		很少	0.309(0.038)	0.361(0.016)	0.546(0.020)	0.502(0.016)	0.387(0.018)
		经常	0.668(0.041)	0.627(0.017)	0.331(0.017)	0.445(0.018)	0.153(0.014)
	体育锻炼	从不	0.095(0.023)	0.125(0.012)	0.267(0.023)	0.422(0.022)	0.801(0.021)
		很少	0.151(0.029)	0.276(0.014)	0.222(0.018)	0.263(0.014)	0.049(0.009)
		经常	0.755(0.033)	0.600(0.017)	0.510(0.022)	0.315(0.018)	0.150(0.018)

*括号里面是标准误差。

从潜类的结果来看,休闲活动和客观分层的联合分布所产生的5个潜类,可以从这两个维度进行比较。

潜类1,占样本总数的12.3%。其中半数以上的人(64.5%)年收入处于平均20%和次低20%的居多,收入中等偏下最少只有4%。从教育来看,42.4%的人处于高中或中专学历,大专以上的人有46.1%,初中及其以下教育水平的人最少。从职业来看,也可以看出占70.5%的人是属于"目前没有工作"和11.4%的体力劳动者。这一类群体看电视的频次特别高,属于基本每天或者一个月看好几次,而且和别的潜类相比,他们看书活动上也最频繁,从不看书的比例基本没有。在和朋友的社交上,他们也经常和朋友聚会(66.8%),从不聚会的人群在这一潜类中也很少,只有2.3%。在体育锻炼上,他们也经常锻炼,高达75.5%,是所有5个潜类中最高的,可以这么说,他们这一潜类比较有闲,但是由于缺乏数据并不能证实他们有无炫耀性消费。

潜类2,占样本总数的18.9%。从收入来看,他们在中间收入以上,最低收入20%的人只占6.5%。在教育水平上,他们中多数人是有着高中以上的教育水平,受过大专教育的人多达84.6%。从他们的职业看,他们中多数是高级或者一般管理者或专业技术人员,可以说这群人是我们通常所说的"三高"人群:高收入,高教育,高的职业地位。这群人的休闲活动也有一定的特点,在娱乐休闲上,他们和潜类1的人类似,94.4%的人经常看电视,但是"经常看书"的比例比潜类 1 的要少近 12%。在和朋友聚会上,潜类 2 的人和潜类 1 有着相似的比例,62.7% 比较频繁地参加朋友聚会。在体育休闲上,他们中有 60% 的人会有比较多的体育休闲,从不锻炼的人的比例只有 12.5%。综合来说,潜类 2 是社会中的最顶层,有着高收入、高教育水平,而且和潜类 1 相比,他们有着更高的职业地位,这也意味着他们只能在工作之外的时间进行一些闲暇活动。

潜类 3,占样本总数 22.2%。从收入来看,他们介于次低和次高收入人群中。只有不到 5% 这一极少部分的人在最高收入 20% 人群中。从教育水平看,他们集中在初中以下学历,而大专以上学历的人只有 5%。职业来看,他们全部集中在目前没有工作的状态上。从他们的休闲来看,他们经常看电视的比例在所有潜类中最高。在过去一年看书的频率上,从不看书的比例 30%,较少看书的比例是 40%,经常看书的比例是 29.6%。在朋友聚会上,有一半的人会偶尔和朋友聚会,从不聚会的人也达 10.5%。在体育休闲上,从不锻炼和较少锻炼的人分别是 26.7% 和 22.2%,而经常锻炼的人比例是 51%。

潜类 4,占样本总数的 22.9%。和别的潜类相比,这一群人在次低收入 20% 的比例最高,达到近 34.7%。还有部分是在中等收入 20% 以上。在职业的自主性上,多数人是体力劳动者和自我雇佣者。从教育水平上看,他们集中在高中和初中水平,受过大专教育的人只有 4.4%。在休闲方式上,经常看电视的人的比例是 96.3%,从不看书和经常看书的人比例基本持平,都在 29% 左右。在和朋友聚会上,他们中经常聚会和很少聚会的比例分别是 44.5% 和 50.2%。在体育锻炼方面,他们中 42.2% 的人从来不锻炼,较少锻炼和经常锻炼的人的比例分别是 26.3% 和 31.5%。

潜类 5,占样本总数的 23.6%,这一群体的人主要集中在中间收入 20% 以下,达到 93%。在教育程度上,92.2% 的人只有初中以下的教育程度,高中教育程度和大专以上的人比例非常少,不超过 8%。在职业上,他们属于管理人员、技术人员、办事人员的比例基本没有,多数集中在体力劳动者和目前无业者。可以说他们属于三低的人群:低教育水平、低收入、低的职业地位。经常看电视的比例在所有的潜类中是最少的,只有 92.3%,而从不看书的比例是所有类别中最高的,达 90.4%。在和朋友从不聚会的项上,潜类 5 也比前面的四类人有着明显更高的比例,达 46%。体育锻炼上,他们中有 80% 的人从来不进行体育锻炼,只有 15% 的人经常体育锻炼。由于他们是三低人群,所以也就不难理解于他们在四类闲暇活动中的低频度行为。

从这 5 个潜类的对比分析中,我们可以看到,潜类 1 和潜类 2 可以说是社会中的上层人士,但他们之间还是有区别的,潜类1的人多数目前不在工作状态,而潜类2的人多数目前有工作,所以潜类1比潜类2有着更多的闲暇时间。潜类3和潜类4从其在教育、收入和职业方面的分布来看,可以归到社会中间及中下层,具体说,潜类4可以归到社会中间层,而潜类3可以划分为社会的中下层。最后一个潜类5,从客观分层的资本来看,多数集中在低教育、低收入、体力劳动者上,可以把他们归到社会最底层上。从他们的闲暇活动的频次来看,潜类1和2作为社会中上层,他们的闲暇活动差别不是特别大,但是他们和潜类3、4、5的差别比较大,而且潜类3、4、5之间的闲暇活动差别也比较大。因此我们可以说社会中上层、中间层和中下层之间在这四个常见的闲暇活动上表现出阶层化的趋势。

六、小结

本文试图从主观和客观社会分层的视角来考察城市居民的闲暇活动是否也出现分层化的趋势。通过分析,我们得到如下几点结论:

首先,由于人们的闲暇活动种类繁多,我们只选取了4类公众比较常见的闲暇活动:看电视或者看碟、看书、朋友聚会、体育锻炼。总的来说,公众从事闲暇活动的频次和他们的社会阶层有着一定的正相关关系,从表2中,明显可以看到当社会阶层从最下层到中上层时,他们经常参与闲暇活动的比例就越高。有着较高社会阶层的人,他们经常参与这四类闲暇活动的比例就越高。这也从侧面反映出了较高社会阶层的人也有着更多的闲暇时间去参加这些闲暇活动。

第二,从这四类闲暇活动和人们的五个层次的主观认同关系来看,中上层的社会群体在这四类的"经常"参加上比例最高,紧接着的是中间阶层的群体(除了看电视这一闲暇活动)。让人感到吃惊的是,自我认同为中下层和最上层的受访者在所分析的四类闲暇活动中有三类参与频次(从不、很少、经常)都没有显著差别。这也验证了在中国未来社会发展过程中,承担和体现生活方式的主体社会阶层不是社会最上层的精英,也不是处在最底层的社会阶层,而是占人口绝大多数的中间层和中上层的人士。必须要指出的是,从问卷的调查来看,认为自己是中间层的人数达到44.2%,而中上层的人数只有5.6%,这两者的总和达50%左右。但是也应该承认考虑到中国传统中自谦和"不露富"的习惯,公众在问及到自己的社会阶层的时候,往往是向低的社会阶层靠拢。

第三,通过对这四类闲暇活动和客观分层指标的潜类分析,我们可将潜类1和潜类2归为社会的中上层,潜类3和潜类4可以称作中间层,潜类5可以为社会底层。从这四类闲暇活动在这五个潜类的概率分布来看,从潜类1到潜类5的人在经常聚会、看书、体育锻炼的比例依次递减。潜类1和潜类2的人群在经常看书、朋友聚会和体育锻炼的比例都超过60%,而且这2个潜类"从不"参加这三类(看书、朋友聚会、体育锻炼)的比例非常少。相反潜类5经常参加这三类的比例只有4.7%、15.3%和15%。这一数据表明,闲暇活动在社会上层和下层之间两极化的趋势比较明显。

最后,从上述的分析可以看到,无论是主观分层还是客观分层,当代中国城市居民的闲暇活动出现分层化的趋势,尤其在客观分层指标上,闲暇活动的分化还是比较明显的,这种分化也暗示了不同社会阶层在闲暇时间的拥有量上是有着明显区别的。这就要求社会政策的制定必须考虑到各个阶层休闲活动的差别,使得各个阶层的人都能享有改革发展带来的红利,促进各个阶层的社会和谐。必须强调的是,由于主客观条件的限制,我们只是从四个常见的闲暇活动来考察他们的分层化趋势,而社会生活远比我们想象的复杂。从常见的闲暇活动就能体现出阶层化的趋势,就更不要说那些社会上层才能承受的高端闲暇活动了。

参考文献

[1] 杰弗瑞·戈比.你生命中的休闲.昆明:云南人民出版社,2000:1-56.

[2] 王宁.消费和认同——对消费社会学的一个分析框架的探索.社会学研究,2001(1):4-14.

[3] 李强,陆晓文,李明洁等.分层上海,分层生活.社会科学报,2003-08-21(4).

[4] 高丙中.西方生活方式研究的理论发展叙略.社会学研究,1998(3):59-70.

[5] 凡勃伦.有闲阶级论.北京:商务印书馆,1964:36.

[6] 扈海鹏.解读大众文化:在社会学的视野中.上海:上海人民出版社,2003:117.

[7] 周晓虹.时尚现象的社会学研究.社会学研究[J],1995(3):35-46.

[8] 李培林,张翼.消费分层:启动经济的一个重要视点.中国社会科学,2000(1):52-61.

[9] 刘精明,李路路.阶层化:居住空间、生活方式、社会交往与阶层认同——我国城镇社会阶层化问题的实证研究[J].社会学研究,2005(3):1-19

[10] 陆学艺.当代中国社会流动.北京:社会科学文献出版社,2004,336-337.

[11] 李路路.制度转型与分层结构的变迁——阶层相对关系模式的"双重再生产".中国社会科学,2002(6):105-118.

[12]陈钦.福州市居民休闲体育方式的阶层差异[J].周口师范学院学报,2010,27(2):132-136.

[13]张宛丽.对现阶段中国中间阶层的初步研究[J].社会学研究.2002(4):85-94.

农村老年人休闲生活方式研究

——以北京郊区农村调查为例

李　享

【摘　要】 中国农村人口老龄化现象严重。当他们温饱问题基本解决,闲暇时间充裕,又多处于子女外出务工、常年分离的生活状况下,其精神慰藉问题凸显,甚至会导致相关的精神或躯体疾患,影响老年人的生活质量。文章以北京郊区农村老年人为调查研究对象,从休闲的视角考察其生活方式。调查研究表明,农村老年人普遍缺乏现代意义上的休闲意识,多以各种劳作方式来打发闲暇时间,休闲活动半径较小,休闲方式简单、传统,休闲要求低,休闲满意度高。

【关键词】 农村老年人　休闲　生活方式

新时期,我国提出中国梦的奋斗目标,这不只是一个富裕梦,还是对幸福和有尊严生活的期许[1]。在这梦中,在这幸福里,自然也应该包括1.94亿中国老年人[2]的渴望。因此,重视老年人的休闲生活,是维护其有尊严的晚年生活的重要内容。

一、研究背景

(一)我国老年人口数量及老龄化速度惊人

截至2012年底,中国60岁及以上老年人口数量达到1.94亿人,老龄化水平达到14.3%;预计2013年老年人口数量突破2亿人,达到2.02亿人,老龄化水平达到14.8%;到2015年,老年人口数量将达到2.16亿人,约占总人口数的16.7%;中国老年人口数量到2053年将达到峰值,即4.87亿人,比2010年增长7倍,占总人口数的34.8%;届时,每3个人当中就会有1个60岁以上的老年人[2]。

[作者简介] 李享,北京联合大学旅游学院教授,实证研究室负责人,硕士生导师,主要从事休闲/旅游市场及行为等方面实证研究,E‐mail:lytlixiang@buu.edu.cn。

从一些大城市来看,上述指标更高,比如北京市,截至2011年底,60岁及以上的户籍老年人口已达247.9万人,占全市户籍人口的19.4%[3]。

(二)农村人口老龄化现象严重并呈加速发展趋势

城乡二元的老龄化空间结构,农村老龄化率为18.3%(城市老龄化率为8.0%),全国有62.8%的老年人居住在农村[4],以目前全国60岁及以上老年人口基数推算,即超过1.2亿人。2010年底北京市60岁及以上农村老年人就已经超过100万人。

(三)农村老年人闲暇时间充裕与精神慰藉问题凸显

当温饱问题基本解决,闲暇时间充裕,而又多数处于子女外出务工、常年分离的生活状况下,农村老年人留守现象更加突出,2012年全国约有5000万农村留守老年人[2]。再加之农村老年人文化程度相对较低,文化活动设施和活动场所匮乏,从而使农村老年人闲暇时间的合理利用与精神慰藉问题更加凸显,甚至会导致相关的精神或躯体疾患,严重影响老年人的生活质量。

二、研究现状

(一)国外相关文献研究综述

尽管老年人可参加的休闲活动依然很多,但他们参加的活动数量和活动强度都在逐渐下降。老年化过程伴随的是老年活动项目的不断变化,但有一个趋势非常明显,随着年龄的增长,老年人更喜欢选择容易理解的活动,放弃有些要求的活动。而且,老年休闲活动对老年人保持活跃、促进身体健康、拥有好的精神状态都是有积极作用的[5]。

休闲项目代表着活动的数量和种类即休闲活动,是我们日常生活方式的一个常规部分。当人们扩大了休闲项目时,他们对于由年龄增长所带来的身体功能的变化会适应得更好。国外研究者Ragheb和Griffith研究发现,扩大休闲活动的广度,比单纯的局限于频繁地参与某些特定的活动,对于老年人休闲生活的最优化更为重要。Guinn对老年人进行调查发现,休闲活动的广度和生活满意度存在着积极的关系。Bevil和Mattoon研究发现,休闲活动越广泛,生活满意度越高。对于那些生活满意度高的老年人来说,他们有许多休闲活动并经常参与[6]。

大量研究表明,拥有更多休闲活动的老年人,或者说是休闲项目越丰富,他们的生活满意度就越高。可见,休闲活动对老年人的休闲生活起着不可忽视的作用。在这个老龄化的社会,老年人只有参与到多项休闲活动当中,才能在晚年生活享受幸福和快乐[7]。

学者 Sasidharan Vinod et al 对老年人休闲的研究认为,老年人的健康和快乐与社会对他们参与休闲活动的支持度有很大的关系,他强调了休闲的社会支持,并且调查了自身社会资源如家庭成员、朋友和认识的人等对他们的休闲生活和快乐程度的影响。可见,老年人休闲活动影响着老年人的健康与快乐,因为老年人可以通过休闲活动来放松身心,尽情地享受生活带来的美好。而且,现今社会给予老年人一些优惠政策的支持,这就使得老年人的休闲生活变得更为丰富多彩[8]。

(二)国内老年休闲研究现状

中国老龄科学研究中心最近完成的一项调查表明,中国农村现有35.1%的老人经常感到孤独。在农村,目前靠子女供养的老人占总数的86.1%,老人们除已养成勤劳的习惯外,经济上的困难迫使相当多的老人在晚年仍不得不从事生产劳动,其中,在农村60~64岁的老人中仍在劳动的占62.7%;而65岁以上的农村老年人中,有35%参与工作[9];有子女供养的老人,其生活水平也不高,在南方和北方的不少农村,老人们一般只停留在吃饱穿暖的水平,精神赡养和娱乐方面的供养则几乎没有涉及。可见,农村老年人的休闲生活还是比较缺乏的[10]。

总体来讲,国内关于老年人的休闲研究,其对象以城市老年人为主,忽视农村老年人;研究内容以局部调查及休闲生活呈现为主,忽视老年视角的主观休闲价值观研究;研究意义以经济价值分析为主,忽视人类发展视角的社会效益综合研究[11]。

三、研究方法

(一)方法选择缘由

休闲是文化的一部分,但也受到区域资源的多寡所影响。因而,可以预期到不同的区域(社会、文化)的休闲参与,其活动种类、形态、资源与参与类型会有差异。以美国和加拿大为代表的休闲研究,在北美已经发展了半个世纪以上,对休闲活动量表进行了大量研究。但是,因为东西方文化的差异,现存文献中的休闲活动量表在亚洲使用的时候,难以把握其有效性。鉴于目前欠缺适合使用的"休闲活动量表",本研究希望能通过运用文化人类学所常用的自由列举(Free Listing)法,对我国农村老年人休闲生活方式类型、主观休闲价值观进行研究,并为进一步发展相应的休闲活动量表提供研究基础。

（二）自由列举法的含义

自由列举法，即若已知集合（或类）的每一个元素，而且元素个数"相当有限"，我们可以通过"列举"其所有元素的方法来表示它；如果集合（或类）的元素有"很多"，甚至"无限多"以至于很难或无法将其所有元素一一列出，但其元素又具有很明显的"规律"，我们可以用"…"略过规律性比较明显的大量元素。列举法的实质是给出了集合（或类）的外延，因此又称为外延法。如果在列举法中列出了集合（或类）的所有元素，此时称为完全列举法，否则就称为部分列举法。

自由列举法的特点，即非引导性——适合于休闲研究对象对休闲感受的主观性研究；其特点的探索性——适合于休闲研究的探索性阶段。

四、研究过程

（一）调查概况

本调查于2012年3月针对60岁及以上农村老年人，调查了北京市所有9个远郊区县，共随机获得有效样本482个。调查内容包括休闲方式，即"日常主要休闲方式/闲暇的时候都做些什么/做什么事情会使你快乐"；另一方面还调查了农村老年人的闲暇时间分配，具体包括起居时间、工作时间及闲暇时间分配状况。

（二）北京市郊区农村老年人的休闲方式

调查表明，北京市郊区农村老年人的休闲方式共分为三大类、40小类和122项。

(1)"劳作类"包括：干农活儿占11%、做家务占10%、做针线活儿占2%、照顾老人占1%。

(2)"简单（非技能）休闲方式类"包括：看电视占37%、散步占30%、聊天占21%、棋牌占14%、打麻将占9%、待着占9%、唱歌跳舞占4%、健身运动占4%、旅游占3%、看书报占2%、串门占2%、养宠物占2%、睡觉占1%、骑车占1%。

(3)"技能类"包括：刺绣占1%、玩电脑占1%、上老年大学不到1%、玩乐器不到1%。

上述归纳表明，劳作类休闲方式的突出，一方面体现了农村老年人的休闲意识缺失；另一方面体现了农村老年人的劳作习惯。多数农村老年人采取简单（非技能）类休闲方式，体现出农村老年人休闲生活方式的单一。从人数的集中程度来说，农村老年人的休闲方式大致相同，无非是看电视、散步、聊天；休闲场所也无非是在家里、在村庄里，很是局限；而农村老年人很少采取技能类的休闲方式，或许在此方面存在地域性差别，有待进一步的调查研究。

(三)北京市农村老年人的时间分配

北京市的农村老年人从起居时间来看,他们的起床时间大都集中在 5 点到 6 点(如图 1),睡觉时间大都集中在 21 点到 22 点(如图 2)。

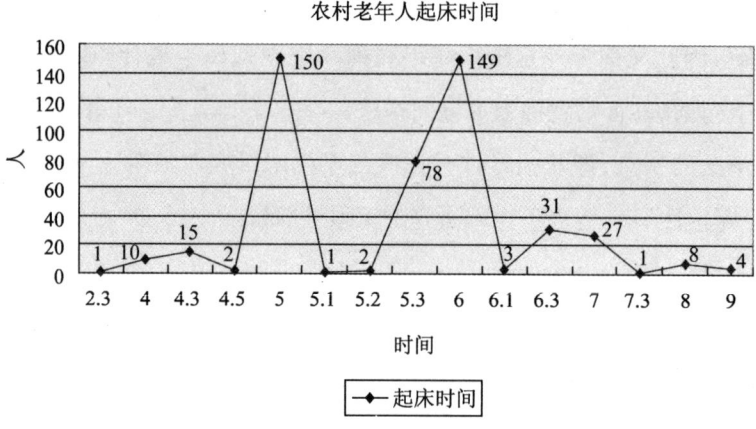

图 1 北京市农村老年人样本群体的起床时间

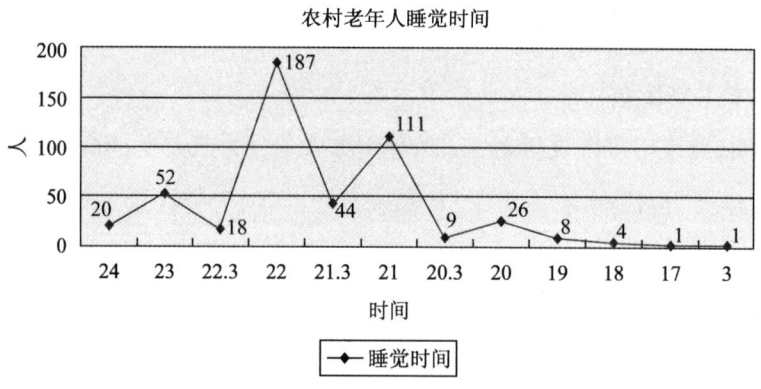

图 2 北京市农村老年人样本群体的睡觉时间

北京市农村老年人样本群体的工作时间和闲暇时间如表 1 所示。农闲季节里,人均休闲时间为 6.299 小时/天,而在农忙季节里,这一指标则为 3.076 小时/天;农闲季节里,人均工作时间为 2.542 小时/天,而在农忙季节里,这一指标则为 5.668 小时/天;通常干家务活儿的时间人均为 2.549 小时/天,说明农闲季节里的工作时间基本为家务劳动时间。

表1 北京市农村老年人样本群体的工作及闲暇时间统计量

		农闲季节里通常的休闲时间(小时/天)	农忙季节里通常的休闲时间(小时/天)	农闲季节通常干农活儿或工作的时间/或不工作(小时/天)	农忙季节通常干农活儿或工作的时间/或不工作(小时/天)	通常干家务活儿时间(小时/天)
N	有效	662	662	662	662	662
	缺失	0	0	0	0	0
均值		6.299	3.076	2.542	5.668	2.549
中值		6.000	2.000	1.000	6.000	2.000
众数		4.0	.0	.0	.0	2.0
标准差		4.5171	3.5263	3.3817	4.5966	2.5378
极小值		.0	.0	.0	.0	.0
极大值		24.0	18.0	24.0	24.0	24.0

(四)北京市农村老年人的休闲满意度

针对休闲满意度问题,本研究还进行了部分非结构性访谈调查。调查表明,农村老年人比较容易满足,调查的结果是多数老年人满意或比较满意现在的休闲生活方式,普遍感觉幸福。

这是一种简单、质朴、平实的幸福,正如林语堂所谓"幸福,一是睡在自家的床上,二是吃父母做的饭菜,三是听爱人给你说情话,四是跟孩子做游戏。"

这是一种充满人生及宗教哲理的真实的幸福,亦如那个诞生了欲意取代GDP的GNH(国民幸福指数)的伟大小国——不丹,他们认为"国民幸福大约是:顺利地出生、幸福地生活、安详地死去。"[12]

这亦充分体现了休闲的满意度、满足感的主观特性,即"子非鱼,安知鱼之乐?"

五、研究结论

本研究表明,性别和年龄都不是影响农村老年人选择不同休闲方式的因素;不同区域对休闲活动存在着相关性,不同区县的农村老年人选择的休闲活动有较小幅度的变化。农村老年人农忙季节的休闲时间少于农闲季节的休闲时间,因此,在农忙季节的休闲活动减少,农闲季节的休闲活动增加。不仅如此,干家务活的时间长短也影响着农村老年人参与休闲活动的多少。

总体来讲,农村老年人普遍缺乏现代意义上的休闲意识,多以各种劳作的方式来打发闲暇时间,休闲活动半径较小,休闲方式简单、传统,休闲要求低,休闲满意度高。

本研究在调查的持续性、区域性差异与经济关联等方面存在局限性问题,有待今后的进一步研究。

参考文献

[1]吴忠民.中国梦的新起点[EB/OL].http://news.xinhuanet.com/2013lh/2013-03/17/c_115055390.htm,2013-03-17/2013-03-31.

[2]中国老龄科学研究中心.中国老龄事业发展报告(2013)[M].北京:社会科学文献出版社,2013.

[3]北京市老龄工作委员会.北京市2011年老年人口信息和老龄事业发展状况报告[R].2011.

[4]人民日报海外版.中国老年人口过亿农村社会保障制度严重滞后[EB/OL].http://bbs.xs163.net/read-htm-tid-1908847-page-1.html,2011-05-19/2012-10-08.

[5]Sasidharan Vinod et al. Older adults' physical activity participation and perceptions of wellbeing: examining the role of social support for leisure[J]. Managing Leisure,2006(3):164-185.

[6]朱群英.老年休闲行为研究及对休闲供给的启示——以杭州市为例[J].浙江工商大学硕士学位论文,2008,12.

[7]丁志宏.我国老年人休闲活动的特点分析及思考——以北京市为例[J].兰州学刊,2010(9).

[8]Gerard T. Kyle, Andrew J. Momen, et al. Commitment to public leisure service providers: a conceptual and psychometric analysis[J]. Journal of Leisure Research,2006(1):78-103.

[9]彭世明.中国人口老龄化发展趋势预测研究报告[R].2007,2,3.

[10]郝洪儒.关注农村老人的精神生活[N].中国老年报,2004(002).

[11]黄璜."积极老龄化"理论视角下的老龄旅游产业发展战略[R].中国旅游学术年会2012.

[12]沈颢,(不丹)卡玛·尤拉.国民幸福[M].北京:北京大学出版社,2011.

市民节假日休闲行为特征的调查与研究
——以北京为例

吴承忠　杨　裔

【摘　要】在新的休假制度下,人们的休闲行为是否会有什么新的改变,这些改变又有哪些现实指导意义,是本文希望解决的问题。通过调查研究,采用时间地理学的研究方法,了解了北京市民日常生活行为、休闲活动的基本特征以及时间分布规律,揭示了新休闲制度实施后,北京市民在节假日期间的休闲行为呈现出的新特征,不同类型的休闲内容都有自己的时间特征,不同个体的市民对于休闲也会做出不同的决策,并且在节日的不同时期,人们的休闲行为也会有不同的特征。本研究试图为北京市公共管理提供科学依据。

【关键词】北京市民　休闲行为　时间特征　新休假制度

一、问题的提出

为了拉动内需,促进经济的发展,1999 年,我国开始推行"五一"、"十一"、"春节"三个黄金周制度,大大刺激了国民旅游的需求。到 2007 年,我国国民的全年闲暇时间几乎占到全年时间的三分之一。黄金周制度同时也造成国民旅游行为的时间冲突,引起我国旅游供给和需求的不平衡。部分旅游城市和景区由于旅游狂潮短期汹涌,不堪重负,提供的服务质量下降,也使得游客的体验质量下降。所以,从长期来看,黄金周制度可能带来交通堵塞、环境破坏等问题,不利于旅游的可持续发展。由此,引起了学术

作者简介:吴承忠(1971 -),男,湖北武汉人,对外经济贸易大学公共管理学院副教授,文化与休闲产业研究中心主任,清华大学管理学出站博士后,研究方向为国际文化与休闲经济管理、文化经济地理,电子邮件:wucz00@163.com;杨裔,女,对外经济贸易大学文化与休闲产业研究中心硕士生,研究方向为文化产业管理。

① 基金项目:北京市哲社规划基金项目(09BeJG2740)阶段成果。

界关于休假制度的改革。经过多番探讨,我国从 2008 年施行改革后的新休假制度,将"五一"黄金周取消,增加部分传统假期,例如"清明节"、"端午节"、"中秋节"。将 7 天的假期改成了五个三天"小长假"。

改革后的休假制度是否更有利于旅游的发展?人们的休闲行为会不会因此而有所改变呢?本文以北京市民为调查对象,通过调查人们在新的休闲制度下的休闲行为的时间特征,深入分析休闲行为的制约机制,为北京科学及时地调控休闲产业的发展提供重要的依据和参考。

二、研究方法

研究采用时间地理学方法,采用问卷方式对北京不同区域的市民日常休闲行为和方式进行调查研究。在此基础上,对北京市民国庆节期间的休闲方式、休闲目的、休闲时间等问题进行深入的探讨,进而勾勒出北京市民国庆节休闲特征。

(一)调查问卷设计

调查问卷分为 A 卷和 B 卷两部分,其中 A 卷主要试图了解受访者的基本信息(比如年龄、性别、婚姻状况、健康水平、文化程度、工作情况以及收入、住址等)以及对新休假制度、个人休闲和北京休闲发展的看法,B 卷为受访者假期的活动日志,包括他们每日的活动内容、地点、离开居住地的距离、活动伙伴、交通工具。日常活动内容分为旅游、文化休闲(包括棋牌麻将类、阅读、写作、养宠物、参加会议、逛艺术聚集区等)、康体休闲(包括散步、各种球类、健身运动等)、购物休闲(包括逛商场、逛超市、逛商业街等)、娱乐休闲(包括看电视、看电影、上网等)以及公益性休闲(参加公益活动)。

(二)调查指标

调查样本年份为 2010 年国庆假期。每日活动填写时段划分为 4 点~24 点,每隔一个小时填写一个时段,填写内容包括此时段的主要活动内容、活动地点、离家距离、与谁为伴及交通工具等 5 项。发放问卷 500 份,回收 470 份,其中有效问卷 435 份,有效率为 87%。

(三)问卷回收及样本特征

国庆节被调查市民的居住地址覆盖了宣武、崇文、西城、东城、海淀、朝阳、丰台、大兴、顺义、石景山、昌平、通州、房山等区。调查以北京市民国庆节期间的活动日志为主体,部分问卷属当场填写,当场回收;另一部分为网上发放,限期回收。全部问卷资料经检查核实后,对有效问卷进行编码,然后输入计算机,再利用分析软件进行统计分析。

表1 被调查者样本结构

项 目	分 类	人 数	比例/%
性别	男	174	40
	女	261	60
年龄结构	18~30	195	45
	31~40	130	30
	41~50	45	10
	51~60	35	8
	>60	30	7
月收入(元)	无	10	2
	1000以下	50	11
	1000~3000	87	20
	3000~5000	160	37
	5000~8000	108	25
	8000以上	20	5
是否退休	是	16	4%
	否	419	96%
文化程度	初中以下	26	6%
	高中	41	9%
	中专	13	3%
	本科或大专	222	51%
	研究生以上	135	31%

被调查者中18–30岁的占45%,31–40岁的占30%,41–50岁的占10%,50岁以上的占15%。可以看出,此次调查主要以北京市的中青年为主。被调查者的文化程度在中专以下的有18%,本科或大专的51%,研究生以上占到全部被调查者的31%,所以,此次调查主要以知识分子为主。被调查者的月收入在3000元以下的占到33%,3000~5000元的占37%,5000~8000元的占25%。总的来说,大部分被调查者的收入在3000元以上,基本解决温饱,有休闲需求和动机,有研究的意义。

三、调查结果与分析

(一)总特征

休闲活动以娱乐休闲为主。城市居民的休闲方式很多,但绝大多数人还是以家居娱乐休闲为主,比如看电视、上网等。从本次调查可以看出,在国庆节期间,北京市民基本的休闲方式就是以看电视、上网、购物为主。

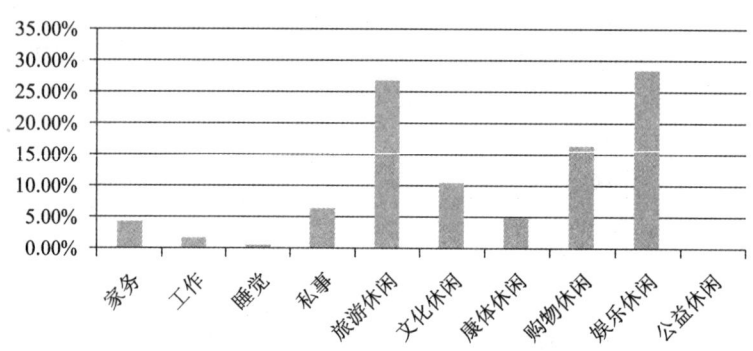

图1 国庆节北京市民休闲总体特征

从图1中可以看出,在长假期间,旅游是北京市民首选的户外休闲方式;其次,娱乐休闲是人们在国庆期间第二大休闲活动。从本文的统计数据中也可看出两个比较重要的趋势。首先,许多人在假期仍然是在工作中度过的,人们的康体休闲活动仍然还是占少数。另外一个趋势是,北京市民在新的休假制度中更多地选择在假期与亲朋好友聚会。其中,将私事中参加朋友的婚礼、回老家,娱乐休闲中与朋友聚餐以及文化休闲中的走亲访友几个选项相加可以发现,与亲戚朋友的聚会走访已经是北京市民在新休假制度中在国庆节这一节日中仅次于家居娱乐休闲活动的主要活动。

(二)国庆节市民休闲的类型与特征

以下按照北京市民国庆节期间的活动类型进行特征描述与探讨。

1. 旅游休闲

图2是国庆节期间所有选择旅游休闲的被调查者的旅游出行目的地。从中可以看出,国庆节期间,北京市民的旅游休闲行为多为远程旅游,从数据分析上看旅游行为多集中在十月一日到五日。特别是由于2010年上海举办了世博会,国庆期间,北京市民去世博会或其他外地旅游的人数增多。由此可以看出,在长假期间,人们旅游出行的习

惯还一直存在,而且多会选择平时很难得去的地方。另外,29%在国庆期间选择旅游的人会选择回老家过长假。这一特征与五一长假被取消有直接的关系。

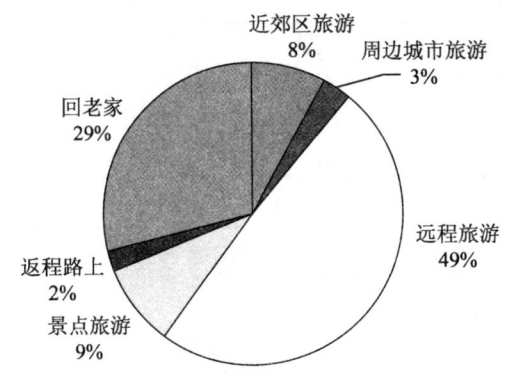

图 2　国庆节旅游出行目的地特征

2. 家务

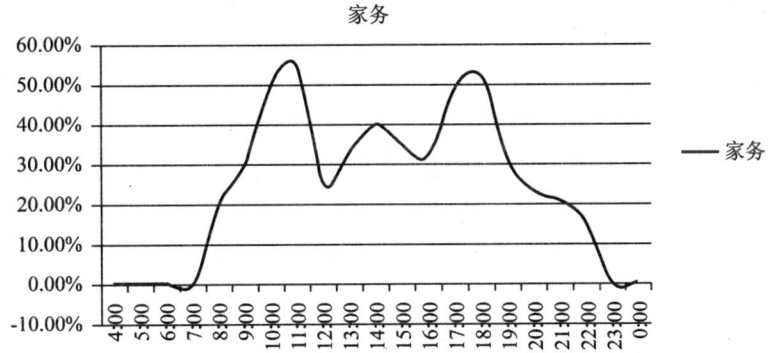

图 3　家务时间

放假期间,早上大概 10 点左右是市民做家务的高峰期,因为调查对象基本都是中青年,可能由于平时工作学习的压力,假期会适当睡觉放松自己,往往在 9 点~10 点左右开始做家务。被调查者中,有近 55% 的市民在 11 点的时候都在做家务。或者因为此次调查对象大部分为女性,女性在这一时间的家务是为家人准备午餐。也可以看出,在节假日期间,市民的餐饮休闲基本很少发生在中午。

3. 工作

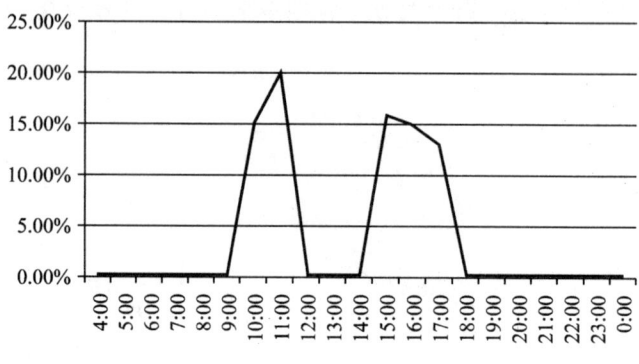

图4　工作时间

即使在节假日期间,也还是有许多市民继续奋战在工作岗位上。不过节假日期间的工作时间开始于大概八点半左右,那么工作的市民大概在七点左右出门上班,交通会在7点~8点之间形成高峰,这与来北京旅游的游客出行时间是否有冲突,需要做进一步研究。不过,在未形成相关研究前,对交通可以起到一定的警示和预告作用。如何在这一时段做好道路的疏通,保证工作市民和游客之间相互不冲突,需引起有关部门注意。

4. 睡觉

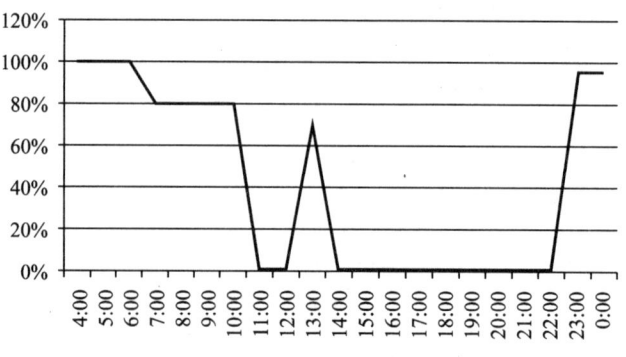

图5　睡觉时间

放假期间,市民起床时间推迟,睡觉放松成为市民假期最中意的休闲。从图中可以看出,北京市民在4:00—10:00期间在睡觉的占到了82%。在4:00-6:00期间,被调查者都在睡觉,在6:00-10:00期间睡觉的被调查者还有80%。可以看出,在北京繁重的生活压力和工作压力下,市民在假期很需要睡觉放松。由于被调查对象多集中在中青年,从他们睡觉时间的延长和起床时间推迟可以看出,现代人生活缺少规律性,休闲时间利用不合理。少数十点前起床的被访者基本是退休老人,其他还有要在假期加班的中青年人,还有旅游赶车的或者旅游中要逛景点的。老年人一般会较早起床,然后到公园散步,之后到市场买菜,生活基本跟平时一样。

5. 私事

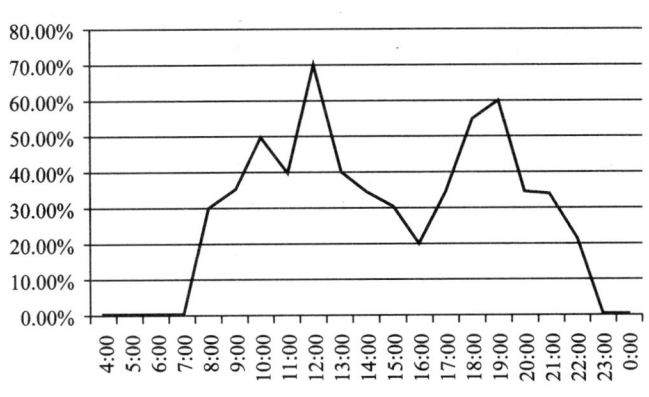

图6　私事时间

在统计日志中,关于私事,主要有吃饭、看病、出门办事、接待访客、理发、带小孩等。图6中12点是最高峰值,这个时候应该是吃饭为主。办私事的主要时间是从下午4点到晚上7点之间。也就是说被调查者一般都会选在下午时段办自己的事,如果有出行,也应该考虑这一时段的交通问题。

6. 文化休闲

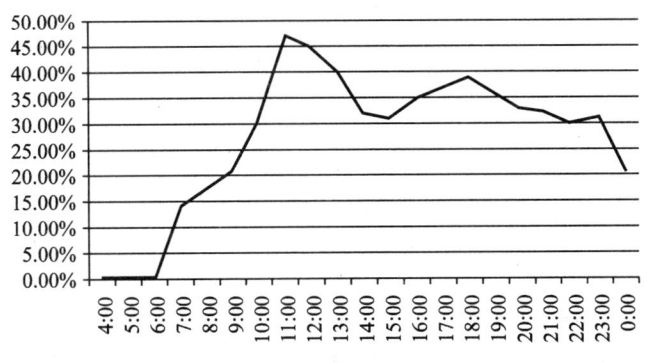

图7　文化休闲时间

文化休闲主要包括探亲访友、看书、逛胡同、玩棋牌麻将等。在11点时,文化休闲达到高峰。在调查中发现,文化休闲中,最多的是探亲访友和看书。上午11点的这个阶段,大部分的文化休闲以看书为主。而且,随后的走势可以看出,文化休闲所占的比例在20%以上。调查中发现,探亲访友的在下午时段比较集中,那么势必也会对交通造成影响。有关部门也应当注意这一时段的预警。

7. 康体休闲

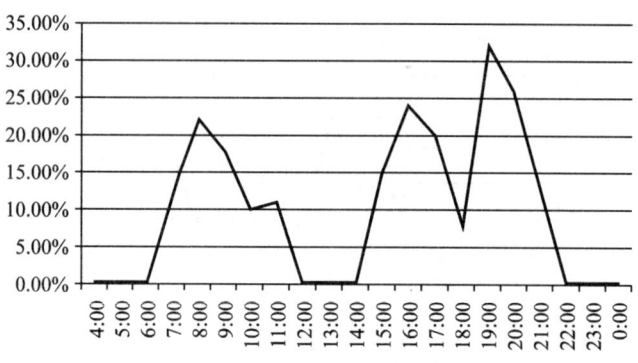

图8 康体休闲时间

由图8可以看出,北京市民的康体休闲在一天中主要有三次高峰。首先是早晨的7点到8点之间,这部分人主要是晨练,从调查中可以看出,这部分人主要集中在小区附近的健身场所以及公园,进行散步或慢跑。第二次主要集中在下午4点左右,这个时段比较多的被调查者会选择游泳以及健身,可以看出,健身在现在高度压力的城市生活中,对于中青年人来说,是一项比较重要的休闲项目。另一个高峰在晚上7点到8点之间,这个时候是人们饭后散步的时段。市民此时同样会选择离家较近的公园或者小区周边。这个时候,要注意安全问题,包括交通安全,以及市民人身安全等。

8. 购物休闲

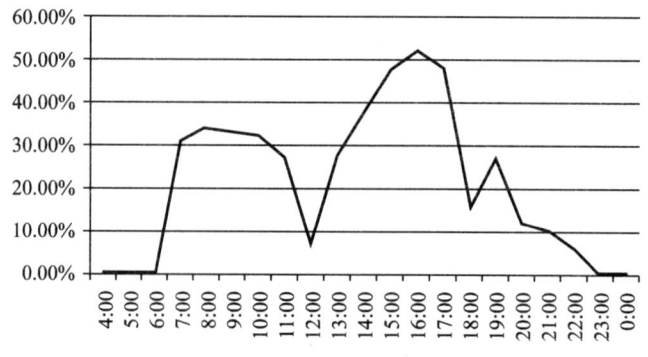

图9 购物休闲时间

购物休闲选择较多的内容是逛商业街、逛商场以及逛超市。而在早上的峰值阶段，大部分被调查市民主要是超市购物，买一些当天做饭的食材，大概占到了30%以上。另外，下午3点开始，到达购物的高峰。从调查中看出，逛商场和商业街的都集中在这一时段。从图9可以看出，人们的购物时段持续比较长，由于现在的商场比较综合，可以购物、看电影、吃饭，所以购物休闲越来越为人们所青睐。在节假日中，对于有经济能力的人来说，至少会进行一次购物休闲。因此，购物商场的休闲设计，商场的人流疏散，商场附近的交通以及安全防范，都是需要重视的问题。

9. 娱乐休闲

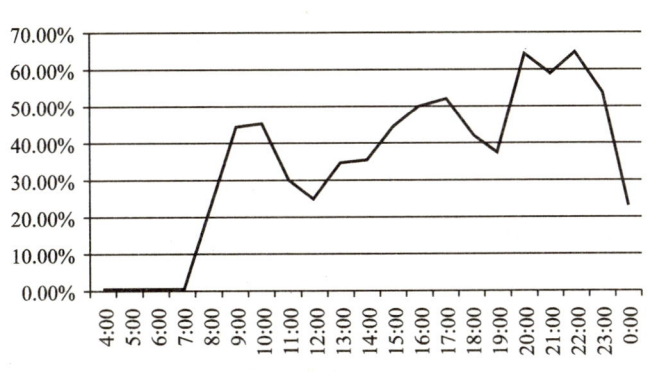

图10　娱乐休闲时间

娱乐休闲主要包括了看电视、上网、看电影、KTV、与朋友聚餐等。从图10中可以看出，自人们起床后到一天的活动开始，娱乐休闲的比例都维持较高水平。被调查的市民有30%以上全天都在进行娱乐休闲。而从调查中可以看出，最多的娱乐休闲是看电视和上网。由此可以看出，北京市民在节假日期间如不选择旅游，更多的是选择在家中度假。可能由于现在的工作生活压力过大，也由于假期期间北京市的交通比较令人堪忧，更多的人愿意在家休闲。而且，现在的网络比较方便，可以看电视剧、购物、与亲人聊天等，网络缩短了人与人之间的距离，使人们免于承受交通拥挤堵塞的痛苦，但也会带来许多的不便利。例如，现在人们长期在家不锻炼容易造成很多疾病，这样的方式也减少了亲人朋友之间真正的沟通，让城市的人情淡漠，与邻居之间的关系也比较冷漠。同时，也背离了黄金周的初衷。国家希望拉动旅游，希望市民与大自然更多地亲近与接触，但是由于旅游热的高涨，使得一部分人失去了与自然亲近的兴趣，所以应当考虑在节假日如何真正调动人们走出家门，即使不亲近自然也应当与人亲近。

从以上图表可以看出，北京市民休闲活动的时间节奏整体上呈现出三个高峰的特点。主要是早上的11点,下午的3点到6点,晚上的10点。根据调查问卷统计,又将这些高峰期的主要活动进行归类。结果可以看出,以自家为主要场所的被调查者这样的特点尤为明显。而且这三个高峰期所进行的活动比较类似。在下午3点到5点以及晚上10点这两个高峰期,被调查者基本都在进行娱乐休闲行为,在这类休闲行为中,被调查者又基本在看电视、上网。而早上11点的高峰期,被调查者刚刚起床,这个时间刚好是吃早饭或午饭的时间。

(三)节日内不同时段休闲特征

1. 前三天休闲特征

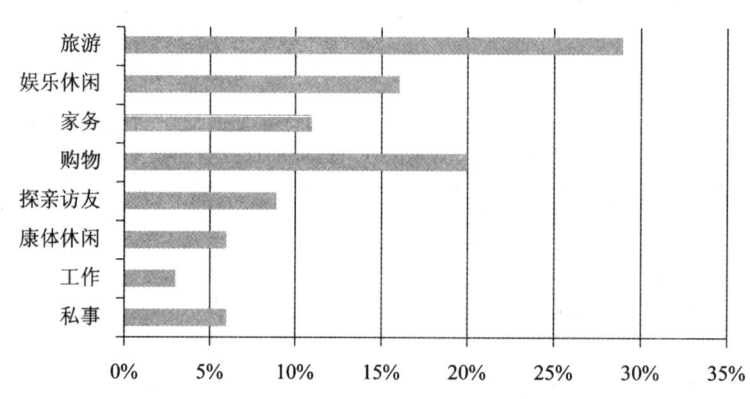

图11　国庆节前三天工作与休闲时间特征

国庆前三天,被调查市民更多地倾向于旅游。在旅游的项目中,大部分被调查者都是外出远程旅游。这部分被调查者大约占到了30%,这说明,在长假里,也还是会激发人们的旅游热情,特别是2010年上海世博会的吸引。在远程旅游中也有许多市民是回远方老家旅游,顺便探亲。特别是国庆的第一天是出行的高峰,应该也是外地游客到站的高峰,所以北京机场、火车站的送出以及接待人流势必会暴增,如何保证车站的秩序和路上的交通,是公共部门急需解决的问题。

除去旅游的被调查者,其他留在北京市的市民,他们的休闲主要表现在购物休闲和娱乐休闲方面。购物休闲主要是逛商场和商业街,节假日期间,商场有比较多的折扣,吸引了市民前往。另外,娱乐休闲的被调查市民也占到了16%左右,那么这几天的电视节目安排应该注重技巧。还可以为留在室内的市民提供一些比较有意思的公园和郊区旅游景点,鼓励他们走出家门,更多地参与到节日公共休闲活动以及社会交流中。还可以在国庆前夕广泛宣传国庆节期间北京主要商场的打折情况,方便人们前往,同时应该做好人流预测,提醒人们国庆期间哪些商场比较热门,哪些人比较少一些,更利于人们的购物休闲。

2. 后三天休闲特征

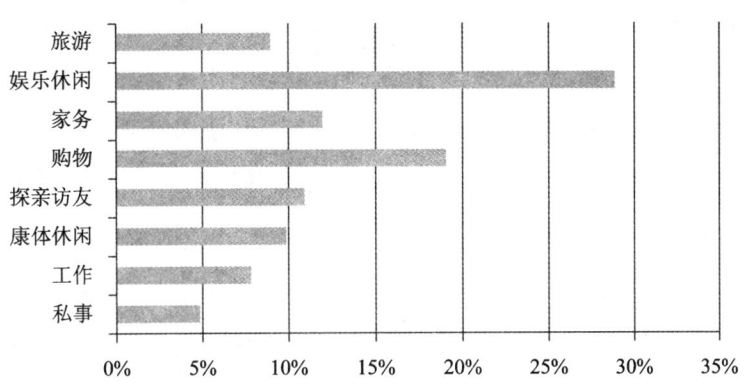

图12 国庆节后三天工作与休闲时间特征

可以明显看出,在国庆后三天,旅游出行的人数减少了许多。选择旅游一项的许多被调查者选择的是在回程途中,也有部分选择了近郊旅游。可以看出这一阶段主要是人潮回流,如前三天一样,可能面临大量外地游客离京和北京市民返程的两大人流再次汇集,各方面相关工作不容忽视。

在后三天中,有将近30%的被调查市民在娱乐休闲。人们更多地选择这种休闲方式可能是在之前的几天旅游休闲中比较疲惫,更愿意待在家中看电视、上网,比较轻松地休闲。这是后三天中市民的最主要的休闲方式。可以看出,黄金周现在实际也在逐渐地缩短,因为现在无论去哪里旅游都是人满为患,旅游一圈下来往往是疲惫不堪,许多人会缩短旅程,再利用几天在家中休息,选择一些比较放松的休闲方式。同时也反映出北京人的休闲消费习惯。在娱乐休闲中,上网一项基本是每个人每天都会有的休闲,无论一个小时还是三五个小时,人们都会在网上冲浪一番。此次被调查的市民主要是城市的中青年,是网络的忠实使用者以及主力军,所以上网这种休闲方式在未来可能会越来越成为主流。

(四)个体差异对休闲行为的影响

1. 性别对休闲行为的影响

女性由于家务缠身,对于休闲活动的选择有限,男性则由于承担家庭事务的时间增加以及自身对休闲行为的偏好与女性不同,而对休闲时间的利用产生不同。女性在家中较男性承担了更多的家务和购物任务,花在这两项的时间明显多于男性。两性在家务上的时间分别为1.36和0.85小时,在购物上的时间分别为5.63和2.56小时。这大概是因为现代社会仍然比较传统,女主内的家庭角色分工使得女性承担大部分家务,而女性的购物活动多还因为许多女性对逛街购物有狂热的喜好。

2. 年龄对休闲活动的影响

一般随着年龄的增长,人们喜欢的休闲活动将有所不同。例如,在旅游休闲中,一般是青年人会较多地选择远程旅游,而中年人则基本都是回老家。这是由于年龄的不同影响了被调查者的心理。另外,由于身体因素的不同,在选择休闲活动的类型时,年轻人喜欢娱乐及购物的休闲活动,而中老年人会更倾向于交流型休闲活动,例如走亲访友。在考虑到生活和家庭的情况下,中老年人在假期中会有加班和家务活动,不同于青年人假期的丰富生活。调查显示,旅游等怡情型休闲活动最受 18~40 岁的人喜欢,在假期中平均进行了 15.6 个小时;而康体休闲活动基本是 51~60 岁的人的最爱选择,他们在早饭前、晚饭后会集中进行,这也是这类活动的两个高峰期。

3. 文化程度的差异

受教育程度也会对休闲活动类型的选择产生影响。本次调查显示,娱乐休闲活动几乎不受文化程度的影响,日平均活动时间为 4 小时。文化休闲活动时间随文化程度的升高而增加。其中,本科以上的文化休闲时间最长,达 3.20 小时。

4. 收入水平的差异

被调查者收入水平的高低也直接影响着休闲活动的经费支出,也会对休闲活动的选择及进行时间的长短产生影响。此次被调查者收入水平大多集中在 3000~5000 元,对于消费型休闲方式还比较适应。在休闲行为中,花在购物休闲上的时间仅次于娱乐休闲。

四、结论

不同性别、年龄、文化程度和收入水平对人们休闲活动的类型偏好、时间长短等方面都有比较大的影响。

城市休闲活动类型多样,但北京市民的休闲活动多集中在以看电视和上网为主的娱乐休闲及购物休闲活动,休闲类型比较单一,户外休闲时间较短。

北京市民对康体休闲不够重视,时间短,参与人数少。另外,对公益休闲基本很少有人参与。而这两种休闲活动又都比较有意义,又有益身心健康,对个人与社会的发展都有许多好处,所以应该加大对这两种休闲的倡导以及相关设施的建设及完善。

北京市民的休闲时间基本为娱乐休闲,以自己家为主要场所。可见,对于大多数居民来说,在家里看电视、上网等仍旧是主要的休闲方式,家庭仍然是市民休闲的首选之地。因此,城市休闲设施规划和休闲产业应在大力满足居民自家休闲活动需求的同时,把焦点放在如何把休闲活动从自家中引出来上。

居民的个人状况和社会经济属性在很大程度上影响着居民的休闲方式和休闲时间利用结构。因此,对于不同性质的城市休闲产业,应当针对不同的市场需求进行准确的定位和市场开发,尤其是面向特定居民群体的休闲消费市场大有可为。

五、政策建议

(1)突出国庆休闲特色,倡导健康休闲。目前北京市民国庆节休闲的最大不足在于国庆特色不鲜明。调查中,有些市民整个黄金周都是待在家看电视,上网休闲。经常性的在家休闲缺少与外界事物和人之间的交流沟通,不利于个人和社会的长远发展,因此,政府或者街道可举办与国庆节主题相关的特色城市休闲活动。例如,可举办国庆焰火节、国庆露天晚会等,此外小区内部可组织中秋联欢、观赏性强的参观游览、集体观看电影等,提高北京市民的休闲生活质量,进一步满足北京市民日益增长的精神文化需求。美国加州国庆节晚上在伯克利市海边举办湾区焰火燃放观赏活动,观众众多,多自带国旗参加,气氛热烈,教育意义明显。

(2)确立休闲产业在北京市经济体系中的战略地位。从国际横向比较的角度看,休闲产业在不少国家特别是发达国家的国民经济中业已占据重要地位,休闲经济为整体经济的发展做出了极大贡献。随着经济的发展和观念的更新,北京市民的休闲意识逐步加强,休闲需求也上升到新的高度。因此,北京市政府在制定发展战略时,应当对休闲产业予以重视,制定专门性的发展政策,通过制定北京市休闲产业发展规划,优化整合城市休闲设施的空间布局,以促进休闲经济更好地成为全市经济发展的助推力。

(3)重视社区内休闲服务设施的规划与建设。从此次调查中可以看出,市民比较喜欢在早晨和晚饭后进行康体休闲,而且多以自家附近为休闲场所,那么社区内的休闲服务设施就显得十分重要,可以增加健身器械、休闲水吧、长椅、咖啡厅、棋牌室还有供小孩子玩耍的游乐场等,把广大居民从家里拉出来,到社区里进行休闲,促进邻里和小区居民的交流共处,同时也有利于和谐小区、和谐社会的建设。市民日常生活的社区是他们最主要的外出休闲空间,社区层面上基本休闲服务设施的配备具有特殊重要的意义。应从以人为本的原则出发,改善社区的居住环境,保持整洁干净;解决社区内休闲服务设施不足的问题,合理增加社区内休闲服务设施的数量,并注重质量,强化管理和维护,以便提高市民就近休闲的质量,迎合他们的合理需求。

(4)合理规划城市布局,倡导公共交通出行。北京交通拥堵已经成为老大难的问题了,政府为此也出台了很多政策、法规。我们在此次休闲调研中发现很多休闲景点的设置存在区域性不平衡的问题。某些地区景点集中,往来的车流量就格外的大,当然有很多因素不是人力可以解决的,比如长城、故宫、颐和园等历史文化遗迹早就存在于某个地方。鉴于此,我们建议以后城市规划修编时要合理布局休闲景点和场所设施,比如公园、健身房、餐厅等一些休闲娱乐场所可以离居民住宅区近一些,以减轻市民的出行负担。同时,我们还要更多倡导公共交通出行,一来可以在一定程度上减轻交通压力,二来现在政府对于公共交通的建设也越来越完善,很多线路都已经开通,价格相对便宜,而且在时间上都可以保证,也是一种便利的出行方式。

(5)改革北京休闲制度,做好休闲流预测与预警。建议北京市政府顺应民意,在全国率先进行休闲制度的区域调整和改革。具体做法是:恢复"五一黄金周";不同行业的年休假可错开,缓解由于集中放假造成的资源紧张情况。由调查可以预见市民的休闲流的时间规律,政府可以提前对相关路段和相关时间的交通冲突做出提醒,并且给出相关可行性建议,引导人们的出行计划。相关媒体可以为在京的市民介绍一些比较适宜的休闲去处以及相关资讯,引导市民的休闲内容。

参考文献

[1] John Tribe. The economics of recreation[J]. Leisure and tourism, Oxford:Elsevier,1995.

[2] Dimitri Ioannides, Keith G. Debbage. The economic Geography of the tourist Industry[M]. London:Routledge,1998.

[3] George Torkildsen. Leisure and recreation management[M]. London:Chapman & Hall,1992.

[4] The Atheletic Institute and American Association for Health, Physical Education, and Recreatio:Planning facilities for athletics, physical education and recreation. Washington,1974.

[5] 吴承忠.国外大都市郊区农村休闲需求及旅游发展特点研究[J].地域研究与开发.2004(2):88-91.

[6] 吴承忠.北京郊区旅游发展模式初探[J].城市问题.2006(3):35-39.

[7] 吴承忠.明代北京风景游赏地的分布与变迁[J].清华大学学报(哲学社会科学版).2007(5):58-66.

[8] 魏小安.中国休闲经济[M].北京:社会科学文献出版社,2005.

[9] 马惠娣,张景安主编.中国公众休闲状况调查[M].北京:中国经济出版社,2004.

[10] 王玮,黄震方.休闲制约研究综述[J].桂林旅游高等专科学校学报.2006,17(3):370-374.

[11] 杨明,休闲与旅游调研导论[M].北京:中国旅游出版社,2006.

[12] 张建,都市休闲空间的整合与调控研究——以上海为例[J].华东师范大学地理学院博士论文,2006年6月.

[13] 杨晓俊,王兴中.居民消费行为与城市休闲、娱乐场所的空间关系[J].西北大学学报(哲学社会科学版).2005,35(6):55-58.

[14] 吴必虎等.中国城市居民旅游目的地选择行为研究[J].地理学报.1997,52(2):97—101.

青少年体质下降及其成因分析

李　婧

【摘　要】 本文基于对"中国学生体质健康调研"和"中日国民体质联合调查"中有关青少年体质的数据进行纵向剖析和横向对比，以青少年肥胖群体不断增加、近视严重化和低龄化、中小学生睡眠不足等现象为背景，从社会学的视角，反思政府、学校、家庭这些因素在对青少年的生活观、休闲观、运动观等诸多方面引导上的严重缺失，从而提出家庭休闲体育教育对青少年体质的意义重大。

【关键词】 体质　休闲体育　休闲教育

前　言

我国要从体育大国迈向体育强国，不仅要有竞技体育的辉煌，更要有群众体育的蓬勃发展做基础，而保障全民尤其是青少年的健康，是关系到国家和民族长盛不衰的战略问题。2013年4月，一条内容为"小学生运动会入场式一小时晕倒了20人"的微博将人们的视线再次引至青少年体质问题。青少年体质下滑已然成为一个具有普遍性的社会问题。如梁启超所言，"少年强则国强"，所以，不能让"中国梦"因青少年体质问题而黯然神伤。

本研究主要基于《2010年全国学生体质健康调研公告》和《中日国民体质联合调查报告》中有关青少年体质的数据，以青少年肥胖群体不断增加、近视严重化和低龄化、中小学生睡眠不足等现象为背景，旨在从社会学的视角，反思中国民生建设中人文思想的缺失，反思政府、学校、家庭在对青少年的生活观、休闲观、运动观等诸多方面引导上的严重缺失，为寻求改善青少年体质、构建和谐家庭、校园及社会提供理论思路。

作者简介：李婧（1981 - ），女，陕西榆林人，硕士，研究方向为休闲体育；工作单位：首都体育学院休闲与社会体育学院，北京100191；E - mail：lijing@cupes.edu.cn。

一、青少年体质状况

(一)青少年的界定与体质的概念

由于联合国(15~24岁)、世界卫生组织(16~44岁)及联合国教科文组织(16~34岁)对"青年"的具体所指各有不一,依据年龄划分的连续性青少年的具体所指也不是唯一的。在本文,青少年的年龄划分主要是指学龄意义的,因为本文所涉的《2010年全国学生体质健康调研公告》(青少年所指为7~18岁)和《中日国民体质联合调查报告》(青少年所指为6~19岁)的主要调查对象为在校中小学生。较之两份权威报告所折射的调查结果的意义,具体所包含的年龄范围中6岁和19岁儿童的偏差可以分别看待。根据《中国2010人口普查资料》中的数据,6~19岁共344207992人,占总人口比重为17.33%[1]。

国民体质是构成一个国家人口资源综合素质的重要因素之一,也是国家未来可持续发展的重要保障之一。体质是人体的质量,指在遗传变异的基础上,人体所表现出来的形态和机能方面相对稳定的特征,不仅仅是身体素质方面,还包括身体形态、身体机能方面。

(二)中国青少年体质状况

目前,我国学生体质健康调研监测体系由每五年一次的全国学生体质健康调研和每两年一次的全国学生体质健康监测组成。2010年全国学生体质健康调研是自1985年以来由教育部、国家体育总局、卫生部等部门共同组织的第6次全国多民族大规模的学生体质与健康调研,涉及31个省、自治区、直辖市,27个民族,995所学校。所以,学生体质健康调研可以纵向梳理其中7~18岁青少年(学生)的体质状况;而由中华全国体育总会与日本体育协会于2004—2007年开展的国民的体质联合调查中对青少年体质方面的调查也十分全面,可以从横向进行相关比较。

1. 全国学生体质健康调研反映出的青少年体质状况

根据《2010年全国学生体质健康调研公告》,学生体质与健康状况总体有所改善,表现在形态发育水平(身高、体重、胸围)继续提高、肺活量水平出现上升拐点、营养状况继续改善、中小学生身体素质下滑趋势开始得到遏制。身体素质下滑趋势得到遏制的结论源于与2005年相比,爆发力素质(立定跳远)和柔韧素质(坐位体前屈)出现好转、耐力素质(50米×8往返跑、1000米跑、800米跑)显现止"跌"、力量素质(握力)继续提高(见表1)。而在2005年与1995年相比,学生的柔韧性、爆发力、肌力、耐力、肺活量均呈下降趋势。其中,体能素质中的速度素质、力量素质已连续10年下降,耐力素质已连续20年下降。

本次调研公告中有关青少年体质与健康方面提出的主要问题为视力不良检出率继续上升(见表2),并出现低龄化倾向(见表3)、肥胖和超重检出率继续增加(见表4和表5)、龋齿患病率出现反弹(见表6)。事实上,2005年学生肥胖检出率比2000年增长近50%,小学生近视率为31%,初中生为58%,高中生为76%,大学生为83%[2]。

表1 与2005年相比,2010年青少年身体素质状况

项目	年龄	城市男生	城市女生	农村男生	农村女生
爆发力	7~18岁	增1.12厘米	增1.03厘米	增0.76厘米	持平
柔韧素质	7~18岁	持平	增0.49厘米	增0.04厘米	增0.53厘米
耐力素质	7~12岁(50米×8往返跑)	—	提高0.05秒	—	提高0.20秒
	13~15岁耐力跑	提高3.03秒	提高3.58秒	—	—
	16~18岁耐力跑	提高0.48秒	提高0.46秒	提高0.34秒	提高0.91秒
力量素质	7~18岁	提高0.43千克	提高0.42千克	提高0.36千克	提高0.16千克

注:代表耐力素质的测试指标视不同年龄—性别组而有所不同。

表2 2010年全国学生体质健康调研中视力不良率结果(%)

年龄	视力不良率	城市学生视力不良率	农村学生视力不良率	与2005年相比
7~12岁	40.89	48.81	32.98	增9.22
13~15岁	67.33	75.94	58.74	增9.26
16~18岁	79.20	83.84	74.59	增3.18

表3 2010年全国学生体质健康调研中低龄组视力不良率结果(%)

年龄	城市男生	城市女生	农村男生	农村女生
7岁	32.17	36.43	24.12	26.95
与2005年相比	增加8.71	增加8.76	增加10.56	增加10.32

表4 2010年全国学生体质健康调研中肥胖检出率结果(%)

年龄	城市男生	城市女生	农村男生	农村女生
7~22岁	13.33	5.64	7.83	3.78
与2005年相比	增加1.94	增加0.63	增加2.76	增加1.15

注:《2010年全国学生体质健康调研公告》中只有对7~22岁年龄段的数据,没有细分7~18岁年龄段的数据。

表5 2010年全国学生体质健康调研中超重检出率结果(%)

年龄	城市男生	城市女生	农村男生	农村女生
7~22岁	14.81	9.92	10.79	8.03
与2005年相比	增加1.56	增加1.20	增加2.59	增加3.42

注:《2010年全国学生体质健康调研公告》中只有对7~22岁年龄段的数据,没有细分7~18岁年龄段的数据。

表6 2010年全国学生体质健康调研中龋齿患病率结果(%)

年龄	城市男生	城市女生	农村男生	农村女生
7岁	55.84	57.48	62.10	62.55
7岁(与2005年相比)	上升8.04	上升8.78	上升3.70	上升3.95
12岁	19.80	18.64	18.64	23.85
12岁(与2005年相比)	上升8.90	上升3.94	上升6.64	上升8.05

2.《中日国民体质联合调查报告》(2004—2007年)中的中日青少年体质状况比较

中、日两国曾在1986年进行了7~20岁青少年体质研究联合调查,对两国青少年体质进行了全面的比较与分析。2004—2007年开展的联合调查取样点分别为中国上海和日本东京,采用了相同内容、方法、同时抽样的方式,实际抽样11 473人,其中,上海5799人,东京5674人。对两国6~74岁国民的身体形态、身体素质指标以及与体质相关的信息进行了调查。其中,对于6-19岁青少年的调查结果如下(图1至图6均引自《中日国民体质联合调查报告》):

(1)2004—2007年,上海青少年身体素质总体水平高于东京

图1表明15~19岁年龄段的男性身体素质均为上海高于东京,图2表明13~19岁女性大多数指标还是上海高于东京。据《中日国民体质联合调查报告》相关数据表明,其他年龄组的情况也基本相似。

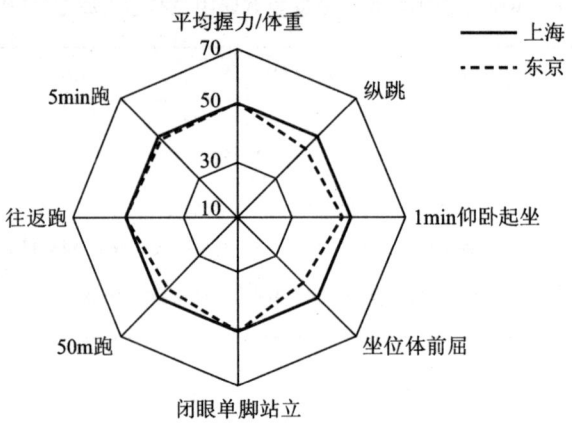

图 1　上海、东京 15～19 岁男性身体素质比较雷达图[3]

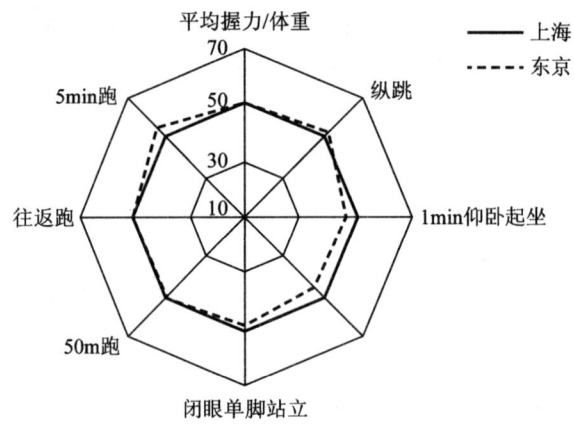

图 2　上海、东京 13～19 岁女性身体素质比较雷达图[3]

（2）中国（1985—2005 年）与日本（1957—1977 年）各自青少年生长发育期变化规律相似。与日本（1957—1977 年）相比，中国（1985—2005 年）青少年身高的增长幅度小，而体重的增长则幅度大。

1985—2005 年间，与日本同时期各年龄组青少年身高和体重增长值比较，在增长幅度方面中国远高于日本，如图 3 和图 4。

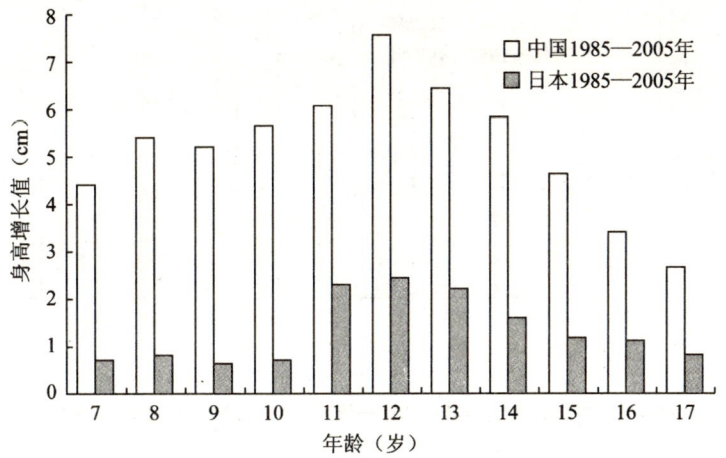

图3 1985—2005年中、日男性青少年身高增长值比较图[3]

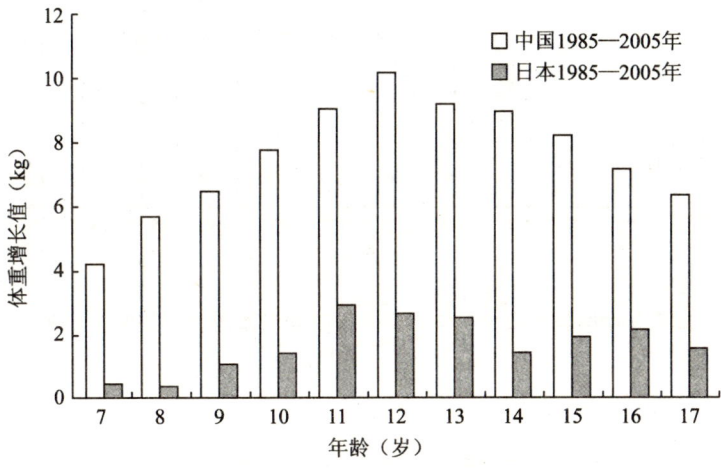

图4 1985—2005年中、日男性青少年体重增长值比较图[3]

其实,日本出现经济快速发展的时期早于中国,青少年生长加速也早于中国。1985—2005年中国青少年的生长发育长期加速趋势与日本1957—1977年的生长加速趋势相似。但中国青少年这二十年中身高的增长幅度较日本1957—1977年增长幅度小,而体重的增长则较日本1957—1977年增长幅度大。图5和图6即可表明。

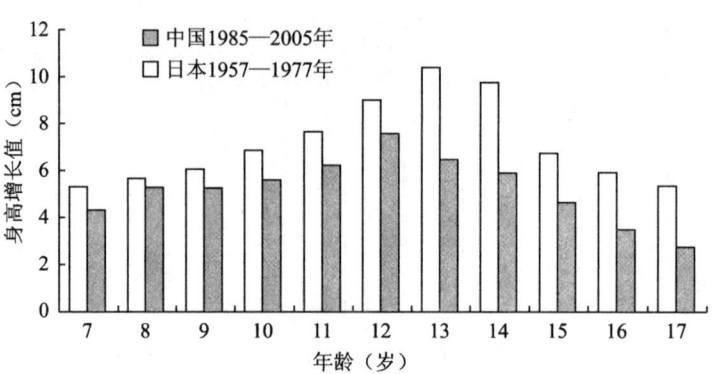

图5　1985—2005年中国男性青少年与1957—1977年日本男性青少年身高增长值比较图[3]

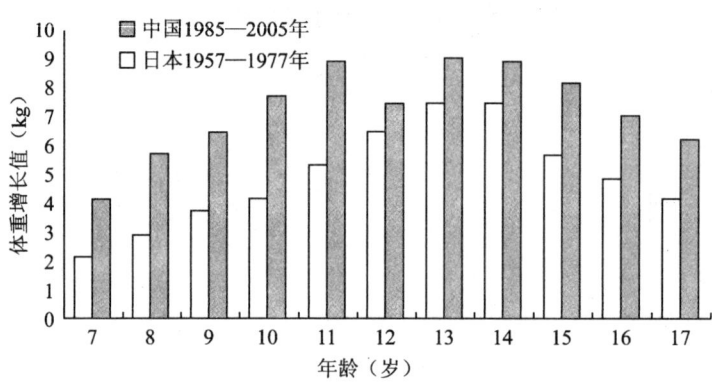

图6　1985—2005年中国男性青少年与1957—1977年日本男性青少年体重增长值比较图[3]

二、青少年体质问题的诱因

从事青少年体质研究的专家——北京师范大学体育与运动学院院长毛振明教授把现在青少年体质概括为"硬、软、笨","硬"即关节硬;"软"即肌肉软;"笨"即长期不活动造成的动作不协调;校园里,学生跑不动、跑不长、甚至运动猝死频发;在2005年高校招生中,有85%的考生因近视报考专业受限;在近两年的征兵工作中,有63.7%的高中毕业生因体检不合格被淘汰[4]。

这些均对青少年体质可窥一斑。造成青少年体质目前这种状况的原因是多方面的,不仅来自于青少年自身的睡眠、饮食及运动等因素,还需要审视相关外围社会因素,诸如来自政府、学校及家庭的影响。

(一)影响青少年体质问题的直接因素

1. 饮食结构不合理

身高、体重和胸围三项指标是反映生长发育水平的主要指标。它与生活水平、营养状况等有着密不可分的联系。其中身高主要受遗传的控制,而体重更多地受环境、营养、体育锻炼的影响。目前,青少年身体充实度平均水平提高的背后潜藏着营养过剩的现象,垃圾食品、含糖饮料、零食充斥着青少年的饮食结构,越来越多的孩子超重、肥胖,这预示着30年后我国人口中患有心血管和内分泌疾病的人口比例可能相当高,这不仅影响了许多人个人的生活幸福,还给国家造成了沉重的公共卫生负担。

2. 睡眠不足

2008年,教育部颁布的《中小学健康教育指导纲要》明确规定,确保青少年休息睡眠时间,保证小学生每天睡眠10小时,初中生9小时,高中生8小时。而据中国青少年研究中心2010年发布的《中国少年儿童十年发展状况研究报告》表明,近年来,我国中小学生睡眠时间持续减少,其中近八成睡眠不足。报告显示,2010年,中小学生在学习日的平均睡眠为7小时37分,比2005年减少了1小时22分,在周末的平均睡眠为7小时49分,比2005年减少了1小时47分。

学业负担过重、不良的学习习惯和择校导致的上学路远是造成中小学生睡眠不足的主要原因。长期睡眠不足能造成注意力、记忆力、组织能力、创造力和运动技能下降;引起全身植物性神经功能紊乱,影响局部交感和副交感神经功能紊乱,导致睫状肌调节功能紊乱,是近视形成的病理基础[5],影响身心和智力发育,给孩子的未来幸福埋下隐患。

3. 缺乏运动

2012年,一则题为"儿孙餐桌上玩手机 爷爷摔盘子怒离席"的报道提出了移动终端绑架现实生活的思考。电子产品,尤其是苹果手机和电脑成为毁坏孩子们视力的"毒苹果",苹果机的便利、好用成为孩子们视力的第一杀手,同时,也让孩子们的闲暇时间更加静态化。上海社科院青少年研究所所长、社会学教授杨雄做过一次上海儿童和法国儿童的比较研究,发现法国儿童好动,向往成为棒球运动员或运动健将的比比皆是,而上海儿童更喜欢静、爱好玩电子游戏、看电视、上网。这些与"生命在于运动"的运动理念完全冲突,所以,缺乏运动一方面源于孩子们的运动观上——不想动,另一方面是客观制约因素的影响。

目前,普遍存在于我国中小学生中的是"四多三少"现象——"学习时间多、家庭作业多、考试排名多、课外补习多;睡眠时间少、体育课和体育锻炼少、自主支配时间少"。除了运动时间有限外,长跑、跳马、单杠、双杠、游泳等存在安全隐患的项目几乎销声匿迹,取而代之的是软式排球、健美操、体育舞蹈、花样跳绳等安全项目。体育课越来越倾向于趣味性、娱乐性、安全性和健身性,运动量和运动强度无法得到保证,学生的体育精神难以培养。再就是运动场地设施不足也是影响青少年运动参与的重要因素。

(二)影响青少年体质问题的社会因素

1. 政府的政策导向:积极而迫切

新中国成立以来,国家体育总局主要负责管理竞技体育后备人才的青少年训练,而教育部门主要管理学校体育的青少年体育课。教育部门一直致力于体育课程改革,孜孜不倦地为寻求体育教学的发展方向进行尝试;而体育部门则致力于我国竞技运动水平的提高并取得举世瞩目的辉煌成绩,总之,青少年体育的问题都不在两个部门的重点范畴之内。

直至近年,青少年体质下降问题引起党中央和国务院给予青少年体育很大重视。其中,2007年出台的《中共中央、国务院关于加强青少年体育增强青少年体质的意见》和2009年颁布的《全民健身条例》均给予青少年体育更多关注,2010年5月,国家体育总局还成立青少年体育司,这些都折射出政府也迫切期待孩子们的体质"企暖回升"。

2. 学校:政府解决青少年体质问题的主要抓手

毛泽东同志早在他的《体育之研究》中就谈到"民族之体质日趋轻细",大声疾呼体育对体质的重要性,并指出"小学之时,宜专注重于身体之发育,而知识之增进,道德之养成次之"、"中学及中学以上,宜三育并重,今人多偏于智"。事实上,根据我国国情,即便对于教育主管部门来说也没有能力去改变一个国家升学压力的问题,因为一个孩子的就业前景肯定与他有没有受过高等教育密切相关。所以,青少年在校的智育与体育在时间维度存在着难以回避的矛盾。一旦稍有对其中任何一方的些许"暧昧",都会打破二者间天平的平衡。

当前,我们处于快速城市化的进程中,按照住建部的标准,每人应有100平方米的活动空间,但以上海为例,外环以内600平方公里的土地上住着1000万人,很难有绿地和其他运动场所。据日本文部省上世纪80年代末统计,日本有体育场馆设施21.86万个。按当时人口计算,平均每500人有一个体育场,每2680人有一个室内体育馆。而在我国,主要的运动场所、场地集中在学校。按照体育"十二五"规划,到2015年,全国各类体育场地达到120万个以上,人均体育场地面积达到1.5平方米以上。这一目标即便实现也会与国外的人均体育场地占用面积相形见绌。除了体育场地设施,体育老师的缺口也急需补齐,有统计显示,全国仅小学体育老师就缺24万人,在已有的体育教师中,相当一部分还是兼职,往往是文化课老师过来凑个数[6],师资力量不足严重制约着青少年体育教育。

2010年起,"阳光体育进校园"活动欲将"每天锻炼一小时,健康工作五十年,幸福生活一辈子"的"阳光体育"理念渐渐由学校深入青少年心中。2013年2月25日,在北京市中小学开学的这一天,北京市教委发布《关于切实减轻中小学生过重课业负担的通知》,旨在从根本上为学生"减负",使学生们有时间运动。

2013年全国两会上有代表提出,应当发挥高考"指挥棒"的作用,将体育内容纳入高考,从而提高学校和家长对学生参加体育锻炼的重视程度。还有专家提出,将体育工作列入学校党政一把手年度考核的重要指标,对于不称职、不作为的校领导和政府教育主管部门领导,要实行问责制。

学校一直是政府解决青少年体质问题的有效抓手,也是社会寄予重托的载体。

3. 家庭

据非官方发布的数据,自中国实行计划生育以来,少出生3亿人口,但多了无数"小皇帝"。都说"可怜天下父母心",可父母虽心慈但手不软:一方面,家长对"小皇帝们"悉心呵护,另一方面,在目前"一考定终身"的制度下,家长却忍心"苦其心志"——舍孩子的睡眠、运动而取学习成绩。

《中国少年儿童十年发展状况研究报告》中的数据显示,有39.3%的学生在非周末参加课余特长培训,周末则达到49.4%。而且,参加特长培训活动的人数比例较2005年有明显增长。立足现代社会靠的是智力,不是体力,但是智力的背后需要体质的支撑。头脑和身体是一个统一的整体,是无法分开的,从家庭投入的比重来看,重视智力是具有普遍意义的,但是却弱化了健康投资。就一个人的个人幸福以及对社会的贡献来讲,不仅取决于其才智的高低,还取决于其生命的长度及生活的效率。

在2012年11月的"第五届新东方家庭教育高峰论坛"上,拥有一双儿女的阳光文化基金会董事局主席杨澜谈了她的体会:健康的体魄比奥数班更重要。她的理由是:"如果因没有补习奥数而只能得85分,我认了,因为不需要知道那么难的题目。但是,我需要你锻炼,需要你正常地、健康地发育,在长大成人的时候,有一个健康的体魄,有着非常有活力的生命状态。"在中国,这样的家长显然不是主流。

三、青少年体质危机召唤家庭休闲体育教育

难道中国青少年体质就该如此弱不禁风,一蹶不振?社会甘心,家长忍心?

难道除了考试之外真的没有更好的方式来提高学生参与体育运动的积极性了吗?

难道孩子们的体质在分数面前就那么不值一提?

在社会都对孩子们的体质"为伊消得人憔悴"之时,家长们还对此嗤之以鼻?

如法国教育家福禄贝尔所说:"国民的命运,与其说操在掌权者手中,倒不如说掌握在母亲手中。"同样,孩子们的体质与其说遇分数相形见绌,倒不如说遭家长束手就擒。分数的效力与其说被社会放大了,不如说被家长们宠坏了。其实,有多少孩子会像家长们那样热衷于追捧高分?

(一)家庭休闲教育不应缺失

2013年3月11日,教育部新闻办官方微博微访谈的主题为"少年强则中国强——谈学生体质有关问题",有网友问:"我小的时候,课间或放学就在追逐、打闹。但是现在的学生,没事就在玩电脑、玩手机。我想知道,电脑和网络的普及,是好还是坏?"其实,电脑和手机并不是罪魁祸首,重要的是休闲教育。

目前,在我国学校范围内的休闲教育几乎为空白,所以,家庭休闲教育更不应缺失。孩子出生后,关爱他最多、影响他最深的父母自然而然地成为孩子的第一任老师,在父母与孩子亲密的接触中,孩子能以最自然的心境,最专注地去观察、模仿家人的言行举止,他们会从中实现自我、感受成功、享受快乐。家庭的休闲教育对孩子将来成为"什么人"至关重要。

休闲是一种生活方式,且是健康、文明、和谐的生活方式。休闲理念若要在下一代中生根发芽,需先在家长们心田滋生。若更多的家长具有健康休闲观,那他们绝不会为了美好明天让孩子们在今天学海无涯。

父母通过鼓励孩子参与运动休闲等健康的休闲形式,不仅能指引孩子日后的行为,而且更为重要的是,它能影响孩子成年后的心理健康。布鲁克斯(*Brooks*)与埃利奥特(*Elliott*,1971)在其纵向研究中发现,那些在8~11岁期间幸运地从休闲活动当中得到满意的人比那些早年没有类似经历,仅靠从被动的休闲中寻求满意的人在20年后在心理调整上做得更好。

(二)家庭体育教育亟待重视

上海和东京两地被调查学校开设体育课的周上课时间,无论是小学、初中还是高中上海均少于东京,但再加上校内的课外体育活动时间,实际上,上海中小学学生体育课和校内课外体育活动的总时间要高于东京[7]。据国家体育总局青少司司长郭建军向媒体介绍,青少年校外活动的缺乏是增强青少年体质的瓶颈[8]。

家庭是孩子体育意识朦胧期接受体育活动的最早、最主要场所,所以家庭体育特有的早期性、基础性、连续性等优势,对孩子体育意识的萌芽与形成具有不可替代的作用。

加拿大健康与生活方式研究所(CFLRI)做的《2005年加拿大体育活动调查》中,有一部分介绍了加拿大父母对孩子参与体育活动的影响(见表7)。调查表明,父母及其他家庭成员在帮助孩子在童年和青春期养成健身习惯方面可以发挥重要作用:父母的鼓励可以提高孩子参与健身活动的程度;父母可以为孩子养成从事健身活动习惯作出榜样,或为其提供口头上和物质上的支持等。

表7 父母与孩子一起运动情况[9]

	经常	偶尔	很少或没有
所有父母(18岁以上)	36%	32%	32%
25~44岁	45%	35%	20%
45~64岁	24%	36%	40%
所有孩子(5~17岁)	36%	33%	32%
女孩	39%	31%	30%
男孩	32%	34%	34%
5~12岁	46%	34%	20%
13~17岁	20%	30%	50%
父母参与体育运动状况			
参与	49%	36%	15%
不参与	37%	31%	37%
孩子参与体育运动状况			
参与	41%	33%	26%
不参与	22%	31%	46%

以上数据与其20年前的一份研究结果异曲同工。在斯奈德(Snyder)和斯伯莱茨

(Spreitzer,1976)的报告中发现,父母对运动的兴趣本身与子女在青少年时的运动参与之间并无显著相关关系,反倒是父母明确而直接的鼓励与青少年的参与之间呈现出系统化的强相关[10]。这些研究发现意味着通过父母亲身参与并鼓励孩子参加运动的影响是十分深刻的,家庭体育教育亟待重视。

四、休闲、体育与家庭教育三位一体可助力化解青少年体质问题

2011年澳大利亚体育与休闲部长理事会同意建立澳历史上第一个"国家体育与休闲政策框架",突破了其他国家就体育言体育的思路。在我们即将步入休闲时代之时,体育、休闲与家庭教育有机融合的思路无疑会更具现实意义。

体育是获得健康体魄的有效"工具",也是让生活充满乐趣的重要"玩具",将体育与休闲有机结合,可以使身体与生活皆终身受益。在升学率、学生安全等面前,体育是个"软柿子",体育"常常被妥协"。青少年体质危机中,它表现得太软,但若注入休闲的滋养,体育就活力倍增。所以说,在化解青少年体质危机中,休闲、体育与家庭教育形成三位一体是大势所趋。要大力促进通过家庭休闲体育教育的熏陶,家长倡导积极、健康的生活方式,鼓励青少年积极参加户外体育锻炼,到操场上去、到大自然中去,跑起来、动起来,舒活经骨、精神焕发、强健体魄、磨炼意志。

参考文献

[1]国家统计局.中国2010人口普查资料(EB/OL).国家统计局官方网站:http://www.stats.gov.cn/tjsj/pcsj/rkpc/6rp/indexch.htm.

[2]新华网:青少年体质连续25年下降 体检合格率低(EB/OL).新华网:http://news.xinhuanet.com/video/2013-01/28/c_124288761.htm.

[3]蔡睿,王欢,李红娟等.中、日国民体质联合调查报告[J].体育科学,2008,12(28):8.

[4]切实加强学校体育工作 促进广大青少年全面健康成长——陈至立在全国学校体育工作会议上的讲话[N].中国教育报,2006-12-23.

[5]崔惠玲,浮吟梅.青少年近视的成因及饮食对策探究[J].中国食物与营养,2005,3:48-49.

[6]新民网:孩子体质怎么下降成这样?——广东代表团热议青少年健康(EB/OL).中国新闻网(2013全国两会专题):http://news.xinmin.cn/domestic/2013/03/07/

19078831. html.

[7]蔡睿,王欢,李红娟等.中、日国民体质联合调查报告[J].体育科学,2008,12(28):11.

[8]刘圆圆.举社会之力 关注青少年——访国家体育总局青少司司长[N].人民政协报,2010-11-12.

[9]葛萌.2005年加拿大父母协助孩子参与健身的整体状况[J].中外群众体育信息,2007(3).

[10](美)艾泽欧-阿荷拉(Seppo E. lso-Ahola).休闲社会心理学[M].谢彦君等译.北京:中国旅游出版社,2010:149.

海峡两岸单身女性生活方法解读
——以北京市与台北市为例

谭家伦

【摘　要】 本文以北京与台北高学历单身女性为例，关注这个群体的生活型态、休闲参与、休闲满意度及幸福感的现况，思考这个群体的社会成因与个体因素，亦对北京与台北高学历单身女性的存在特征作了比较分析。

【关键词】 高学历单身女性　生活形态　休闲方式　幸福感

一、研究背景

（一）两岸高学历单身女性生活状况

"男大当婚、女大当嫁"在以往的社会观念里被认为是再自然不过的现象，但随着近几年两岸经济与社会的快速发展，这一现象正在改变，"大龄剩女"[①]、"败犬女"[②]已经逐渐成为两岸需要面对的社会问题。根据台湾"内政部"截至2005年底的统计，台湾地区15岁以上人口数为624.9669万人，其中女性有279.6839万人，女性未婚与不

作者简介：谭家伦，北京联合大学旅游学院讲师。学科方向：旅游与休闲研究。

① 大龄剩女：大龄单身女性，又称单身熟女，是指已过社会一般所认为的适婚年龄但仍未结婚的女性，尤其指有经济基础的一群。常见于发达国家及发展中国家都市化程度较高的地区。广义上指30岁以上的大龄单身女性，又专指30岁至40岁的未婚单身女性（在中国大陆，也有人定义为28岁至35岁，因为28岁以上已可以自动退出共青团，35岁以上才首次生育的女性已属高危年龄段），有时也包括上述年龄层的离婚妇女和寡妇，不过通常指的是从未结婚的。英语把这类女性称为Spinster，这是因为19世纪的欧洲未婚女性经常在家中纺纱（spinning）。引自维基百科（2009/12/15）。http://zh.wikipedia.org/wiki/%E5%A4%A7%E9%BD%A1%E5%96%AE%E8%BA%AB%E5%A5%B3%E6%80%A7.

② 败犬女：是日本外来语，意指「年过三十未婚的女性」。起源是2003年日本作家酒景顺子出版了《败犬的远吠》一书，内容提到："美丽又能干的女人，只要过了30岁还是单身而且没有子嗣，就是一只败犬"，书中作者以「负け犬」（翻成中文即「败犬」）自嘲，认为自己（大龄单身女性）好像是丧家之犬一样，遭人排挤。引自维基百科（2009/12/15）。http://zh.wikipedia.org/zh-tw/%E6%95%97%E7%8A%AC.

婚的趋势越来越明显。此外,据一份统计报告指出,北京约有50万人的剩女群体,而受过大学教育且已达适婚年龄的女性,每5人之中就有一个是"剩女"。

据统计,近几年大陆地区女研究生招生的比例逐年上升,由1995年的27.58%增加到2006年的44.01%,其中女博士生比例为33.87%,女硕士生比例为46.36%;中国台湾"教育部"2007年的统计表明,女硕士人数占全体的40.35%,而女博士则占27.32%,显示台湾地区亦有越来越多的女性接受高等教育。

学历越高,能力越大,同时择偶的要求也越高,但在持续强调"男高女低"的传统婚配模式的社会环境之下,将使得低社经地位的男性与高社经地位的女性在婚姻市场上产生无法寻得适婚对象的问题,这种现象被称为人口学上的"婚姻挤压(Marriage Squeeze)"现象。

"婚姻挤压"现象会间接或直接造成许多已到适婚年龄的高学历单身女性迟婚或不婚。从社会科学院2008年中国社会形势分析和预测中发现,大陆登记结婚人数持续减少,男、女性的初婚年龄也明显推迟,以北京为例,男性的初婚年龄超过28岁,女性也超过26岁。而在我国台湾,据"内政部"人口政策委员会2004年的统计,台湾地区男、女性的平均结婚年龄为男性31.1岁,女性28.8岁。

高学历单身女性的晚婚,一方面对个体的生活形态、休闲参与、工作状态、幸福感、身体健康、心理健康等产生重要的影响;另一方面间接导致社会"生育年龄结构"出现问题,使国民生育率产生压缩效应,随着生育率的降低,年轻劳动人口减少,将加快社会人口老化进程。

因此,如何通过休闲活动、休闲旅游等外在手段,理解并改善高学历单身女性的生活环境,提高生活品质和幸福感,进而优化整个社会的"生育年龄结构",成为当今两岸社会发展上极为重要的问题。

(二)休闲旅游对于女性的效益

在休闲研究的范畴中,发现休闲能带给人们许多正面的效益,能协助个体适应其所面临的生活压力并促进个体的身心健康,Valerie(1994)通过对南非老年女性的远足旅行的研究指出,远足旅行既可以增加老年女性在小区的威望,也可增加老年女性旅游者的见闻与自信。世界卫生组织(World Health Organization)在1948年将健康定义为一种心理、生理及社会功能各方面均达安适的状态,并非单指没有生理疾病的状态。然而,评估一个人的健康应包含生理健康、心理健康与社会功能等三方面。英国政府最新公布一项关于未婚单身女性的研究报告,指出单身女性或未婚女性的自杀率可能比已婚女性高出两倍,而且逐年有增幅之势。综上所述,单身未婚女性由于孤单、失落与两性关系不健全,以及世人眼光等因素,造成许多心理上的健康隐疾,进而影响身心健康。

由于华人对于适婚却又未婚的单身女性通常抱着负面的判读,使得单身与未婚女性(特别是高学历单身女性)在工作职场与感情生活上,都比一般女性受到旁人较多的歧视与压迫,容易对健康产生重大影响。

生活形态是个体在真实生活中的个人生活模式,也是人格、动机、认知、社会地位、价值观等各层面的总合体,能反映出比社会阶级或人格等更多的向度,在休闲游憩者行为的解释与预测上,是一个非常重要的解变项。透过休闲活动的参与与满意度,将对个体产生生理、社会、教育及心理的效益,提升认知、情感与生活质量,进而促进个体健康。幸福感是来自生活质量中各种正、负向情感的总和(Bradburn & Caplovitz, 1969)。由上述可知,生活形态、休闲参与及休闲满意度,都将影响个体的身心健康。

有鉴于此,本研究以两岸拥有硕、博士学历的未婚单身女性为对象,探讨两岸高学历单身女性的健康生活形态、休闲参与、休闲满意度与幸福感之现况与关系。

二、研究对象定义

(一)高学历单身女性定义

高学历一般认为是具有高等教育的学历,高等教育包括专科学院、独立学院、大学以及研究所。但由于社会发展及教育制度的改善,使现今社会就读大学、专科的人数增多,拥有大学相关学历已成为平常之事,于是对高学历的认定也由先前的大学、专科学历,提升至研究所教育(硕士、博士)的学历。

周晓燕 2002 年在对高学历青年婚恋及生育观的研究中,发现 80% 的硕士、博士女生认为初结婚的年龄最好是在 25～30 岁之间,而且 99.8% 的女研究生都不愿过独身生活,这显示出高学历女性对于感情的渴望。但是由于研究生的课业压力、毕业时年龄比同龄人偏高以及社会对女性高学历的异样眼光等不利因素,造成许多攻读硕士、博士的女研究生在自愿或非自愿的情况下保持单身。

单身成因不仅是个人特质所形成的,也与其生活方式及态度有关。根据董智慧(1998)、赵淑珠(2003)、Lasswell 与 Lasswell(1987)以及 Situmorang(2005)参考 Stein 于 1981 年依照单身是否为自愿的选择及是否预期为稳定的生活形态之向度,将单身分为 4 种类型:矛盾型、期待型、决心型、悔恨型,简单分述如下。

(1)矛盾型(Ambivalent):目前状况是暂时的、自愿的选择,以较年轻的未婚男女为多,因追求较高的教育或生涯发展,而暂时延后结婚的时间。这类型的单身者重视自由,对婚姻较不积极,对婚姻持开放态度。

(2)期待型(Wishful):非自愿且暂时的单身状况,通常由于环境的限制,期待结束单身,积极找寻结婚对象,对婚姻有较高的期待。

(3)决心型(Resolved):自愿选择单身且喜欢如此的生活,不打算改变。

(4)悔恨型(Regreful):非自愿选择且长期单身的类型,通常希望终止单身生活进入婚姻,但被迫保持单身,通常为较年长的单身者,或因心理、生理的缺陷使其无法步入婚姻关系。

鉴于过去文献对"高学历"及"单身"词汇的学术性讨论,本研究将"高学历单身女性"定义为拥有或正在攻读硕士以上学历、从未经历婚姻且目前无交往对象的单身女性。

(二)单身形成的因素

影响个人单身因素很多,Nadelson和Notman(1981)说明单身形成因素非常复杂,包含外在因素:经济、教育、职业、性别角色的改变;内在因素:个人心理冲突,例如抗拒亲密关系的承诺、童年生活经验影响,等等。

在探讨国内多位学者对非自愿单身形成的因素与看法后,将主要因素整理简单归纳。

1. 个人因素

(1)宗教性:因宗教信仰与教规而自愿单身。

(2)身心方面:同年龄层之未婚单身异性人口数不多;不好的恋爱经验,恐惧与异性接触;亲友婚姻不美满引起对婚姻的恐惧与排斥;择偶条件过高;对外貌没信心、个性与人格特质不适合婚姻等因素,因而导致未婚状态。

(3)原生家庭方面:家庭的经济地位过高或过低;家庭或家人尚需个人负担起照顾责任或经济支持。

(4)工作状况与环境方面:工作时间过长;流动性过大;工作不稳定;经济条件不佳,皆不利婚姻的发展。

2. 社会因素

Lamanna与Riedmann提出形成单身的因素有:①婚姻的紧缩:战争与其他因素造成出生率改变;②女性选择的扩张:女性运动提升女性教育程度与经济能力,使女性可以选择单身;③态度的改变:传统家庭价值观念的改变,认为婚姻非人生的唯一途径。

除了上述原因,还可再细分两点。

(1)传统观念:受到传统观念的影响,女性倾向嫁给比自己年长、条件比自己好的男性。换言之,在婚姻市场(Marriage Market)中,受到婚姻梯度的影响,男女婚配的范围不同,男性可以往下挑,而女性只能往上寻找。所以当女性年龄越大,能挑的对象越有限。

(2)教育程度:教育程度扩张使未婚率(甚至不婚)提高、初婚年龄延后的现象加剧,此现象主要发生在中学以下男性、大学以上女性及年轻世代中。根据同质论(Compatibility Theory)观点,选择伴侣时,条件相近的人较易与自己相似的异性约会,尤其是社会特质中的教育程度和社会阶级。一般而言,高等教育者通常以同构型婚配为主,即与具有相似学历或较高学历的对象结婚。故高学历女性为了追求更高的学历而延缓婚姻,但完成学业时,才发现因年纪问题及学历成就等因素,被婚姻市场排除在外。

三、研究方法

(一)抽样设计

1. 研究对象与抽样方式

北京市与台北市分别为内地与台湾地区的首善之都,其经贸活动与工商环境都远超出其他城市,造就了大量的就业机会,成为众多莘莘学子大学及研究所毕业后向往之地,使得北京市与台北市就业人口普遍具有一定的教育程度。另一方面,根据一份2005年的调查,北京市在2005年接受研究生及以上教育的约有28.1万人。另外根据不完全统计,北京市的大学院校超过80所,而台北市则超过28所,显示两地都是大陆地区或台湾地区大学密度最高的城市。从上述两项背景条件,可知北京市与台北市成为调查高学历单身女性最好的研究地点。

因此,本研究以居住在台北市与北京市具有硕士学历或在读生及拥有硕士以上学历的单身女性(从未有过婚姻关系且目前没有交往对象)为研究对象,并进行量化调查,主要是了解两岸高学历单身女性的健康生活形态、休闲参与、休闲满意度及幸福感的现况,以及彼此的差异。然而,为能确保研究结果的类推性(Generalization),本应采取随机方式抽样,但受限于华人社会传统观念上对于感情状况的保守观念,不愿轻意透露,将造成面访时拒访率过高,造成数据的偏差与遗漏,故本研究只能采取网络问卷的方式进行调查。

2. 使用网络问卷的原因与考虑

随着信息科技的快速成长,台湾经常上网人口已达963万人,互联网应用普及率为42%,经常上网人口的大幅成长、网络技术的快速更新以及信息传递方式的更加多元化,利用计算机软件的强大功能,成为信息交换最便利的方式之一。

因此,本研究为了克服网络问卷的限制,采行了以下方法:①投递电子问卷通知函时,以10人为一个群组之方式寄发;②选择的受访者必须具备使用计算机和互联网的能力;③采用普查的方式进行调查,排除抽样不具代表性的问题;④为了避免重复填答使回复率和点阅率出现灌水的情形,填答间隔为等待60分钟,若资料库出现两次同组IP表示为重复作答则将于资料处理时删除之。

(二)研究变项操作型定义与衡量

本研究资料收集方式主要以问卷调查为主,并以自陈式量表当作研究工具。量表主要内容包括:"健康生活形态"、"休闲参与"、"休闲满意度"、"幸福感"及"个人信息"五大部分。

1. 健康生活形态量表

本研究对健康生活形态定义为:一个人或一个群体自认健康,且没有自觉疾病的情况下,为预防或发现疾病所从事的行为模式。包含饮食习惯、运动程度、压力处理、预防习惯、健康责任、安全习惯等方面的表现。所采用的健康生活形态量表是参考Wellsource Inc.(1987)建构的个人健康档案(Personal Wellness Profile,PWP)中的论述依据——单身女性特性再行修正的。

2. 休闲参与量表

本研究定义休闲参与活动为个体在时间与空间相对自由的情况下,暂时离开工作与义务,参与的非危害社会及自我沉溺的活动。休闲活动问项来源,依属性归纳及参考Beard 和 Ragheb(1982)的研究进行编修。

3. 休闲满意度量表

本研究定义休闲满意为个体在时间与空间相对自由的情况下,离开工作与义务,参与的非危害社会及自我沉溺的活动,使参与者感到自由、愉悦亦感受获得享受及满足的体验,并与先前经验个体的期待、参与的成就或意识到的满意作比较进而给予评价。故参考休闲满意原始量表由Beard 和 Ragheb(1980)编制而成。

4. 幸福感量表

本研究对幸福感的概念定义为:指个人对生活感到顺利、良好并拥有好的生活质量。本身的需求能获得满足,以内在价值观和自主选择的方式来追求目标,且能够乐观、积极和有自尊地生活,故可称其具有幸福感。

本研究采用的幸福感理量表,参考 Hills 和 Argyle（2002）所提的牛津幸福量表精简版（Oxford Happiness Questionnaire,OHQ）论述编修。

5. 个人信息

此部分主要是为了解高学历单身女性之个人相关信息,以了解受访者人口统计变项,其中将居住地设为检测题,以过滤不符研究条件的受访者。

6. 研究工具的信度与预试

为解决信度问题,在 2010 年 10 月 3 日对北京师范大学的 2008 级博士女学生进行立意抽样的方式进行抽样,共发放问卷 65 份,去除目前非未婚单身者 23 份问卷后,其回收的有效问卷 42 份。

信度分析结果显示:第一部分"健康生活形态"的 Cronbach's α 值为 0.821;第二部分"休闲参与"的 Cronbach's α 值为 0.813;第三部分"休闲满意度"的 Cronbach's α 值为 0.835;第四部分"幸福感"的 Cronbach's α 值为 0.838,表示本研究问卷具有良好的内部一致性。

（三）数据分析方法

1. 描述性统计

透过描述性统计分析法了解样本在"健康生活形态"、"休闲参与"、"休闲满意度"与"幸福感"等变项的分布情形（如:平均数、标准偏差等）。

2. 信度分析

以 Cronbach's α 系数检定各衡量"健康生活形态"、"休闲参与"、"休闲满意度"与"幸福感"变项的内部一致性程度,Churchill（1999）提出 Cronbach's α 可用来检测测量工具的质量。以项目分析及相关分析,删除各分量表中相关较低的题项。学者认为一致性的系数应介于 0.70 至 0.98 之间,皆可属于高信度。

四、解读两岸高学历单身女性健康生活形态、休闲参与、休闲满意度、幸福感现况

（一）高学历单身女性样本特性分析

本研究进行问卷调查,采用"网络立意抽样"方式。在大陆地区共发放 792 份问卷,台湾地区发放 751 份问卷,剔除无效问卷之后,大陆地区回收 642 份,台湾地区则回收 631 份。以下对大陆及台湾地区高学历单身女性个人背景变项分布情形进行分述。

在年龄方面,两岸地区的受访者大多集中在25~30岁,两地差异不大。但34岁以上的受访者有着明显的差异,显示台湾地区拥有硕博士学历且年龄为34岁以上的女性,单身的情况较为普遍。

职业类别中,学生、服务业人员、公教人员都占多数。

工作经历上,两岸地区的高学历单身女性受访者多数未曾工作过,大陆地区未曾工作过的经验是台湾地区的2倍,推测是大陆地区在攻读硕博士时课业压力与竞争较大,较没有多余的课外时间打工或兼职。

学历方面,大陆地区拥有或正在攻读博士的比例高于台湾地区。这种情况,应是受两岸取得博士学历的毕业年限差异所至。目前我国台湾教育部门规定博士毕业资格需修习4~5年;而大陆教育部对于博士毕业所需修习的规划是3年为主。故毕业年限的差异深深影响了台湾地区硕士女性继续攻读博士的意愿。

台湾地区有76.5%的高学历单身女性未曾相亲过,远高于大陆地区;单身原因部分,两岸高学历单身女性共同认为"生活圈太小"、"未遇到适合的对象"、"工作(学业)太忙"是主要原因。

较为特别的是,大陆地区的高学历单身女性,认为"学历太高"、"年纪较大"是两项影响较重的因素。可知大陆高学历单身女性在择偶上,明显受婚姻梯度(Marriage Gradient)限制,所谓婚姻梯度指在选择结婚对象时,男方的年龄和经济条件应比女方拥有的稍高。因此,拥有硕博士学历的单身女性,要找与自己同等或较高学历的对象机会相对较小。

反之,台湾地区则认为"工作(学业)太忙"、"未遇到适合的对象"是比较重要的困扰,显示台湾地区的高学历单身女性受到环境因素及个人主义兴起的影响较为明显。

(二)解读两岸高学历单身女性健康生活形态

根据研究结果,可发现两岸高学历单身女性在实践健康生活形态的具体行为上有所差异。在改善环境与设施安全等健康初段预防上,都具高度的认知与执行,但在周期性健康检查的次段预防上,台湾地区的高学历单身女性的实践程度较高。整体而言,两岸高学历单身女性都具有高度的健康促进行为与理念。

(三)两岸高学历单身女性休闲参与对生活形态的影响

社交活动部分,两地高学历单身女性对于"参加聚会"、"社会公益"皆有差异。大陆地区的高学历单身女性在与亲朋好友感情联系的活动上,其参与的频率较台湾地区低。

另外研究中也发现,台湾地区高学历单身女性可能经由家人、朋友、学校社团,以及在台湾非营利组织(Non-government Organization)的大力宣传及组织下,有较多的参与社会公益活动与担任志愿者的机会。

运动活动部分,台湾地区的高学历单身女性比大陆地区常参与排球、羽毛球、篮球、国标舞等需要同伴的休闲活动,以达到维持人际关系与社会互动的目的;也较常参与增进美感的知性活动,以及具有技巧性的音乐表演活动,因而从中得到投入感与自我展现的机会。

(四)两岸高学历单身女性休闲满意度对生活形态的影响

研究发现,在休闲满意度部分,台湾地区高学历单身女性的感受皆远高于大陆地区,如较能从休闲中寻求快乐的感觉,并以此提升生活质量;对于休闲空间的美感认知上有较好的感受;以及较能在从事休闲活动时感受立即性的友谊支持及经验分享。

(五)两岸高学历单身女性幸福感对生活形态的影响

研究发现,台湾地区高学历单身女性对于目前的生活方式较具有正向认知;对自己外表、内在等都充满自信心,因此较乐于与人接触及互动;对自己的身体健康状态认知,较大陆地区正向与乐观。

而大陆地区的高学历单身女性因特质使然,对幸福感感受程度较高;能以正向认知和快乐的经验来解释生活事件,自行诱发生活中的幸福感。

五、研究结论

本研究以两岸高学历单身女性为研究对象,探讨其健康生活形态、休闲参与、休闲满意度及幸福感的现况。

(一)健康生活形态、休闲参与、休闲满意度与幸福感对生活形态的影响

1. 两岸高学历单身女性的健康生活形态

大陆地区高学历单身女性在健康生活形态方面,主要的具体行为是:我不需依赖药物来改变心情或协助入睡、我没有抽烟或喝酒的习惯、我喜欢健康的食物;而台湾地区的具体行为则是:我没有抽烟或喝酒的习惯、我搭车随时会绑安全带、我不需依赖药物来改变心情或协助入睡。其中在远离危害健康的行为上,皆是两岸最显著的外显行为。本研究显示两岸高学历单身女性都拥有高度的自我健康责任意识。

另外两岸健康生活形态群体有所不同,大陆地区分为:低涉入健康族、理想健康族、认真健康族;台湾地区则分为:谨慎饮食族、外显健康族、认真健康族。两地都分出认真

健康族,显示两岸高学历单身女性皆以健康为生活目标。

2. 两岸高学历单身女性的休闲参与对生活形态的影响

在休闲参与频率最高的活动部分,大陆地区是上网、听音乐、看电视;台湾地区则是上网、听音乐、阅读书报,可知上网和听音乐这两种休闲活动都是两岸高学历单身女性最常从事的休闲活动。台湾网络信息中心2002年的调查结果显示,高达96.9%的研究生及以上学历者会使用互联网,相对于其他教育程度人口,该群体的上网比例最高。

根据休闲类型的参与来分类,大陆分为:体能运动型、静态才艺型、媒体信息型、消费娱乐型;台湾则分成:音乐艺术型、体能运动型、媒体消费型、消遣嗜好型。其中两岸都分出体能运动型的休闲活动。

由此可知,能消耗体能的休闲运动在两岸高学历单身女性的休闲活动类型中占有重要的特性,探究原因,可能是受到瘦身美容与维持健康的现代生活理念所影响。

3. 两岸高学历单身女性的休闲满意度

休闲满意度的主要来源层面可分为两个,大陆:成长社交层面、心灵美感层面;我国台湾则分成:成长社交层面、身心放松层面。两岸皆有成长社交层面,显示两岸高学历单身女性都在促使个人成长、培养新技能的需求上能得到较高的满意度。

4. 两岸高学历单身女性的幸福感

两岸高学历单身女性的幸福感主要来源区分为:大陆地区的整体幸福性、经验认知性,以及台湾的快乐生活性、环境掌控性。整体而言,大陆地区与台湾地区的高学历单身女性对于自己目前生活都感到满意,但是在对环境掌控能力及过去的经验上,则明显不同。另一方面,两岸在升学竞争压力的差异下,也间接影响她们对于幸福感的评价。

(二)研究建议

经由本研究结果,了解两岸高学历单身女性健康生活形态、休闲参与、休闲满意度及幸福感的现况。对此结果有以下五点建议:

1. 对大学院校之建议

(1)培养正确的休闲观

休闲活动能带来多面的正向效益,例如均衡生活体验、健康生活内涵、提升生活质量及自我肯定等。而研究结果指出高学历单身女性能认同休闲活动为个体带来不同层面的好处,由此可知,良好的休闲观念对于个体生理和心理的健康以及幸福感,扮演相当重要的角色,因此,两岸的大学院校都应加强女学生的休闲教育。

(2)规划多元的休闲活动

本研究结果发现,两岸高学历单身女性较常参与的休闲活动偏向静态的室内休闲活动,而较少参与动态的休闲活动,所以两岸的相关部门、学校及民间单位都应举办多元的休闲活动,使其体验不同的休闲经验,丰富生活的内涵。

2. 对高学历单身女性本身的建议

(1)调整交友心态

根据研究结果发现,两岸高学历单身女性都认为目前未遇到适合的对象,是由于高学历单身女性自我的观念与社会的期待,认为必须找一个条件较好的对象。另一方面对理想爱情的向往,也促使高学历单身女性在认定理想的另一伴时,在个性、表外、内涵上都有较不切实际的期待,加大在婚姻交友市场上的难度。两性专家指出,在寻找理想对象时最重要的是,对婚姻持正面态度者即为合适对象,因为正向的态度能使两人在交往过程中达到更好的互动。

另外,根据研究发现,大陆地区高学历单身女性受到婚姻梯度的影响较大。因此,建议大陆地区的高学历单身女性应先考虑彼此相爱与否及合适程度,而非社会压力、他人眼光等外在因素;而台湾地区高学历单身女性应适度地放下对工作、学业上的追求,并降低择偶的个人主观坚持。

(2)积极参加联谊活动

大部分的两岸高学历单身女性都认为生活圈过小,除了学校、公司与家庭之外,缺乏与他人交往的机会。如何打破既有的生活模式及社交圈,将成为增加遇到适合交往对象的关键因素,对此,两岸高学历单身女性都应该更积极参与联谊性活动,扩大自己的生活圈,拉近与婚姻的距离。

3. 对政府部门的建议:更正媒体含有性别刻板印象的角色期待

晚婚女性比例不断提升已成为世界各国共同面临的问题,其中最关键的原因即是大众媒体过度渲染性别刻板印象,媒体多将高学历单身女性扭曲报道成性格内向、事业心重、缺少情趣、贪慕虚荣等特性,造成一般民众对高学历单身女性不良的刻板印象,使得她们被迫与传统婚姻价值观产生激烈碰撞,成为婚姻市场中不受欢迎的对象。所以两岸政府相关部门都应适当地引导媒体,在报道中减少对高学历单身女性不合理的角色期待和无意识的性别歧视,并将关注点从负面的角度引导至正向和谐之处,强调知识女性积极乐观的生活态度、对知识追求的渴望,以及对社会发展的贡献。

4.对产业界的建议:建议公司多举办联谊活动,以提升员工工作效率

很多欧美企业的老板往往担心员工一直因为工作而处于单身现象,可能会产生心理健康与压力问题,进而影响到工作效率。因此,建议两岸企业和公司应主动帮员工举办联谊活动,因为这不仅可为员工提供一个休闲放松的机会,更为高学历单身女性增加社交的机会,或是给那些对于婚姻持负面态度的单身者重新认识异性的机会。这样不仅能提高员工工作效率,也能增加企业凝聚力,更重要的是能为女性晚婚的社会问题尽一份心力。

城市职业女性休闲参与研究

——以河南郑、汴、洛为例

彭璐璐　张　莉　李亚平　程遂营

【摘　要】 城市职业女性作为女性群体的重要组成部分，其休闲状况不容乐观。本文以郑、汴、洛为例，对职业女性进行了实地问卷调查和随机的深入访谈，采用定量与定性相结合的方法，从休闲意识、休闲时间、休闲项目、休闲满意度等几个方面探讨其基本休闲状况，并进一步分析了不同婚姻状况职业女性的休闲现状及制约因素，发现城市职业女性的休闲参与度不高，且时间、经济、社会传统文化等因素对其休闲生活存在不同程度的制约影响。

【关键词】 城市职业女性　休闲参与　郑汴洛

一、研究背景

随着社会经济的发展，我国现代职业女性占就业人口的比重逐年增加，作为女性群体的重要组成部分，她们面临着家庭和工作的双重压力，其身心健康状况令人担忧。现代城市职业女性的休闲生活不仅是她们生活质量和社会地位高低的重要指标，而且也对其生活质量的其他层面，如劳动生活、健康状况、人际交往、社会环境、婚姻与家庭等领域产生重要的影响。如何平衡休闲和工作之间的关系以达到身心健康的目的，成为现代城市职业女性面临的新的挑战。因此为了有效引导现代职业女性积极健康地参与休闲活动，就必须对女性休闲进行深刻的理论探索。

作者简介：彭璐璐、张莉、李亚平，河南大学历史文化学院旅游管理硕士研究生，研究方向为休闲理论与应用；程遂营，河南大学历史文化学院旅游系教授，博士生导师，研究方向为休闲理论与应用。（E - mail）lu530811967@126.com。

① 基金项目：2012年度教育部人文社会科学重点研究基地"黄河文明与可持续发展"重大项目（批准号：12JJD790005）。

迄今为止国内关于女性休闲的研究,主要是围绕两性之间的休闲参与行为差异进行的对比分析,如:谢晖和保继刚(2006)以黄山市为例研究了旅游行为中的性别差异;[1]黄春晓和何流(2007)以南京市为例探讨了城市女性的日常休闲特征;[2]徐晓霞和柴彦威(2012)分析了北京居民日常休闲行为的性别差异。[3]近年来,随着社会对女性群体关注度的提升,关于女性休闲的理论研究也随之增多,如:郑春霞和陶伟(2007)分析了广州高校女性教职工的日常休闲动机、休闲决策、休闲的时空行为结构以及休闲期望和满意度;[4]郭鲁芳和韩琳琳(2009)以经济学、社会学、管理学等多门学科理论与方法为指导,以杭州为例,深入分析了女性休闲的障碍因素;[5]王利娜和郑向敏(2012)以泉州市为例研究了我国二线城市白领女性的休闲现状。[6]学者们试图以不同的学科背景,从不同的层面,运用不同的方法,研究不同背景的女性群体,进而从整体上改善女性的休闲状况,提升女性的休闲质量。

本文以郑州、开封、洛阳三座城市为实证研究区域,采用问卷调查和实地访谈相结合的方法,在休闲人群比较集中的公园、商场、社区进行随机调查。共发放"郑汴洛城市居民休闲参与情况调查问卷"1000 份,由于当场发放问卷,当场回收,回收 979 份,问卷回收率为 97.9%,但其中仍有少量填写不完整的问卷,剔除漏填等无效问卷,最终有效问卷 953 份,有效率为 95.3%,其中职业女性这一群体的有效问卷为 320 份。本文运用统计学工具 SPSS16.0 对数据进行描述性分析,得出调查样本的一般特性,然后结合 EXCEL 作图,对统计结果进行深一步的分析。

二、调查样本的人口统计学特征

在年龄分布上,主要集中在 18~44 岁,占总体的 94.1%;学历方面,被访者普遍接受过高等教育:大专及本科占 65.6%,硕士及以上占 4.7%,这可能与被调查群体的年龄主要集中在中青年阶段有关;职业分布上,企业单位占了最高的比例,为 52.5%,其次是事业单位,为 19.4%;被访者的月收入整体上比较低,普遍在 3000 元以下,其中,1000 元及以下 5.9%,1001~2000 元 42.2%,2001~3000 元 34.1%,4000 元以上的仅占了 5.4%;婚姻状况这一部分,未婚的群体占了大多数,有 51.6%,其次是已婚有子女的群体,占了 40%。

表1 被访者的人口统计学特征

项目		N	比率(%)	项目		N	比率(%)
年龄	18~24岁	119	37.2	职业	事业单位	62	19.4
	25~44岁	182	56.9		党政机关	7	2.2
	45~59岁	18	5.6		企业单位	168	52.5
	60岁以上	1	0.3		个体户	23	7.2
学历	小学及以下	6	1.9		自由职业者	37	11.6
	初中	28	8.8		其他	23	7.2
	高中或中专	61	19.1	月收入	1000元及以下	19	5.9
	大专及本科	210	65.6		1001~2000元	135	42.2
	硕士及以上	15	4.7		2001~3000元	109	34.1
婚姻状况	未婚	165	51.6		3001~4000元	39	12.2
	已婚无子女	23	7.2		4001~5000元	13	4.1
	已婚有子女	128	40		5000元以上	4	1.3
	离异	1	0.3	总样本量:320人			
	丧偶	3	0.9				

出处:根据调查数据,个人整理而成。

三、城市职业女性休闲参与情况分析

(一)休闲意识

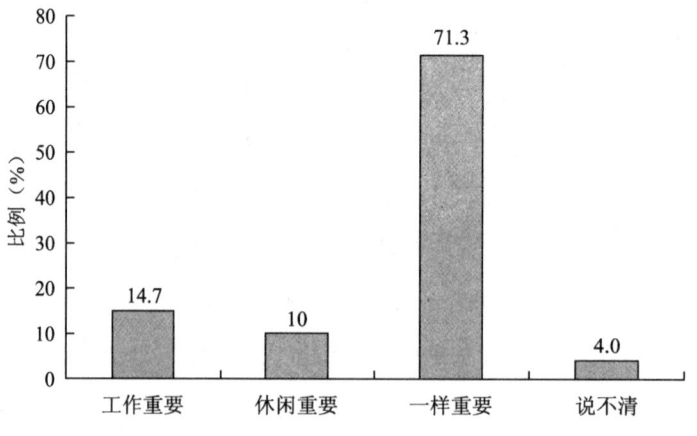

图1 工作和休闲的倾向度

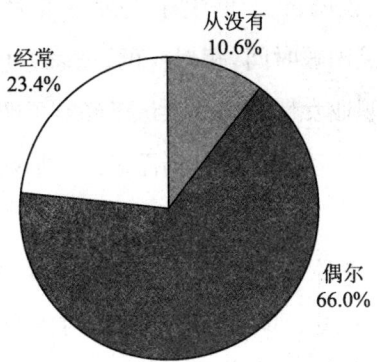

图 2　休闲活动是否有计划安排

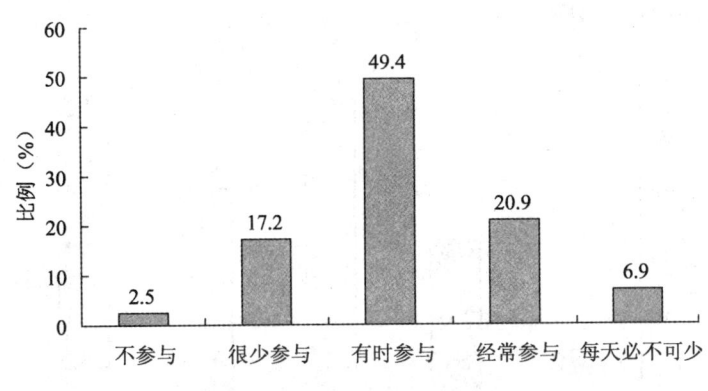

图 3　每周参与休闲的情况

　　随着城市居民生活质量的提高和价值观念的转变,休闲日益成为人们日常生活的重要内容。闲暇时间的增加、受教育水平的提升、经济收入的提高,使得职业女性的生活观念发生了很大的改变,尽管还是面临着家庭和工作的双重压力,但是其休闲意识已在不断增强。本文主要通过三个方面进一步了解城市职业女性的休闲意识:①在工作与休闲的倾向度中,认为工作重要的仅占 14.7% ,认为两者同等重要的占 71.3% ,同时还有 10% 的被访者选择了休闲重要;②休闲的主动性,主要体现在对闲暇时间有无计划安排上,通过调查发现,有 66.0% 的被访者偶尔会对自己的休闲生活做一些计划,23.4% 的被访者会经常有选择有计划地安排自己的闲暇时间,表示从未做过计划安排的则占了 10.6% ;③在每周休闲活动的参与情况中,49.4% 的被访者选择了有时参与,经常参与和很少参与分别为 20.9% 、17.2% ,说明她们目前休闲活动的参与还有很大的不确定性和偶然性,并没有相对比较成熟的休闲计划。另外,在同被访者的随机交谈中发现,有相当一部分女性把做家务理所当然地视为她们的一种休闲活动。但是,根据马惠娣对"三大时间结构"的说明,为家庭生存、家庭再生产、家庭责任所必需付出的劳动应该属于劳务时间,而不是闲暇时间,相对应的,做家务也就不能算在休闲活动的范畴里面。总的来说,河南省职业女性的休闲意识已经有了明显提高,休闲活动的参与也比较积极,但对于休闲及休闲活动的理解上仍需进一步加强。

（二）休闲时间

休闲时间是指已完成社会必要劳动之外的时间,它以缩短劳动工时为前提。[7]马惠娣认为休闲时间主要由以下四个部分构成:①8小时工作之外的时间;②周末及节假日;③各种假期(如学生的寒暑假、带薪休假);④退休后的时间。本文主要从以下两个方面调查了城市职业女性的休闲时间:工作日每天的休闲时间(周一到周五);休息日每天的休闲时间(周六和周日)。

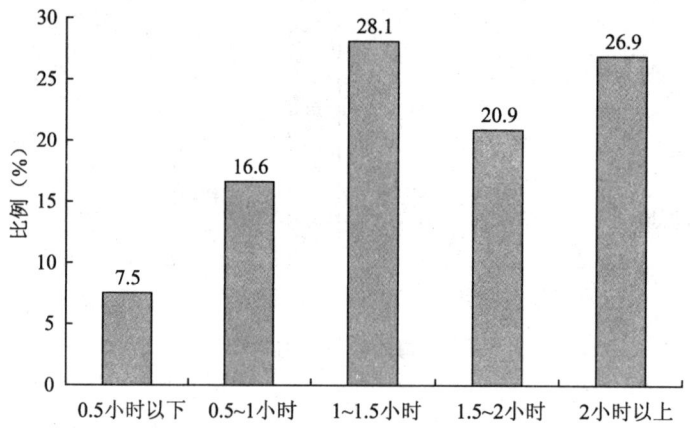

图4　被访者工作日的休闲时间

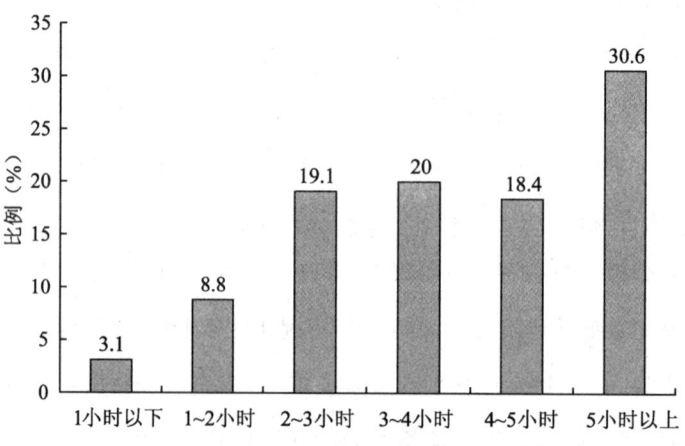

图5　被访者休息日的休闲时间

由图4可看出,在工作日,休闲时间为1～2小时的差不多占了总体的一半,有49%,其中1～1.5小时占28.1%,1.5～2个小时占20.9%;休闲时间为2小时以上的仅有26.9%;另外还有7.5%的被访者休闲时间在0.5小时以下,说明职业女性工作日的休闲时间比较少。王雅林等(2003)对上海、天津、哈尔滨等城市的调查结果表明,职业女性工作日的平均休闲时间为288.41分钟,休息日的平均休闲时间为387.87分钟。[8]将本次调查结果与之相比,很容易发现河南省职业女性在工作日的休闲时间远低于这一水平,这或许和河南省的整体经济发展水平以及被访者的月收入有关,使得她们不得不花相对较多的时间去工作或是去忙一些其他事情。

从图5可看出,在休息日(周末),城市职业女性的休闲时间为5小时以上的仅有30.6%,5小时以下占到69.4%,其中3～5小时占38.4%,1～3小时占27.9%,同时还有一部分女性休息日的休闲时间不足1小时。我国从1995年开始实施"五天"工作制,居民闲暇时间大幅增长,但事实上很多人不能双休,除了国企和事业单位之外,其他企业仍是单休甚至在周末还需加班。

(三)休闲场所

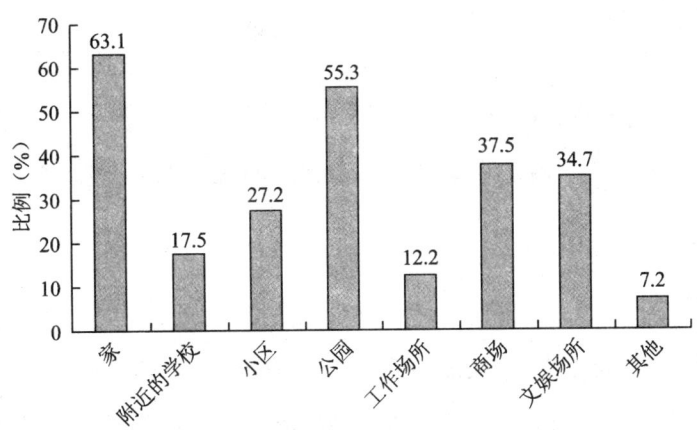

图6 被访者的休闲场所(多选)

如图6所示,碍于女性履行传统家庭职责与参与休闲的冲突,家中(63.1%)仍是大多数城市职业女性主要的休闲场所,在小区进行休闲的仅有27.2%,公园所占比重较大,为55.3%。此外,文娱场所(如图书馆、艺术馆、体育馆、各种室外娱乐场所等)占34.7%;逛街购物仍然是女性生活不可缺少的一部分,在商场休闲的比重为37.5%;由于工作场所的特殊性,仅有12.2%的职业女性有意识及条件在工作场所进行休闲活动。

结合郑、汴、洛三地的情况,之所以在小区进行休闲活动的比重小,与很多社区建设不合理、休闲娱乐设施不足、未能提供良好的社区休闲环境有关。郑州作为一个省会城市,有910万的常住人口,市区内仅拥有人民公园、紫荆山公园等几个为数不多的大型公园是远远不够的,更勿论郑州当下的交通堵塞状况;另外,三座城市除去公园及绿化带的建设外,相关休闲场所都较不足,这也可以在客观条件这方面解释为什么"文娱场所"(图书馆、艺术馆、体育馆、各种娱乐场所)比重只占了34.7%。

(四)休闲同伴

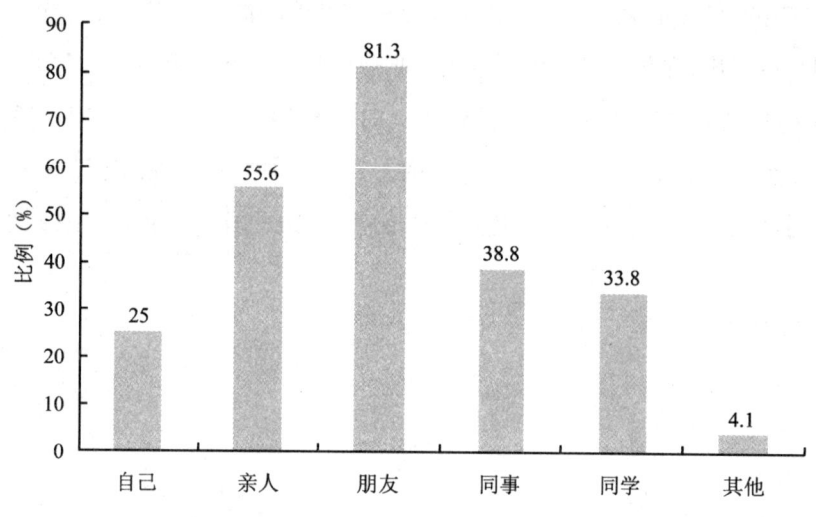

图7 被访者参与休闲时的同伴(多选)

与男性有所差别,女性这一群体外出多喜结伴而行,王晋(2009)[9]、范向丽等[10](2011)分别对长沙、全国城市职业女性休闲状况进行的调查发现,职业女性在参与休闲活动时的同伴主要是亲人、朋友或同事。本次调查的分析结果基本与之吻合,统计发现(如图7所示),在进行休闲活动的时候,郑汴洛三地的城市职业女性仍以朋友和亲人为主,其中与朋友同行的被访者为81.3%,选择亲人同行的为55.6%,其次是同事(38.8%)和同学(33.8%),独自一人进行休闲的为25%。

(五) 休闲项目

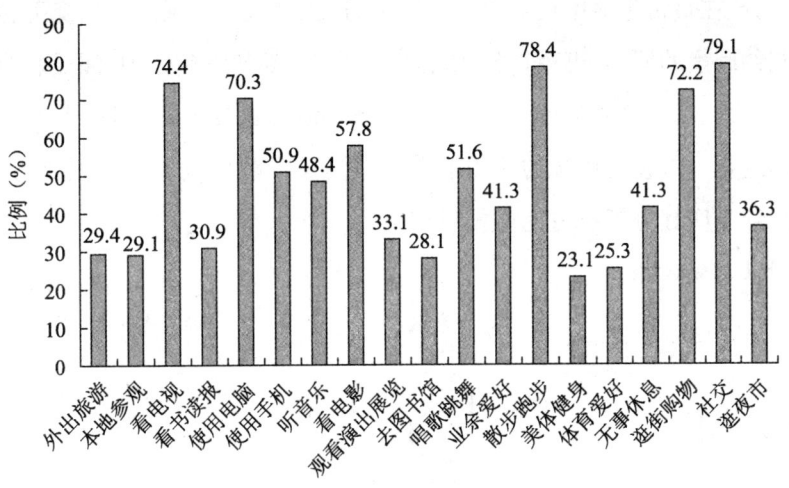

图 8　被访者经常参与的休闲项目(多选)

Ragheb(1980)提出,休闲参与最常是以参与活动的频率或是以象征个体所参与之普遍的休闲活动类型加以探讨。[11]结合相关的文献资料,并考虑到郑汴洛三座城市的自身特征,本文在调查问卷中共列出了 49 项人们普遍参与的休闲项目以供选择,在整理分析阶段对相近的项目进行整合,共形成 19 项被访者经常参与的休闲项目(详见图 8)。在《2011 年中国休闲发展报告》一书中提出了"休闲相关产业"概念,并将休闲相关产业划分为旅游休闲、文化休闲、体育休闲和其他休闲。[12]下文尝试从产业的角度分析河南省职业女性经常参与的休闲项目。

由图 8 可知:①本地参观(29.1%)、外出旅游(29.4%)所占的比例都不高,不到 1/3,这也和下文的调查结果(图 9)相吻合,河南职业女性整体上旅游参与程度不高,而河南作为一个旅游大省,省内的旅游休闲产业却发展不足;②文化休闲产业包括看电视、看书读报、使用电脑、使用手机、听音乐、看电影、观看演出展览、去图书馆、唱歌跳舞、业余爱好(书法、绘画、收藏、摄影、手工艺等),分别占 74.4%、30.9%、70.3%、50.9%、48.4%、57.8%、33.1%、28.1%、51.6%、41.3%,由此可以看出,在被访者经常参与的休闲活动中,属于文化休闲产业的占了很大的比重,并且各个休闲项目自身所占比例也较高,尤其是看电视和玩电脑,比例高达 70% 以上;③本文把散步跑步、美体健身、体育爱好(球类运动、自行车运动、游泳)放在了体育休闲产业里面,各占了 78.4%、23.1%、25.3% 的比例,说明在体育休闲方面城市职业女性仍以传统的散步跑步为主;④将无事休息、逛街购物、社交(访友、聚餐、闲聊)和逛夜市归为其他休闲产业,分别占

41.3%、72.2%、79.1%、36.3%，其中，社交所占比例最高，表明现代职业女性作为女性群体的一部分，在日常生活中更容易享受社交，这也是人际关系通常情况下并不能成为女性休闲制约因素的原因，逛夜市作为郑汴洛三座古都的特色休闲，深受职业女性的喜爱，也占了较大比重。总的来说，职业女性的休闲活动比较丰富，但是大多数职业女性经常参与的还是一些较为传统的休闲活动，如看电视、散步跑步等，一些较为新兴的活动，如泡吧、健身房健身等所占比重相对较小。

（六）外出旅游次数

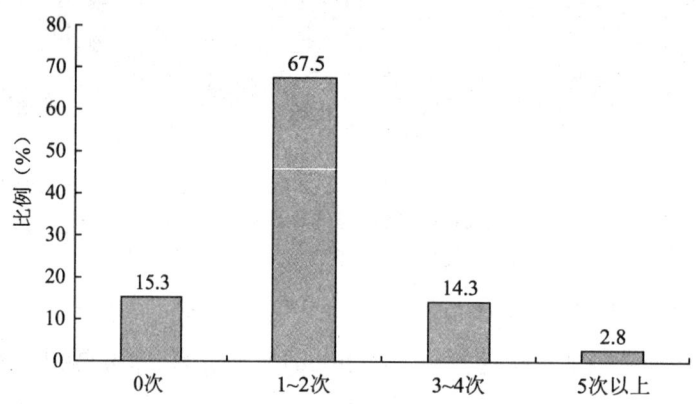

图9 被访者过去一年外出旅游的次数

相对在本地的各种休闲活动，外出旅游作为休闲的一种方式，在人们的休闲生活中也扮演着重要角色。问卷调查了被访者在过去一年离开本地外出旅游的次数，结果显示，郑汴洛三地城市职业女性的旅游情况很不容乐观。如图9所示：5次以上仅有2.8%，3~4次为14.3%，1~2次为67.5%，而15.3%的被访者表示过去一年未曾外出旅游。范向丽等[10]（2011）在对我国17个省、直辖市城市职业女性休闲状况的调查中显示，我国城市职业女性月旅游次数在一次及一次以上为63.6%，这是月与年的统计差距，并且郑汴洛在河南省属于旅游发展较好的三座城市。河南省城市职业女性与全国一些发达省市城市职业女性相比，为何外出旅游这一项差别如此之大，这或许与河南的实际经济发展现状有关，即使在郑州这个省会城市，工资水平仍远落后于发达地区，然而消费水平却没有同等下降。

(七)休闲满意度

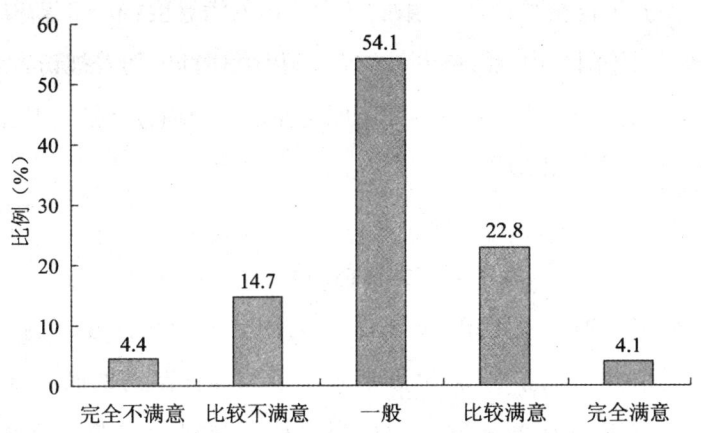

图10 被访者的休闲满意度

表2 不同被访者的休闲满意度对比

项目		均值(M)	N	项目		均值(M)	N
婚姻状况	未婚	2.9329	164	休闲活动是否有计划安排	从没有	2.8788	33
	已婚无子女	2.9130	23		偶尔	3.0095	210
	已婚有子女	3.2791	129		经常	3.3247	77
	离异或丧偶	3.0000	4	每周参与休闲的情况	不参与	2.6250	8
年龄	18~24岁	2.9492	118		很少参与	2.7213	61
	25~44岁	3.0820	183		有时参与	3.0732	164
	45~59岁	3.6667	18		经常参与	3.2615	65
	60岁及以上	5.0000	1		每天必不可少	3.6364	22

出处:根据调查数据,个人整理而成。

在休闲满意度的调查中,采用李克特5点量表尺度(Likert – Scale),依次由1分到5分代表"完全不满意、比较不满意、一般、比较满意和完全满意",统计结果如图10所示。一半以上(54.1%)被访者对自己当下参与休闲的状况感觉只是一般,比较不满意(14.7%)和完全不满意(4.4%)一起约占五分之一,表示比较满意的仅22.8%,而完全满意只有4.1%。计算发现被访者的整体满意度均值 $M = 3.0719$,略高于中间值3,说明被访者整体上对休闲满意度的测量有着积极的态度。

此外,还分析了被访者的休闲满意度在人口统计学特征和休闲意识方面存在的差异,具体数据见表2,经对比发现:①年龄、婚姻状况对休闲满意度具有影响,随着年龄段的增长,被访者的休闲满意度呈现递增趋势,年龄愈大,被访者拥有愈多时间和精力参与休闲,其休闲质量也相对较高,已婚有子女群体的满意度(M=3.2791)高于未婚群体(M=2.9329);②休闲意识也影响着被访者的休闲满意度,随着被访者对个人休闲的主动性和参与程度的增加,被访者休闲满意度也在逐步增加,这说明积极的休闲意识对被访者的休闲满意度起着积极作用。

四、城市职业女性休闲制约因素分析

根据三类休闲制约(个人内部制约、人际间的制约和结构性制约),简要设计了七个制约因素,包括个人因素、人际因素以及属于结构性制约的时间、经济、交通、场地设施等因素,以了解形成河南职业女性当前休闲状况的根源。统计结果如图11所示。

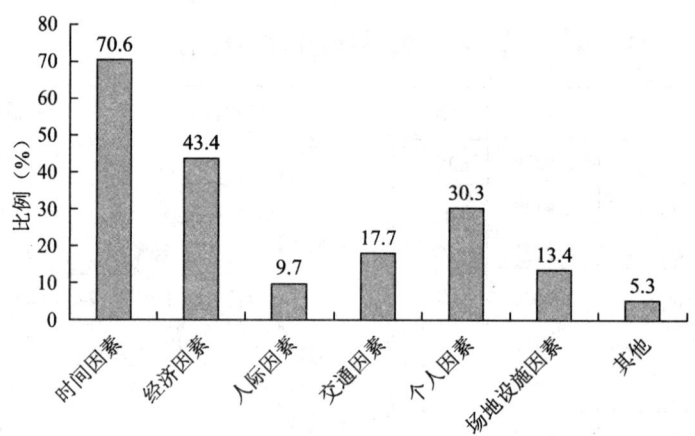

图11 被访者的休闲制约因素(多选)

(一)城市职业女性休闲制约因素分析

1. 时间因素

城市职业女性大多有稳定的收入,对她们而言,时间因素是制约她们参与休闲的主要因素,比例高达70.6%,但是时间因素并不仅仅由于"职业"两字,还与女性这一群体在社会中的传统角色定位有关。在访谈中我们了解到,一方面由于工作原因,除去工作时间和上下班的交通时间,职业女性在工作日的闲暇时间本就不多,另一方面由于其社会角色与地位,尤其对已婚职业女性来讲,家务和照顾孩子仍然主要是她们来承担。在本次调查中已婚有子女(40%)和已婚无子女(7.2%)占了将近二分之一比重。再联系上文中所分析的被访者的休闲时间,我们不难看出时间这一因素对河南省城市职业女

性参与休闲的普遍影响。同时"交通因素"这一制约因素与时间因素也有关联,17.7%的被访者表示交通因素影响了她们的日常休闲,交通因素的制约表现在被访者从出发地前往目的地的交通情况、时间长短及舒适度,等等,在时间不充裕的前提下,如果交通不便,她们多数选择放弃外出休闲。

2. 经济因素

除去时间这一休闲制约因素,第二大因素就是经济因素(43.4%)。被访者月收入整体水平不高,3000元以下为82.2%,其中,1000元以下为5.9%,1001~2000元为42.2%,2001~3000元为34.1%;3000~4000为12.2%;而4000元以上的仅占了5.4%。尽管调查存在随机性和一定的偶然性,但河南省城市职业女性的普遍收入水平相较全国很多地方确实较低。收入对于休闲的参与有直接的影响,收入不同的职业女性其休闲状况是不同的,最直观的显示就是休闲活动的选择。收入较低的群体主要进行的是看电视、散步这类相对初级和低层次的休闲项目,她们没有更多的经济保障去全面地发展自我;收入高的群体则不需过多考虑经济方面,她们可以进行一些相对较高层次的休闲。从"过去一年的旅游次数"这一共同选项中也可明显看出收入对职业女性的影响:在2000元以下的群体中,9.4%的被访者选择了0次,也就是过去一年没有出去旅游,9.7%的2000元以上的群体选择了3~4次。

3. 其他因素

调查显示30.3%的职业女性认为个人因素制约着她们的休闲参与,仅有9.7%的职业女性认为人际因素影响着她们的休闲。个人因素是指被访者出于主观意愿决定是否进行休闲,体现在被访者的身体状况、个人价值观、性格、心理状态等自身情况,而强烈的照料伦理观和缺少权利意识、女性的自我态度(包括自尊的缺失、害怕尴尬)、对暴力的恐惧也影响女性的休闲[13]。人际因素指是否有合适的同伴同行,以及被访者所处的家庭环境对其休闲参与的态度,从前文分析中可知,女性多愿意选择与朋友、亲人、同事等结伴而行,因此当没有适当的同伴时,她们可能放弃外出休闲。结合访谈和社会实际情况,发现在个人因素和人际因素背后起了很大作用的却是传统的社会文化,主要体现为社会对女性的期望和定位,这在下文中会有详细的分析。

(二) 不同婚姻状况的城市职业女性休闲制约因素分析

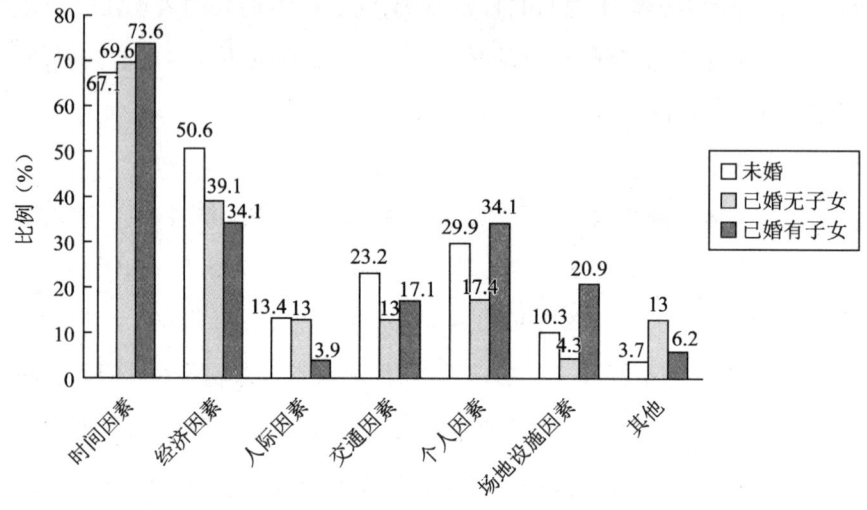

图 12　不同婚姻状况群体的制约因素（多选）

通过分析发现，不同婚姻状况的职业女性在休闲项目、休闲场所等基本休闲状况上并没有明显不同，但是其制约因素却存在差异。虽然时间、经济、个人因素是职业女性参与休闲的主要制约因素，但是对于不同婚姻状况的被访者来说，不同制约因素所占的比重又各有不同。

相对来说，已婚职业女性要承担更多的家庭责任，尤其是已婚有子女这一群体，教育孩子成了她们闲暇时间中重要的一部分，这使得她们自身的休闲时间减少了很多，因此对已婚职业女性来说，时间因素的制约强度更大，如图 12 所示，时间因素在未婚、已婚无子女和已婚有子女群体中所占的比例分别是 67.1%、69.6% 和 73.6%。

经济因素对这三个群体的制约强度刚好与时间因素相反：未婚 50.6%，已婚无子女 39.1%，已婚有子女 34.1%。一方面可能是随着年龄和工龄的增长，工作能力的提高，职业女性自身的收入有所提高；另一方面可能因为女性结婚后，家中多了来自另一半的工资收入，而又由于休闲时间少，休闲花费没有明显增加，整个家庭收入的增加使得经济因素在已婚职业女性中所占的制约比例相对较低，当然这也与被访者整体上趋于年轻化有关，在她们这个年龄阶段除了下一代的教育问题之外，其他的还不需考虑太多。

在个人因素制约中，已婚有子女占的比例最高，为 34.1%，其次是未婚，占了 29.9%，已婚无子女的占 17.4%，这与社会传统文化有很大的关系。黄丹（2009）在对湖北黄石市已婚职业女性休闲参与和休闲制约的调查分析中,认为社会传统文化因素对城市已婚职业女性三大类型的制约(自身制约、人际间制约、结构性制约)产生着根本影响,文化才是其休闲制约的重要因素。[14]本文看法与其相似,尽管已经进入21世纪,但是对现今的城市职业女性来说,相比上海和北京等大都市,河南当地的社会观念还不太开放,传统的社会性别观念带给女性太多的压抑和束缚。"女孩应该安静、稳重、听话"、"女性应该在家里活动,而不是出去乱逛"、"结了婚的女人下班了应该在家做家务、照顾孩子",等等,从小时候父母的教育,到长大后学校的影响,再到走进工作单位,步入社会,尤其在女性成家之后,父母、丈夫、子女、社会给了太多无形的束缚。她们需要顾及家人的想法,顾忌社会的看法,外出娱乐休闲小心翼翼,与异性的人际往来也小心翼翼,她们需要承担大部分家务,一般已婚有子女的女性外出休闲其同伴仍较多是自己的家人和孩子。这种种无形的束缚和标准,无论在质还是量上,都影响着职业女性的休闲生活。

同时,在各制约因素中,三个群体反差较大的还有场地设施因素,其中,已婚无子女的占了4.3%,未婚10.3%,已婚有子女20.9%,已婚有子女的群体在外出休闲时一般是和亲人、孩子结伴而行,这从侧面可以反映出郑汴洛三地在场地设施的建设时没有能够充分考虑儿童和大人两方面的休闲需求。

五、主要结论与建议

上文从休闲意识、休闲时间、休闲场所、休闲同伴、休闲项目、外出旅游次数、休闲满意度几个方面详细分析了河南城市职业女性的休闲参与情况,并深入分析了其休闲制约因素。总结上文可知:①河南省城市职业女性的休闲意识已经有了明显提高,对休闲活动的参与也比较积极;②无论在工作日还是休息日,河南职业女性的休闲时间都较少,远低于一些其他城市的职业女性;③她们休闲多喜结伴而行,同伴以朋友和亲人为主,家中仍是多数人的休闲场所,室外场所则以公园为主,其次是商场和文娱场所,有条件在社区休闲的比例仅有27.2%;④在休闲项目的选择上,职业女性的休闲活动比较丰富,但多数仍以一些较为传统的休闲活动为主,而较为新兴的活动的参与则较少,在外出旅游上参与度较低,与发达省市的职业女性差别很大,文化类休闲项目的参与比重较大,各文化项目参与比例也较高,在体育类休闲项目的参与上以传统的散步跑步为主,此外,逛街购物、社交及逛夜市也受到众多女性的青睐;⑤在休闲满意度的测量上整体略偏向积极的态度;⑥在制约河南城市职业女性参与休闲的诸多因素中,时间是主要因素,其次为经济因素,个人因素也制约着一部分女性,人际因素所占比例较小,通过对不同婚姻状况的城市职业女性对比发现,各因素对不同婚姻状况的职业女性的制约比重有所差别,而在个人和人际因素背后起了很大作用的却是传统社会文化对女性休闲的约束和压抑。总的来讲,河南城市职业女性的整体休闲参与程度不高,她们的休闲生活现状不容乐观,结合调查情况及河南省的具体情况试着从政府、社会、个人三个层面提出以下建议。

(一)政府层面

加快休闲政策的制定,为职业女性积极参与休闲活动提供政策上的保证。首先尽量保证其合理的工作时间和闲暇时间,并落实带薪假期制度;其次构建合理的休闲管理系统,制定合理的休闲产业规划,由政府鼓励牵头企业,给予政策优惠,再由市场引导,大力发展旅游休闲、文化休闲、体育休闲三大休闲产业,同时鼓励休闲餐饮、休闲沐浴等其他休闲产业的发展;此外加强休闲基础设施、社区休闲设施、休闲娱乐设施的建设,满足不同群体的休闲需求,同时市内的交通设施建设也有待进一步加强。

(二)社会层面

改变社会传统观念非一朝一夕之事,需要充分利用媒体和行业协会的力量。一方面,通过社会舆论引导整个社会对女性休闲价值的认识,充分利用媒体的强大社会效应,消除两性休闲的不平等,克服性别角色(社会学中根据性别而规定的一种行为及思维模式)和性别期待,鼓励男性参与家务分工,建立两性平等的社会;另一方面,成立大型休闲行业协会,鼓励中小型民间组织的发展,通过民间组织了解居民的休闲需求,并借助行业协会的力量反馈给政府部门;此外,定期举办关于职业女性的专题研究会,广泛开展女性休闲相关议题的研讨,在学术界给予职业女性应有的关注。

(三)个人层面

通过调查发现,职业女性对休闲的要求普遍不高,因此首先要提高其自身的休闲意识,冲破内心的束缚,增进个体对自我的认识,处理好工作、家务和休闲的关系;其次,丰富自身参与的休闲项目,多参与体验性强、有助于自身发展和有利于实现自我价值的高层次的休闲项目,进而提高自身休闲质量;合理规划自我休闲时间和休闲空间,找出限制自身休闲的因素,并通过各种合理的途径来降低限制因素的作用。

六、结语

关注女性的身心健康,是社会义不容辞的责任。本文基于郑汴洛三地的调查探讨河南城市职业女性的休闲状况,期望能对河南省城市职业女性的休闲研究提供理论依据,弥补其休闲领域研究的不足。尽管选取郑汴洛这三个在河南具有代表性的城市,且在各地选取被访者时尽可能考虑到样本多样性,以保证样本的可代表性,但本次调查也有不足之处,如调查的随机性和偶然性、调查样本的数量限制以及调查地点的有限性,可能使一部分群体未能在统计之内,同时郑汴洛三地的调查样本是否能充分代表河南省城市女性休闲参与的整体情况,还有待进一步考证。

参考文献

[1]谢晖,保继刚.旅游行为中的性别差异[J].旅游学刊,2006(21):44-49.

[2]黄春晓,何流.城市女性的日常休闲特征——以南京市为例[J].经济地理,2007(27):796-799.

[3]徐晓霞,柴彦威.北京居民日常休闲行为的性别差异[J].人文地理,2012(1):22-28.

[4]郑春霞,陶伟.高校女性教职工日常休闲行为探析——以广州高校为例[J].人文地理,2007(3):65-68.

[5]郭鲁芳,韩琳琳.女性休闲障碍因素探析——以杭州为例[J].旅游学刊,2009(24):79-84.

[6]王利娜,郑向敏.我国二线城市白领女性休闲现状研究——以泉州市为例[J].旅游研究,2012(4):74-81.

[7]马惠娣.文化精神之域的休闲理论初探[J].齐鲁学刊,1998(3):99.

[8]王雅林.城市休闲:上海、天津、哈尔滨城市居民时间分配的考察[M].北京:社会科学出版社,2003.27.

[9]王晋,吴章文,颜浩龙.长沙市职业女性参与休闲的职业差异研究[J].湖南工业职业技术学院学报,2009(9).

[10]范向丽,郑向敏,文艳.我国城市职业女性休闲状况研究[A].见(In):刘德谦,高舜礼,宋瑞.2011年我国休闲发展报告[C].北京:社会科学文献出版社,2011.

227-245.

[11] Ragheb, M. G. Interrelationships Among Leisure Participation Leisure Satisfaction and Leisure Attitudes[J]. *Journal of Leisure Research*, 1980, 12(2): 138-149.

[12] 中国社会科学院财经与贸易经济研究所课题组.《2009—2010年我国休闲相关产业发展》[A]见(In): 刘德谦, 高舜礼, 宋瑞. 2010年我国休闲发展报告[C]. 北京: 社会科学文献出版社, 2010.3-4.

[13] 埃德加·杰克逊编. 休闲的制约[M]. 凌平等, 译. 杭州: 浙江大学出版社, 2009.26-27.

[14] 黄丹. 城市已婚职业女性休闲参与和休闲制约因素[J]. 湖北师范学院学报(哲学社会科学版), 2009, 29(5): 72-75.

城市公共空间与国民休闲生活方式

张国栋　赵　可　陈　郑

【摘　要】我们正在经历一个社会经济大转型的时期,城市公共空间和国民休闲生活方式就赋予了更多的转型时期的功能。城市公共空间是国民休闲生活的重要载体,二者互为表里、互生共存。城市公共空间和国民休闲活动方式在精神属性、社会属性和经济属性上有交互共生的联系。本文拟从城市公共空间在经历高速城市化的过程中不断遭到挤压为问题突破口,着重提出解决城市公共空间发展问题的建议,并以释放国民休闲活力、改善城市社会环境、提升国民休闲质量、转变城市经济发展模式为关注点,找出现存城市公共空间发展与当前国民休闲生活方式不协调之处,并提出相应的改善路径。

【关键词】城市公共空间　国民休闲生活方式　存在问题　解决路径

引　言

中国的城市化正在如火如荼进行,在过去的30多年和今后的20年是中国实现新型城镇化的关键时期,从一个传统农业人口占绝大多数的国家发展到一个城镇化人口占大多数的国家,城市发展面临各种严峻考验。同样,国民在城市生活中喜怒哀乐的此起彼伏是折射社会经济文化建设得失的重要内容,是构建和谐社会、提升国民幸福指数和实现中国共产党十八大提出的"美丽中国"的关键所在。

作者简介:张国栋(1984—),男,重庆旅游职业学院旅游管理系助教,硕士,主要研究方向:文化社会学、旅游经济学,E-mail:zguodong2006@126.com。赵可(1991—),女,西南大学历史与文化学院国学班,主要研究方向:文化社会学、诗经研究。陈郑(1981—),男,重庆旅游职业学院旅游规划系助教,硕士,主要研究方向:城市规划学。

一、城市公共空间

城市公共空间有很多定义，一般的定义方法基本是从城市公共空间建筑设计功用方面定义的，我们在这里试图使用更加全面的方式来定义城市公共空间，以期更为全面地认识城市公共空间。下面分别从精神属性、社会属性和经济属性三个方面定义城市公共空间。

（一）从精神属性看城市公共空间

城市公共空间是指为广大市民提供日常交往活动、提供游憩观赏、身心得到滋养的场所，还是广大市民实现人际交往、实现自我全面发展的物质空间，总之城市公共空间的范围广泛，泛指一切可以为市民公众提供活动的场所。21 世纪中国的城市化不可阻挡，城市让生活更加便捷，同样人对城市建设的要求也在不断提高。城市公共空间作为市民寻求自我身心休养生息的场所，其建设更加受到关注。城市快节奏、高效率的现代生产生活方式，使民众在这个呼唤自我实现、自我发展的时代，对城市公共空间的要求与日俱增。

（二）从社会属性看城市公共空间

城市公共空间从社会功能上来讲，是释放民众活力、缓解城市快节奏生产生活压力的场所，是对城市人群进行文化塑造和精神生活提升的物质空间，是对城市民众进行再教育，培育文化认同感和民族认同感的看得见摸得着的教科书。城市公共空间同时也是重塑民众人生观、价值观、世界观的重要物质基础，公共空间营造符合主流价值观建筑标示，是举办赋予时代气息的各种集体活动、传播先进理论的重要场所。城市公共空间作为民众的休闲场所也就有了重要意义。

（三）从经济属性看城市公共空间

从经济方面来看，城市公共空间是实现资源再分配、劳动成果再分配的重要场所，资本合理配置的场所，实现经济转型发展的重要场所。城市公共空间的附属物性质有其经济功能作用，所以城市公共空间发展也就成就着新的经济发展方式，催生创新的商业模式的生成。我国处在经济发展的转型期，城市化如火如荼，城市公共空间所负载的新经济发展方式的萌芽正在凸显，从城市公共空间萌生的新的经济行为正在发芽，所以说城市公共空间对于引领新经济有重要的作用。

二、国民休闲生活方式

随着社会发展,国民休闲生活方式也在发生着新的变化。从传统的田园牧歌的生活走进水泥森林的城市生活,国民的休闲生活方式发生了巨大变化。农业人口占绝大多数的时代我们可以称为前工业化时代,人们的物质资料相对匮乏,空闲时间和空闲活动相对较少,具有的少数休闲活动也是与劳作紧密联系的。

改革开放30多年,中国进入了新时期,国民的个人财富和社会财富不断攀升,国民的公共假日时长不断增加,这些都为国民提供了开展休闲生活的现实基础。有预言家预言,未来若干年"工作终结"将来临,这既可以使人进入"天堂"也可以使人进入"地狱"。① 下面我们试着从三个方面——休闲的精神属性、社会属性和经济价值属性来分析休闲生活的意义。

(一)休闲的精神属性

休闲的精神属性是人在寻求自我全面发展中的重要手段与途径,是人成为人的一个过程,古希腊的亚里士多德曾经说过,"休闲才是一切事物围绕的中心(that leisure is the center – point about which everything revolves)"②。二战之后的哲学开始"向内转"就是人们在反思为什么外界物质极端丰富之后,人们无所不能的时候,却走向了互相杀戮,"向内转"就是人在寻求脱离"异化",摆脱物欲横流的控制的内省精神,休闲在这个过程中充当了重要角色。我国正处在社会发展的重大转型期和国民精神重塑的重要时期,实践证明那种"寅吃卯粮"的经济发展方式和精神生活透支的社会发展方式是行不通的,人们正在寻求一种全新的生产方式和生活观念,以休闲生活为载体的休闲文化在社会发展、国民精神生活重塑方面发挥着不可估量的作用。休闲这种新的生活方式将指引我们"返回到健康、平衡的天性上来,返回到自然和谐的状态中来。在这种状态中,每个人都会真正地成为自我,并因此使生活富有意义。"③

(二)休闲的社会属性

休闲的社会属性是指在现代化的发展过程中,人们处在高节奏、高压力的生活状态,做着以"复制"为后现代工业生产方式的工作,导致出现社会创造力整体下降、社会整体躁动不安和消极情绪蔓延等社会问题。说到底,就是存在于民众中那个始终不安

---

① 于光远,马惠娣.劳作与休闲——关于休闲问题的对话之五.洛阳师范学院学报[J],2008.3
② 转引:马惠娣.闲暇时间与"人本主义"的科学发展观.自然辩证法[J],2004.6
③ 托马斯·古德尔、杰弗瑞·戈比著,成素梅等译.《人类思想史中的休闲》[M].云南人民出版社2000年版,P119

分的心,休闲不是"闲逛"和"闲来无事,惹是生非",我们的词汇里面有关"闲"的认识有消极成分,消极地理解"闲"是片面和不恰当的,"闲"要和另外一个字"休"放在一起共振地理解,这样才可以对休闲生活有一个全面彻底的认识。休闲是对生活态度的一种演绎,休闲不是"安贫乐道"而是一种从容大度,是一种人与人、人与自然和谐共生的生活价值观念,把这一理念推行到整个社会方面就可以提升到构建和谐社会的高度。

（三）休闲的经济属性

休闲的经济价值是指蕴藏在以休闲为内容的休闲产业和休闲经济里面的各种经济行为。在物质资料开始丰富的前期,人们对物质占有欲望排在首位,因为生存的需要。进入物质产品极为丰富的商品化后期,个人财富和社会财富都已经增加到相当的规模,我们通常说的就是恩格尔系数到了一个小的范围,人们开始更加注重精神生活的满足感,随之而来各种休闲产品应运而生,围绕着休闲产品的休闲经济在整个社会经济系统中贡献率不断提升,休闲产业成为新的经济增长点[①],休闲产业从业人员不断增大,反映出一个社会经济发达程度,所以说休闲的经济功能意义重大。

三、城市公共空间与国民休闲生活方式的内在联系

中国改革开放 30 多年,社会财富和个人财富得到大幅度提升,2011 年人均 GDP 达到 5414 美元,世界排名 89 位,在中国部分城市人均 GDP 已经达到或者超过 1 万美元,如果说人均 5000 美元是小康社会的话,那么人均 1 万美元则表明休闲投资型社会的到来。如图 1 所示。1995 年以前,我国全年的节假日仅仅 59 天,1999 年开始实施"春节"、"五一"、"十一"黄金周三个长假,我国的法定节假日又增加了三天,2008 年推出"清明节"、"端午节"、"中秋节"等民俗假日后,我国的法定假日达到了 115 天,约占全年的三分之一,另外有的企事业单位为了留住人才,还在不同程度上实施带薪休假的制度,使得具体特定人群,比如学校中的群体有了更多的休闲时间。自由时间正在越来越多的国家增长,并与 GDP 增长形成正比。[②] 如图 2 所示。

---

① 徐根龙.休闲产业:新的经济增长点.浙江经济[J],2006.10
② Geoffery Godbey. The Use of Time and Space in Assessing the Potential of Free Choice Learning. Leisure and Leisure Services In The 21th Century, America Venture Press, 1997.

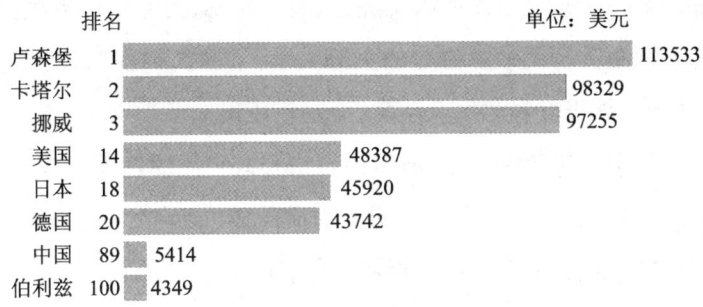

图1　2011年世界部分国家人均GDP

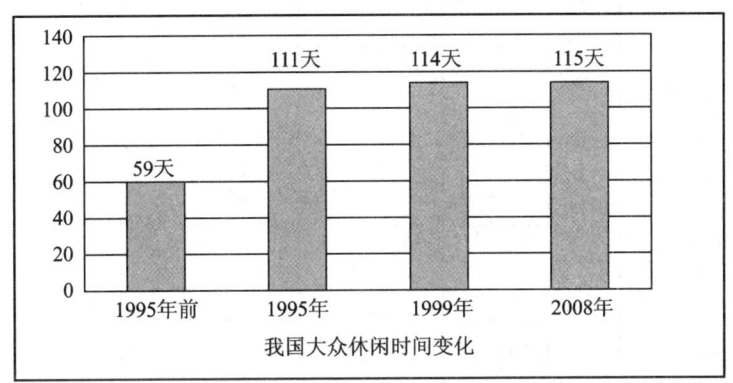

图2　我国大众休闲时间的变化

与此同时,中国正在经历着对人类历史有重大影响的城市化进程,"诺贝尔经济学奖得主,美国哥伦比亚大学教授斯蒂格利茨断言,21世纪对世界影响最大有两件事:一是美国高科技产业,二是中国的城市化。"[①]建国初期的农村人口和城市人口之比大约是2∶8,"据中科院最新出炉的《2012中国新型城市报告》,中国的城市化率首次突破50%,达到51.3%"[②]。中国共产党十八大召开,进一步向世界展示了一个开放的、改革中的大国形象,将进一步加快城市化的进程,使普通老百姓过上更加殷实、富裕的小康生活。

城市化意味着将来会有更多的农村人口大举迁移到城市中居住生活,脱离原来的祖辈以农耕为背景的生活环境,走进水泥建造的鸽子笼一样的生活空间中,脱离原来那个田间地头的开阔地,走进城市狭小的空间中。如何让城市的生活者在脱离原来的文

---

① 转引:王志章.《知识城市》[M]. 中国城市出版社. P1
② http://news.xinhuanet.com/fortune/2012-11/01/c_123898887.htm 新华网

化环境之后,能在城市中感受更多的人文关怀,有归属感,提升幸福指数,也是我们党和政府做好民心工程、提升国民幸福指数的头等大事。同时,如在城市化进程中,在城市公共空间的构建中不能很好释放民众活力,而是挤压民众活动空间,还会引发各种社会问题,甚至会引发社会不稳定的因素,所以说城市公共空间的建设是城镇化发展中面临的一个重要问题。城市公共空间作为休闲的物质载体,发生在城市公共空间的各种活动就具有了各种精神价值、社会功能和经济价值,城市公共空间的发展与国民休闲生活方式的协同发展就有了较为深刻的研究意义。

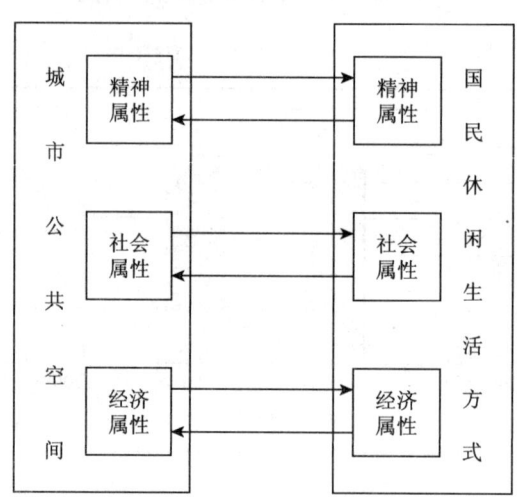

图3 城市公共空间与国民休闲生活方式交互共生示意图

城市公共空间是国民休闲生活的重要载体,二者都有其精神属性、社会属性和经济属性,各自的三个属性存在交互共生的关系,我们试从这三个方面对其分析。

(一)二者的精神属性

城市公共空间和国民的休闲生活息息相关。中国正在经历前所未有的城市化,大多数人将要告别田园牧歌式的生活走进那个鸽子笼式的水泥森林里面,所以说城市建设能够多大程度地释放出城市公共空间给予国民休闲生活场所,在很大程度上关乎国民的精神气质。

从"工作为了生活"到"休闲为了工作"的转变,也正体现了马克思所说的实现人的全面发展,人的需求开始发生了"向内转"的大趋势。生活在城市中的广大民众,对精神生活的需求与日俱增,现阶段我国广大人民群众对精神生活的需求和现实的精神文化生活产品产生了矛盾。休闲是人生活的重要组成部分,是中国文化传统中的重要内容,是提升个人品格修养、风度气质、道德伦理的重要途径。① 城市公共空间是营造高质量精神生活的物质载体,国民休闲生活方式为内容,内容和载体共同决定了国民精神气质形成。

城市公共空间同国民休闲生活的关系应是一种"我看青山多妩媚,青山料我应如是"的关系。城市特色是一个城市的集体记忆,城市的公共空间正是展示这些集体记忆、体现城市灵魂的最佳场所,城市公共空间就是城市休闲者进行城市历史记忆再教育的一个场所,使得城市文脉、灵魂得到传承,在这个过程中国民的精神气质得到提升。

(二)二者的社会属性

中国改革开放业已进行了30多年,中国整个社会处在一个转型期,从一个靠一部分人先富带动一部分人后富的社会发展方式,到更加注重社会财富的二次分配,更加注重贫富差距的缩小,更加重视少数群体的疾苦,更加重视公平、公正地享受社会资源的发展方式。城市公共空间是国民休闲生活的重要载体,公共空间具有公共属性,不分贫富、没有等级,城市居住者平等享有使用权,从这个层面来说,发展城市公共空间是提升国民休闲生活品质,为国民休闲生活提供更多公平、有尊严地享受生活的途径,是构建和谐社会、建成小康社会的重要途径。

应抓住城市公共空间为载体、休闲生活为内容来重塑社会文化的重大机遇期。我们是传统农耕社会,我们的文化是农耕文化,几千年来我们都接受农耕文化的滋养,哺育了我们纯朴老实和厚道的文化性格,我们的骨子里面缺乏城市文化中的精明、世故和圆滑。我国正在经历人类历史上最大的城市化进程,成为一个城市人口占大多数的国家,新的城市居民将暴增,如何让这个新的城市具有人类一切文明的成果,剔除旧有的城市病态文化,新的城市社会文化亟待重塑。休闲文化的培育,休闲生活方式的养成为新的社会文化提供了精神基础,为城市公共空间提供了物质基础。

田园牧歌式的人际交往方式在城市化的大潮中正在瓦解,新的人际关系模式尚未建立,我们称之为"陌生人"社会的到来,而陌生人社会的道德体系尚未发展起来,城市公共空间为休闲的人们提供更多人性化的交往平台。我们是传统的农耕社会,费孝通先生提出的差序格局是以血缘关系为中心的人际关系模式,在农村我们可以毫不夸张地说,一顿中午饭,可以从村东头走到村西头,尝遍整个村的美食,体味村中每一家的酸

---

① 马惠娣. 和谐社会和"礼制"——从休闲视域看"礼与休闲"关系. 清华大学学报(哲学社会科学版)[J], 2005.3

甜苦辣。而在城市生活中,鸽子笼的水泥森林里,人们被限定在一个狭小的空间中,通过门镜认识对门住的人。

城市公共空间是良好人际关系的重要载体。中国正在经历前所未有的城市化过程,要脱离世代的农耕文化背景走向城市,走向那个鸽子笼式的生活空间,怎样在这个鸽子笼式的生活空间中发展人际关系,发展好人际关系,是城市公共空间设计建设者的一个重要任务。道克西亚迪斯(希腊)认为,人类在不同的空间单位里,所产生的接触、交流情形也不同。他认为如果人们是住在一、二层楼房的空间,沿着公共道路比邻而居,他们比起住在高层大楼的人们,更容易发展人际关系。住在同楼层的人们是头对头、脚对脚的关系;而住在重迭高楼的人们,是头对脚的关系,这种关系无助于他们彼此的接触。因此空间单元的关系很大程度限定了人际之间的关系。如果我们要鼓励邻居之间有更密切的关系,我们必须严肃地思考在他们的空间单元里将会创造出何种关系。[1] 大多时候的关系是"脚对头、头对脚"的关系,几乎很少交往。人需要高品质的生活,休闲生活少不了,人际交往的自我实现少不了,在与人交往中才能发现自我、完善自我,城市公共空间为休闲提供了场所,为人际交往提供了可能。设计合理的城市公共空间和高雅、从容的休闲生活能够塑造新的"陌生人"社会道德伦理体系,有利于构造和谐社会,缓解社会阶层紧张关系。

(三)二者的经济属性

我国正处在社会的转型期,包括经济发展方式的转型。迅速崛起的城市化衍生出新的城市经济发展模式,人们有更多自由支配的时间,而怎样支配这些时间,给经济发展提供了无限可能。围绕城市休闲生活衍生的休闲产业、休闲经济成为城市公共空间发展的具体内容。粗放经济发展模式走向精致化的经济发展模式,依靠创新的商业模式运行来发展社会经济,休闲产业、休闲经济为经济发展方式的创新、商业模式的创新提供广大的舞台,重点就是支撑第三产业的发展。发达国家休闲产业的发展为众多人提供了工作岗位,美国休闲研究学者就指出,未来参与休闲产业的人员将占社会总劳动力的70%~80%。第三产业的发展使人才需求多样化,既需要高端的创新商业模式的高级人才,也可以解决普通民众的就业问题,是社会实现包容性增长的绝佳途径。

---

[1] 尤煌杰. 在传统与现代之间找寻宜居的生活条件. http://www.gmw.cn/xueshu/2012 - 11/26/content_5799755.htm 光明网

四、现存城市公共空间与国民休闲生活方式之间的问题

对休闲生活方式的认识,中国人存在着更多的误区。近百年来,国力孱弱,民生凋敝,新中国成立后,广大人民群众过上了自尊、自强的生活。党和政府在探索建设具有中国特色社会主义的道路上走过不少弯路,改革开放之后,广大人民群众物质生活才得到有效明显的提高。人们在钱袋子鼓起来之后,显得无所适从了,刮起了各种怪风气:出国旅游扎堆,购买奢侈品像买白菜一样,每逢节假日大肆消费,餐馆、麻将馆、KTV……形成了一个个不好的"节后疲劳症"新名词。这种无序的、过度的消费行为,透露出国人对如何放松、如何休闲存在众多误区。大举进行的城市化,使更多的民众高密度地叠加生活在一个小区里面、一栋居民楼里面,如何使国民生活得身心健康,生活得悠然自得,以城市公共空间为载体、休闲生活方式为内容的新的城市风貌的建设需要很长一段路要走,我们在发展时遇到了很多问题。

(一)城市公共空间被城市发展高度挤压导致休闲无处

中国的城市发展速度前所未有,城市工业化时期的产物,中国用不到30年时间走完了西方国家工业化200年的历程,其中城市化的发展正在如火如荼地进行中。城市化的发展追求大而全,城市功能定位取决于经济社会的发展,严重忽视城市公共空间对居住者身心健康发展的考虑。这是中国城市化初期的现状,我们也从中吸取很多教训,比如北京城市圈一扩再扩,摊大饼的城市建设后面是城市寸土寸金的真实写照,土地上的建筑则是GDP主义在作怪、土地财政在作怪。所幸,中国的城市化发展不均衡,北上广的城市化发展速度为其他地区的城市化发展做好了足够多的功课,可以吸取经验与教训。城市公共空间被高度挤压导致国民休闲无处,人们生活在一个高节奏、高强度、高压力的社会环境中,而没有正当合理的用于休闲的公共空间,疲惫的身心难以得到恢复,从这个层面来理解"逃离北上广"这一现象也有其现实背景。

(二)城市公共空间建设缺乏城市文脉传承,未能突出新时期人文精神新风貌,导致国民休闲生活方式肤浅甚至粗俗

城市是历史记忆的积淀,城市公共空间则是展示城市历史记忆、承续城市历史文化记忆的最佳场所。城市公共空间的发展同城市发展有同样的弊病,城市发展展现出"千城一面",城市公共空间发展同样也是"大众脸",城市广场设计简单粗暴于"旗杆+雕塑",街心公园是"草坪+座椅",甚至旗杆、雕塑材质和设计在不同的城市都是同质化的,街心公园也同样出现类似问题。"土不土洋不洋"的建筑设计是迷失在城市发展

的高速路中的佐证,城市公共空间未能契合城市历史记忆,触动不起国民休闲活动过程中同历史记忆的对话,也不能创造出符合时代气息的新的国民文化性格。城市公共空间本应是一个"文化的场",是一个勾连现在与过去、现在与未来的桥梁。未加精心设计的广场、街心公园成了露天的麻将馆,成了公开兜售假冒伪劣产品、贩卖色情文化制品的场所。

(三)城市公共空间定义狭隘化导致休闲活动开展人数不均,受益群体面窄

传统城市公共空间的定义为城市或者城市群建筑物之间的缝隙,一般指街道、公园、广场、草坪等。这一传统定义导致节假日这些地方人满为患,全家人游园拍照几乎都是"合影",节假日过后广场垃圾满天飞,城市草坪被人大面积践踏。而另一方面其他广义的城市公共空间却未被人们纳入视野,有的地方城市图书馆、老年宫、少年宫、歌剧院、电影院、艺术馆、博物馆、天文馆去的人数非常少,门庭冷落。用于国民休闲生活的城市公共空间要走广义化的发展路径,为国民提供更多的假日好去处,既可以满足精神文化需求又可以恢复身心健康。

(四)城市公共空间功能缺失或者错位导致国民休闲内容难以开展和走样

城市公共空间的建设首先是满足国民休闲、释放国民活力、树立良好社会风气的最好舞台,但是城市公共空间的功能定位出现了缺失和错位。以城市广场和街心公园为例,城市的广场是市民举行各种休闲活动的场所,城市广场的建设要具有便民、亲民的一些特征,但是散布在我国各个城市的市政广场片面追求大气魄、大手笔,未能在精致化和人性化上下功夫,从而导致城市广场的功能定位在"面子工程"上,显示领导政绩上,形成功能定位的缺失。街心公园本来是为国民休闲提供一个亲近自然的场所,但是君不见,在我国无论北方还是南方,街心公园被一桌桌麻将所占据,赌博也在其中,公共空间功能呈现错位。

(五)城市公共空间利用上缺乏时间模式分析导致公共空间开发利用效率偏低,导致国民休闲人群受益不均

城市公共空间就是为国民休闲生活提供场所的地方,比如城市广场在市民活动的开展方面,早上晨练人数还比较多,到上午、中午广场人数稀少,这样的广场不在少数,可见缺乏时间模式的设计。在城市公共空间时间模式上要分出层次,要避免休闲内容单一,新型休闲存在贫富差距①,休闲人群的设定上要多层次,让城市不同群体都可以

---

① 韩光明.基于新城市主义理念的城市休闲文化空间营造.未来发展[J],2011.3

在同一个空间内活动,使不同收入群体、不同兴趣群体都能够平等地享有公共空间的使用权。

(六)城市公共空间未能和休闲文化、休闲产业和休闲经济协同发展

城市中要聚集大多数的人口,围绕着城市发展起来的经济活动就有了特别重要的现实意义。我们国家正在寻求经济发展方式的转变,社会在转型,城市公共空间作为休闲相关产业的载体,蕴藏着休闲产业、休闲经济的巨大能量。休闲是人们寻求自我完善、社会寻求自我调节、经济实现转型的有利契机。城市公共空间衍生出来的休闲产业、休闲经济和休闲文化产业三者之间是具有内在联系的,广大人民群众对精神产品的需求和对高品质生活质量的诉求,是对休闲经济、休闲产业和休闲文化产业的最大刺激。应把休闲文化做成休闲产业,把休闲产业发展成推动社会经济转型的一个抓手,推动休闲经济的发展,走在经济发展的时代前列。

五、解决城市公共空间与国民休闲生活方式的问题路径

欲实现城市公共空间与国民休闲生活紧密结合,我们试从城市公共空间设计方面、休闲生活方式营造方面和政府主导管理层面予以分析。

(一)突出城市公共空间设计的重要性地位

第一,重视城市历史记忆文脉传承符号在城市公共空间设计中的使用。城市公共空间也有建筑实体,也有纹饰的使用,也有文字的镌刻,也有风格的遴选,城市公共空间的建筑设计,既可以传承城市历史的记忆,也可以诉说城市发展的历史,更可以展示具有时代精神风貌与气息的抽象雕塑,或赋予动感,或赋予沉思与深沉,或赋予清新。建筑物上不同的符号纹饰、不同抽象表达为休闲的人群提供不同的"谈资",也就是这些"谈资"形成文化的场,形成了勾连过去、现在和未来的桥梁。

第二,城市公共空间的设计上体现"人本主义",突出亲人性、便捷性。城市公共空间的使用者最终归结到人,不是"面子工程"、"政绩工程",是国民进行休闲活动场所,是人实现人际交往,实现自我休憩、自我身心健康恢复的场所,从设计理念上应该更加突出"以人为本"的理念,突出全民共享、无障碍共享的设计理念。

第三,城市公共空间的多中心化。这一设计理念来自于卫星城的启示,卫星城市的建设就是为了减轻城市发展压力,合理分配资源。城市公共空间的建设同样也吸收这样的发展理念,多中心化可以为散落在不同区位的市民提供便捷的休闲活动场所,根据不同区域人群的休闲活动倾向,提供大家愿意去、乐意去的城市公共休闲活动空间。

第四,城市公共空间设计的功能多样性。城市公共空间是国民休闲的载体,而休闲活动的内容是多种多样的,既要满足具有不同文化背景的国民休闲活动又要满足大众化休闲活动,还要满足从休闲活动空间中衍生出的休闲产业和休闲经济发生发展的功能。功能的多样化还表明,同一个城市公共休闲空间还要重视时间模式的分析,要研究不同时段有哪些群体会在公共空间内活动,从而提供针对活动在不同时段的不同群体的功能性服务设施,这是城市公共空间设计要注意的事项。

(二)城市管理者要积极谋求对城市公共空间的创新管理方式

第一,在社会范围内开展休闲文化再教育活动,提升全民对休闲问题认识的水平。休闲是为了更好地工作,休闲是寻求人的全面发展的途径,重新认识休闲的功能是提升全民精神风貌的重要途径。要提升国民的休闲意识,使更多的城市生活者走出楼层到公共空间开展休闲活动,让城市公共空间的人性化、人文化和便捷性为休闲生活提供场所,重塑社会新风尚。

第二,城市管理者重视休闲的社会经济价值,包括休闲对国民新的城市文化理念的塑造和对社会经济发展模式的重塑。中国的城市化发展不均,真正的城市文化还没有形成,再造城市文化要吸取现在城市发展中的经验教训,塑造具有中国特色、中国风格和中国气派的城市文化。围绕休闲衍生的休闲文化和以休闲文化催生的休闲产业而共同形成的休闲经济是我国转变经济发展方式,实现经济转型、社会发展方式转型的有力着力点,休闲产业的服务性质特点也是寻求城市经济社会发展实现包容性增长的重要途径。

第三,城市管理者要更多地在城市公共空间举办各种具有不同特点的活动。比如具有民族风格的、具有不同职业群体、不同收入群体的活动,给社会成员交往提供更多的机会,扩大社会群体的交际面,提升社会成员的人际交往质量,为营造和谐社会造就群众基础。

第四,城市管理者通过多途径多渠道创新围绕休闲发展的商业模式。我国正在经历城市化,需要更多的创新型的商业模式,要围绕城市公共空间这个物质载体,发展新的休闲商业模式,推动整个城市经济的发展,完成社会经济发展的顺利转型。

第五,城市管理者适当放出城市公共空间的管理权限,让城市公共空间的权限走市场化运营的方式,把城市公共空间和休闲产业、休闲经济真正做到无缝连接。城市公共空间作为城市管理者管理对象而进行管理,有其合理性的方面,但是随着社会经济发展的转型,企业社会责任被企业发展所内化,城市公共空间做为经济发展的物质载体,使其市场化之后释放出更为强大的经济能量也是探索社会经济发展转型的重要途径。

六、结束语

以城市公共空间为载体、休闲生活方式为内容的城市生活,是实现人的全面发展和构建和谐社会、实现社会经济发展方式顺利转型、重塑社会文化的重要机遇。城市公共空间建设的设计应突出"以人为本"的概念,重视城市公共空间的使用者需求,为国民休闲生活方式提供更为高雅的好去处,提升休闲活动的品质,共同营造良好社会氛围,提升城市综合竞争能力。我们在这里关于城市公共空间和国民休闲生活方式的研究只是刚刚开始,还有很长的路要走,研究还有待于进一步加强。

学习型休闲参与国民生活方式培育研究

乌 恩

【摘　要】自然公园学习型休闲,是指访问者借助自然公园的资源、空间、环境解说系统、环境教育活动等,在"玩"中非功利性地增长知识、提高技能,并自我成长的休闲活动。学习型休闲不再单纯关注"新、奇、特、异"的"视觉景观",而是引导游客去发现自然中的"秘密",从更多维度去理解、欣赏自然的"美"。自然公园是旅游休闲活动的核心场所之一,因此,自然公园学习型休闲活动是培育国民现代生活方式的重要途径。

【关键词】自然公园　学习型休闲　生活方式　培育

一、自然公园学习型休闲

（一）自然公园

在中国大陆地区,"自然公园"并不是一个具有法律规定意义的概念,"自然公园"是笔者为了研究表述方便,借用日本的"自然公园"概念,来指称中国大陆地区的风景名胜区、自然保护区、森林公园、地质公园、水利风景区、国家公园、国家湿地公园等自然地区[1]。

表1　中国自然公园系统概况

类型	级别	所属管理机构	数目（2009年）
自然保护区	国家级	主要由县级以上地方政府林业厅（局）管理,极少数由国家林业局、国家环保部、农业部、国土资源部、中科院等直接管辖	319
	省、市、县级	主要为县级以上政府的林业厅、局管辖	

作者简介:乌恩,男,蒙古族,1971年生,博士,北京林业大学园林学院副教授,主要研究方向为旅游规划理论、环境解说、中日风景与休闲思想比较等。电子邮件:wunen@bjfu.edu.cn。

续表

类型	级别	所属管理机构	数目(2009年)
森林公园	国家级	县级以上地方政府林业厅、局	73
	省、市、县级		
风景名胜区	国家级	县级以上地方政府的建设厅、局	208
	省、市、县级		
地质公园	世界地质公园	县级以上地方政府的国土资源厅、局	22
	国家地质公园		138
	省、县(市)级		159(省级)
水利风景区	国家级	县级以上政府水利行政管理部门	56
	省级		
国家公园	2008年环保部和国家旅游局批准建设首个国家公园试点——黑龙江汤旺河国家公园		
国家湿地公园		县级以上政府设立专门行政管理机构	40

(说明:根据中央国家机关部委网站相关数据、信息整理)

(二)学习型休闲

人的休闲活动,无论是从动机、内容还是形式上来看,都与"学习"有许多牵连。成人带自己的婴幼孩子"玩耍",对成人这一行为主体来说,有时在一定意义上可以说是一种休闲行为。学者诺贝克(Norbek,1979)说:"通过婴幼玩耍,一个物种的成员习得了在成年生活中所需的运动技能以及其他方面的技能,有着较长未成年期的人类在玩耍的过程中获得发展。"[2]可见,成人带婴幼孩子"玩耍"这一特定条件下的"休闲活动"中,也伴生着"学习"因素。

人们心目中的"学习"概念主要是指"知识学习",所以,只要谈到学习,一般人的第一反应就是读书学知识,但这是一种狭隘的理解。具体领域的学习,不仅包括知识学习,还包括品德学习、技能学习、审美学习、人际关系的学习,等等。石泽章子与佐佐木土师二(2000)将人的旅游休闲动机归类为"玩"、"学习"、"人际接触"[3]。由是观之,休闲中可以"学习"很多领域的知识、技能,休闲中也可以学习"人际接触","休闲"在很多时候有"玩"中"学习"的可能,所以,几乎可以认为休闲活动中"学习"因素无处不在。

如上所述,休闲活动中大量伴生着"学习"因素,正如古德贝(Godbey,1994)认为的那样:"不仅学习要谨慎地融入到休闲活动中,而且休闲时间的利用也必须包含学习和技能获得的机会。"[4]但我们还是要提出"学习型休闲"的概念,虽然这一概念也几乎无法确切定义,笔者只能模糊界定:是指以学习活动为核心休闲活动内容的,在活动过程中涉及具体知识、技能的直接"传授—获得"的休闲类型,比如博物馆参观、市民参加NGO或商业机构组织的"自然观察"活动、非厨师职业者出于兴趣参加厨艺学习课程,等等。

（三）自然公园学习型休闲

自然公园学习型休闲,是指自然公园的访问者,借助自然公园的资源(自然资源、人文资源)、空间、环境解说系统(如自然观察步道/解说步道及解说牌示系统、自然博物馆或自然体验馆、游客中心)、环境教育活动(如自然观察、夏令营或冬令营、专题讲座、公众研讨会、自然游戏等)等,在"玩"中非功利性地增长知识、提高技能,并自我成长的休闲活动。

二、在国民生活方式培育中的地位

亚里士多德说"休闲是一切事物环绕的中心","是科学、艺术与哲学诞生的基本条件"[5];胡适先生在《论慈幼问题》中说:"你要看一个国家的文明,只消考察三件事:第一,看他们怎样待小孩子;第二,看他们怎样待女人;第三,看他们怎样利用闲暇的时间。"他把休闲——"怎样利用闲暇时间",放到了用来考察一个国家或社会文明进步水平的高度。从亚里士多德到胡适的论说中可以看出,"休闲"是研究"生活方式"时必须要谈及的概念,无论是个体生活方式还是群体生活方式的考察,休闲都是重要的着眼点和评价指标。个体或群体对休闲在生活中的价值和意义的认知,个体或群体休闲活动的内容和形式等,甚至都可以成为判断国家、社会进步水平的一个标尺。

休闲之于生活方式培育有千丝万缕的联系,而"学习型休闲"在国民生活方式培育中的地位、作用就显得更加至关重要了。卡斯克·任米特·哈里的这一段话可以回答为什么说"学习型休闲"在国民生活方式培育中有如此重要的价值:"用需要集中精力的活动打发闲暇时间可以提高技能,实现个人的自我提高;相反,如果以看电视或是吸食兴奋剂的方式消磨时间只能使人得到暂时的放松。"[6]参观博物馆、学习厨艺、体验休闲农业、自然观察,人在进行这些需要"集中精力""打发闲暇时间"的休闲活动中,"可以提高技能,实现个人的自我提高"。旅游景点在促销中强调其教育功能可以增加其价值,特别是对家庭或是教育旅游市场更加有效,很多旅游目的地都为学校旅游、家庭旅游和个人旅游提供具有教育性质的活动并进行讲解[7]。

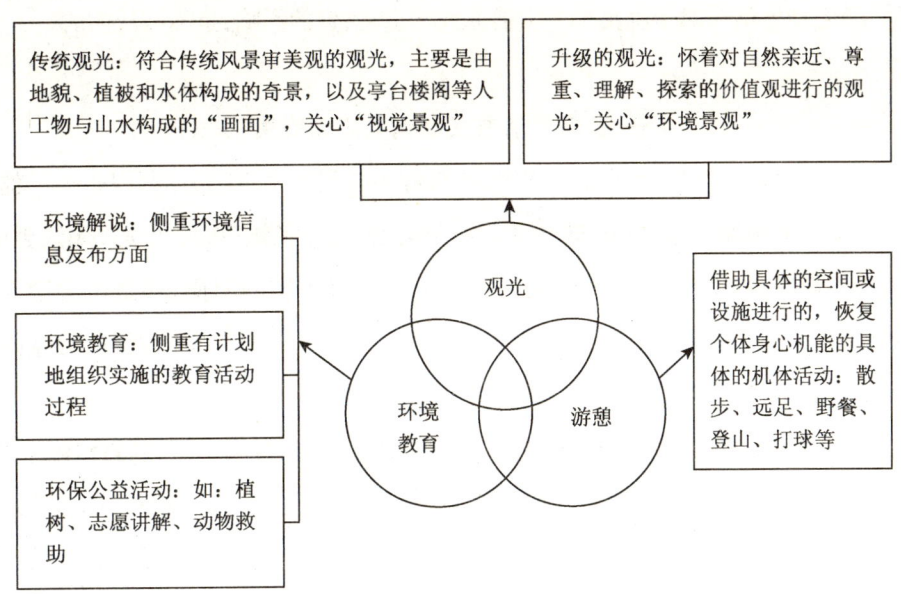

图1 自然公园内部旅游产品体系构成

从欧美、日本及中国香港、台湾地区的经验来看，笔者认为，自然公园内部的旅游休闲产品体系可以归结为观光、游憩和环境教育三个方面（如图1所示），环境教育应是自然公园旅游休闲产品体系的核心内容，更是体现自然公园独特性、特色性的重要组分。国际保护自然与自然资源联盟（IUCN）1969年对国家公园的定义也认为，国家公园的旅游活动"须以游憩、教育及文化陶冶为目的"。这里谈到的"环境教育"、"教育及文化陶冶"都与本文讨论的"学习型休闲"有巨大的交集。自然公园的环境教育，是要使访问者了解这些自然地区的生态环境、人文环境，以及组成环境系统的生物、物理和社会文化要素间的相互关系、相互作用，得到有关环境生态和社会人文方面的知识、技能和价值观，并思考个体和社会如何应对生态环境问题的参与活动。自然公园正是实施英国学者卢卡斯提出的"关于环境的教育"、"在环境中的教育"和"为了环境的教育"的环境教育模式的最适宜场所，在"玩"中"学习"的自然公园环境教育活动，是自然公园学习型休闲的主要形式。

回归大自然的旅游、休闲活动已经成为了一种世界性的潮流，几乎所有国家和地区都将提供国民游憩、繁荣地方经济，开展与自然保护目标和谐共生的旅游活动当作自然公园的一项基本功能看待。包括中国在内，可以说在自然公园地区的旅游休闲活动，已经是国民休闲生活中最重要的一部分，因此，自然公园举行哪些内容和形式的休闲活动，国民在自然公园进行哪些形式和内容的休闲活动，国民在自然公园是否进行以环境教育为核心内容的"学习型休闲",对于国民现代生活方式塑造、培育的影响,是不可低估的。

三、参与生活方式建构的阻碍因素

我国自然公园地区发展学习型休闲,还有许多阻碍因素,比如体制因素——僵化而缺乏变革动力的体制,让人和机构习惯于墨守成规,让许多新观念、新模式无法被引进、被创造。但影响自然公园学习型休闲在我国发展的最本质的阻碍,还是观念层面的缺乏更新和发展,包括学者、官员、商业机构和一般国民,对休闲本质的理解、对休闲形式和内容变迁的探讨,都没有与时俱进地发生演进、变化。

中国人发现、欣赏自然的美比西方更早,也更自觉,在自然地区进行休闲活动的历史也更长久,形成了以五岳三山为代表的旅游休闲开发、利用、活动模式,即"天下名山"模式。可以说"天下名山"是我国农耕时代的伟大创造,在人类历史上都具有非比寻常的地位和意义,是灿烂的中国文化的重要组成部分。

但是,在工业化或后工业化时代的今天,我们重新审视天下名山模式,不难发现其中不适应现代旅游休闲发展要求的地方:天下名山模式强调用眼睛看珍奇特异的景观,强调旅游休闲活动中客体——名山大川的绝对重要性,喜欢把风景划分为各种不同的资源品类、等级,忽视了休闲主体的能动性、需求多样性。而现代休闲活动中,人们的需求日趋多样化,人们除了要看世间罕见的壮美风景,还关心"寻常风景中的美";人们除了关心风景,还关心与谁一起看风景;人们除了关心用眼睛看风景,还关心身体和意志的锻炼;人们除了关心眼睛看见了什么风景,还会关心这风景为什么会是这样,等等。

所以,在笔者谓之"景点式旅游"的传统自然地区旅游休闲模式中,游客从一个风景点或象形山石赶往下一个风景点或象形山石,导游的解说也是以奇景介绍为中心,或以象形山石的形态特点演绎"故事"为要义,经常见到的是编故事、凑神话甚至讲段子,然后找"哪块石头像猪八戒,哪块像孙悟空,哪块像李时珍",所以,寻找象形山石并予以命名则是规划师的一大要务,游客的体验多停留在肤浅的表面层次。这一现状的最新例证是,不久前,联合国教科文组织因湖南张家界、江西庐山和黑龙江五大连池等著名自然景区在教育功能上的不足,给予了黄牌警告,并督促三者在"向公众科普地球科学知识"等方面限期整改。

以环境教育为核心内容的学习型休闲,将不再单纯关注"新、奇、特、异"的"视觉景观",而会从更多维度去理解、欣赏自然的"美",就像欧美20世纪70年代就提出来的"环境景观"概念那样,在学习型休闲视角下,每一座山都有它的独特性,岩石、土壤、植物、动物、生态现象等,经过浅显易懂、直观有趣的解说、讲述之后,这些自然的"秘密"也将会成为游客眼中的"美"。

四、参与生活方式建构的途径

具体而言,发展以环境教育为核心的自然公园学习型休闲,在学习型休闲活动中培育国民生活方式,笔者认为应该通过下述方面推进:

(一)通过多渠道促进国民休闲观念更新

以邻国日本为例,环境省设有专门领导、促进包括自然公园学习型休闲发展为职能的机构——"环境教育推进室",有"自然体验活动推进协议会(CONE)"[7]等各种官方、民间推进团体。在各个自然公园地区,以解说步道、自然观察径、自然博物馆、自然学校为依托的学习型休闲活动,已经是旅游休闲活动的核心内容,而且使用者不但包括少年儿童,还包括成年人游客。另外,学校的修学旅行、户外教育课程,国家和NGO组织推动的关于学习型休闲的宣传、教育活动等,也让学习型休闲的观念深入人心。

在我国香港地区,全港20多处郊野公园、地质公园、海岸公园,核心休闲产品体系均属于以环境教育为核心内容和形式的学习型休闲活动,例如,香港米埔自然保护区分别针对学生和公众开展内容广泛的环境教育活动,表2所示为针对学生的不同组别开展环境教育活动的情况。

表2 香港米埔自然保护区学生环境教育活动类别、主题、形式

类别	对象	活动主题	活动形式	备注
小学参观项目	小四到小六生	(1)米埔小侦探 (2)小鸟的故事(春、秋、冬) (3)米埔点虫虫(夏)	野生生物观察、示范、角色扮演、讲解、游戏和讨论	由教育主任带领,行程4公里,需时约3小时
中学参观项目	中一到中三生	认识米埔和后海湾内湾拉姆萨尔湿地	多元化的教学活动,如观鸟和夏季进行的池塘探索	由教育主任带领;行程5公里,时间约4小时
中学参观项目	中四到中七学生	(1)一般参观 (2)后海湾之红树林生态 (3)湿地生物多样性 (4)米埔和后海湾拉姆萨尔湿地之土地用途 (5)后海湾之水质污染	角色扮演、野生生物保护与识别、讲解和讨论等	

(二)增加自然公园学习型休闲产品供给

我国自然公园地区的旅游休闲活动,从休闲价值观到旅游休闲开发模式等方面都亟待转变,而借鉴欧美、日本、港台经验,发展以学习型休闲为主要内容的自然公园旅游休闲活动,既是可持续利用自然的要求,也是建设环境友好型、学习型社会的要求,也是培育国民现代、健康生活方式的要求。具体到一个自然公园发展学习型休闲,主要通过如下软硬件方面的建设实现:解说步道、自然观察路径,游客中心与环境教育馆或自然博物馆,自然学校,开发环境教育课程体系,组织环境教育活动等。

例如,解说步道属于游步道功能的深层次开发,通过解说牌或解说出版物,让游客认识了解步道沿线一些有趣、特殊的自然事物、景观或现象。依据解说内容又可以分为一般解说步道与特定主题解说步道两种。一般解说步道是指解说的内容包括任何一件值得注意的事物或现象,但没有一个共同连贯的解说主题;特定主题解说步道则指路径中的解说与特定主题密切联系。

解说牌看似简单,但其设计却要求将科学、艺术、创意、管理意图进行完美的统一,反对将教科书内容简单直接地搬到自然山野中来,强调"不能充斥专业术语"、"简洁、条理清晰"、"一张图片胜过千言万语"、"用小学五年级词汇水平解说"等原则。

自然公园游客中心、环境教育馆、自然博物馆设计的最新理念是,注意游客的参与性、互动性、体验性,建设、运营中节约资金及能源,开发本地展示主题等。国内目前的游客中心、自然博物馆等设施,主要还是以标本静态展示、展板介绍等为主,参与性、互动性不足。仅有的互动主要体现在游客与多媒体机器的互动上,但建设、更新、运营成本都比较高。日本清里的自然体验中心有一款互动展示是一支完整的鹿角、一个与鹿角等重量的安全帽、一台电子秤,游客(主要是少年儿童)通过戴安全帽可以感受鹿角的重量,把安全帽放在电子秤上量一下,可以知道鹿角的重量。

欧美、日本及台湾地区有很多的"自然学校"、"自然幼儿园",通常是建在自然地区,可让孩子们在大自然里生活一段时间,安排有趣的课程,寓教于乐的活动主要在大自然中进行,丰富孩子们的自然知识,让他们对自然有直接的体验和感情,进而完善人格、强健体魄、关爱自然和同类,当然,这些孩子长大了,也就更"会"旅游,也对自然有更真挚、深厚的情感。据《2010年第五次日本自然学校调查报告书》介绍,收入报告书的自然学校有735所,其中国家及地方政府直营或委托经营的96所,NPO所属的180所,公司企业性质的67所。在我国,人们非常重视孩子的培养,几乎是竭尽所能、不惜一切,为了孩子考上好大学,择校热、学奥数都成为了社会问题;为了让孩子有艺术气质、音乐、舞蹈填满了孩子的课余时间,让孩子们叫苦不迭;以中国父母的这种认真劲儿,只要理解了"自然缺失症"的缘由、利害,我相信自然学习、自然体验将会成为继"奥数"、"才艺"学习之后,另一个受欢迎的关爱子女的"载体"。在北京、上海、杭州等大城市,已经出现了很多提供环境教育服务的公司,就是说,我国已经有了这方面的需求。笔者正在主持规划设计的《福建省戴云山国家自然保护区环境教育系统规划》中,就有将一座保护区所在社区的废弃的乡村小学改造为自然学校的内容,作为中国大陆地区第一家"自然学校",除了硬件改造任务外,还有课程开发、活动组织、运营管理等内容需要规划安排。

参考文献

[1]乌恩,成甲. 中国自然公园环境解说与环境教育现状刍议[J]. 中国园林,2011.

[2][英]克里斯·布尔等著,田里等译. 休闲研究引论[M]. 昆明:云南大学出版社,2006:26.

[3]佐佐木土师二著. 観光旅行の心理学.[M]. 京都:北大路书房,2007:65

[4][英]克里斯·布尔等著,田里等译. 休闲研究引论[M]. 昆明:云南大学出版社,2006:251.

[5]马惠娣. 瞭望休闲学研究之前言[J]. 洛阳师范学院学报,2010.

[6][英]克里斯·布尔等著,田里等译. 休闲研究引论[M]. 昆明:云南大学出版社,2006:252.

[7]日本環境教育フォーラム. 日本型環境教育の知恵[M]. 东京:小学館,2008:278.

旅游与现代休闲生活方式

宁泽群

【摘　要】 从人类社会发展的角度来看,旅游是一种现代休闲生活方式,它体现了生存质量的提高和人的自我发展。各国旅游发展的历史告诉我们:旅游是生活方式中释放和传递文化正能量的行为,绝不单单是经济增长的工具。因此本文呼吁各级政府与国民将旅游纳入提升生活质量的范畴,让旅游成为文化软实力的组成部分。

【关键词】 旅游　现代休闲　生活方式

一、旅游是一种现代休闲方式

旅游是什么?尽管学者们对旅游的基本定义存在着这样或那样的不同理解,但是,旅游作为现代社会的一种休闲生活方式是大多数学者的一种基本认知。[①]然而,如何看待和认识这种休闲生活方式?这种休闲生活方式的社会发展背景和特征又是什么?申葆嘉(2011)很有说服力地论证了旅游是在技术进步、经济发展和意识演变三个主导人类社会发展和进化的决定性因素的影响下,从个别的个人"游乐性旅行"中演化而来的一种大众生活方式。[②]

很显然,作为个人行为的旅游和社会现象的旅游是不同的。社会学创始人之一的法国学者迪尔凯姆(Emile Durkheim,又译涂尔干)指出,"当社会学家试图研究某一种类的社会事实时,他必须从社会事实脱离其在个人身上的表现,而从独立存在的侧面进

作者简介:宁泽群,北京联合大学旅游发展研究院副院长兼现代休闲方式与旅游发展研究所所长,教授。学术研究方向为休闲与旅游基础理论研究、旅游经济与产业分析。联系方式:ningzequn@163.com 。

[①] 如一些学者直接将旅游称之为生活方式(张凌云,2009;王玉海,2010),而另一些学者尽管没有直接进行表述,但将其看作为一种异地的休闲体验本身(谢彦君,2011;徐菊凤,2011),实际上就间接认同了旅游作为一种生活方式的看法。

[②] 参见申葆嘉:《旅游学原理——旅游运行规律研究之系统陈述》,第31-50页,北京,中国旅游出版社,2011年。

行考察。"① 因此，我们对旅游作为一种生活方式的社会现象进行分析，就要超越其在个人身上的表现来进行社会性的考察。

1. 作为社会观念的旅游

旅游行为源自于旅游的动机，旅游动机则来自人们的生存观念和意识认知结构，而人们的生存观念和意识认知结构无不受到社会历史发展水平的局限。因此，个体的行为与动机不放置于社会发展背景中考察，是很难获得具有社会一般意义上的结论的。

例如，旅游的出游动机，从个体的表现来看，是千差万别的。有探险的、有求知的、有怀旧的、有审美的，有的只是简单地散散心，等等。不过，根据迪尔凯姆的观点，这些个体的动机并不是旅游社会现象的体现，它们缺乏社会的一般性特征。

社会中的个体行为尽管表面上主要受到个人动机的主导，然而，个体互动中所形成的源自于个体又制约个体的社会规范意识会对个人的自主选择形成巨大的从众心理的影响，进而会决定和改变个体的初始动机。而一个社会的社会规范意识又往往是受到这个社会中间阶层群体左右的②，并受制于现有的社会经济发展水平。例如，20 世纪 50 年代以后西方发达国家的大众旅游出现，是高速经济增长所带给人们的生活与工作压力所致，所以，逃离日常生活环境的集体无意识在人们的潜意识中诱导人们以各种表面的出行动机来实现外出旅游的逃避愿望，从而使得旅游成为了一种社会生活时尚和不可或缺的生活方式。③ 所以，考察作为社会现象的旅游动机，我们不能忽视社会规范意识影响下的旅游者的出游动机，即群体意识影响下的出游动机的一般特征④。

2. 闲暇时间的社会性

闲暇时间的利用是旅游的一个重要的先决条件。从一般意义上来理解，时间是应该同质的，不具有不同属性的特点。但是，从社会现象（或称为社会事实）上来理解，时间对个体和社会的意义就有所不同。个人利用的时间是依据自然历法所测算出来的时间来分配的，它属于个体自由支配时间的现象；而社会时间却是由人们之间的契约规定

---

① 转引自申葆嘉：《旅游学原理——旅游运行规律研究之系统陈述》，第 14 页，北京，中国旅游出版社，2011 年。

② 根据统计学意义上的正态分布理解，在一个正常发展的社会中的人群分布，中间阶层往往是一个社会的大多数。这样才能够保持社会的稳定状态。

③ 这种逃离日常生活的集体无意识形成实际上除了人们在生活中的感知以外，学者们的观点和社会舆论也起到了潜移默化的作用。这一时期就有一些西方学者的论著出版，如昂利·列斐伏尔（Henri Lefebvre）的《日常生活批判》（1947/1958）年，尤尔根·哈贝马斯（Jürgen Habermas）的《交往行为理论》（1981 年），赫伯特·马尔库塞（Herbert Marcuse）的《单向度的人》（1964 年）等。

④ 应该指出的是，社会性的一般特征往往具有形而上的特点，即往往没有具体的形式。正如社会学创始人迪尔凯姆所指出的，自杀是个体现象，而自杀率是社会现象。前者有具体形式，后者只是形而上的概念特征。

的,它具有了特定的社会发展时期的制度特征。因此,我将个人时间称之为自然时间,将社会时间称之为契约时间(或称为制度时间)。

显然,个体的旅游行为,是个人对自由时间拥有的结果。但是,作为社会现象的旅游,则需要研究契约时间中的自由时间是如何被规定出来的,虽然,这种自由时间的社会划分过程是社会不同群体博弈的结果,但是,一旦形成了契约时间的制度特征,它对社会中的所有人就具有强制意义。因此,作为社会现象的旅游并不能以自然时间作为分析的依据,而只能依据契约时间。也许,有人会提出质疑,任何个体在社会中生存,都会受到契约时间的制约,不存在个人自由支配的自由时间。的确,大多数的人在社会中生存,都会遵循契约时间,但是,一旦一个个体摆脱契约时间的约束,他就可以独立支配自己的时间,这种情况下,他所拥有的时间就不是契约时间,而是自然时间(即自然界的 24 小时)。例如,一个人辞掉工作去旅游,他实际上就不受契约时间的制度约束,而完全可以自己分配自由时间的多少。可见,个人的自然时间和社会现象的契约时间是不同的。

尽管旅游学界的大多数研究者都认为 1841 年托马斯·库克组织的第一次团体火车旅游是现代旅游的发端,但是,从人类社会历史的考察表明,成为人们普遍的生活方式的社会旅游现象并不产生于托马斯·库克的时代,而产生于二次世界大战之后。判断这一社会事实的标准就是大众拥有的闲暇时间,特别是带薪休假时间(见表1)。

表1 社会闲暇时间的历史发展进程表①

年代	地区	劳动时间 (小时/天)	闲暇时间② (小时/天)	带薪休假时间 (天/年)
18 世纪	欧美地区	12 小时以上	4 小时	—
19 世纪中叶	欧洲大多数国家	10 小时	6 小时	—
1920 年	美国率先实施每周 50 小时工作制	8.33 小时	7.67 小时	—
1935 年	国际劳动组织确认每天 8 小时工作制	8 小时	8 小时	—
1936 年 6 月	法国众议院通过法律规定,所有员工只要在一家企业连续工作满一年时间,便可享受 15 天的带薪假期,成为世界首个从法律上确定职工带薪休假权的国家。	—	—	15 天

---

① 作者根据不同的相关资料整理。
② 本文作者根据 8 小时睡眠时间推算的。

续表

年代	地区	劳动时间（小时/天）	闲暇时间（小时/天）	带薪休假时间（天/年）
1948年12月	联合国大会通过的《世界人权宣言》认定，"任何人都有休息、休闲的权利，尤其是享有合理的工作时间和定期带薪休假的权利。"	—	—	
1949年	国际劳工组织提出，劳工每年至少有6天带薪休假			
1976年	1966年12月16日，联合国人权委员会通过《经济、社会、文化权利国际公约》和《公民权利与政治权利国际公约》。1976年1月3日，《经济、社会、文化权利国际公约》生效，现有140多个缔约国。其第7条规定："本公约缔约各国承认人人有权享受公正和良好的工作条件"，特别要保证"休息、闲暇和工作时间的合理限制，定期给带薪休假以及公共假日报酬"。			

3. 支付能力的社会水平

同样，拥有出行的支付能力，也是旅游出行的另一个重要先决条件。

从个体的角度，个人的可支配收入的多少以及其用于非生活必需消费支出比例的多少，是决定一个人出去旅游的经济基础。因为，整个旅游过程中处处都会受到这种支付能力的制约。

显然，对于作为社会现象的旅游的支付能力，就应该从社会经济发展的程度来考察。除了当地的GDP水平和人均可支配收入指标以外，我们还应该加上一些辅助的经济衡量标准来综合考虑旅游的支付能力，如当地的通货膨胀率、当地的商业信用发展程度、当地的恩格尔系数指标、当地的基尼系数指标、当地的宏观经济景气指数，等等。因为，通货膨胀率（或称之为平均物价上涨水平）是影响居民实际收入的重要指标，表面上的高收入在高通货膨胀率的抵消下，仍然会使居民的出游支付能力乏力。当地的商业信用发展程度高，则意味着旅游的支付能力可能采取预支的方式实现，而不是旅游者的当期收入，反之，旅游者的支付能力只能取决于现在的可支配收入。当地的恩格尔系数指标则会反映出该地区的富裕程度，当这一地区的恩格尔系数很低时，意味着当地居民拥有更多的非生活必需品消费的支付能力，因而，旅游的支付能力必然会较强。当地的基尼系数则是反映该地区收入分配均等化的指标，基尼系数较高则意味着旅游的支付能力主要体现在富裕阶层，而不是社会的普遍现象。不过这一指标必须与恩格尔系数综合考察,因为即使是基尼系数很低,但恩格尔系数很高的情况下,人们仍然不具有旅游的支付能力。① 当地的宏观经济景气指数也是判断旅游支付能力的一个重要方面,宏观经济景气指数较低时,意味着当地经济低迷,尽管人们的可支配收入水平已经达到了一定的程度,但人们疲于生计,就不会更多地考虑对旅游的支付。综合这些因素,我们不难发现,作为个体的旅游支付能力主要取决于个体的经济实力,而作为社会现象的旅游支付能力则要综合考虑各种影响旅游支付的社会经济因素,仅仅从可支配收入来解释是不能说明问题的。

综上所述,我们不难看出,作为个人行为的旅游与作为社会现象的旅游是不同的。作为社会现象的旅游成为一种休闲生活方式,是人类社会发展在某一阶段的特征,这种特征意味着旅游作为现代休闲方式对人类社会发展进化具有重要的意义。

二、作为现代休闲方式的旅游在我国的发展

显然,我国大多数旅游学者是依据我国旅游业的发端来考察我国的旅游发展的,即以邓小平在1978年10月—1979年7月的五次强调发展旅游重要性的讲话为标志。② 然而,正如我们在前面理论分析中指出的,旅游是人类社会发展进化的一个产物,是更高文明阶段的一种生活方式的体现,因此,考察作为现代休闲方式的旅游在我国的发展,需要从旅游业发展和旅游生活方式发展的不同角度来分析。

1. 我国旅游业发展角度的考察

我国的旅游业发展起始于1979年。不过,当时的旅游业发展主要依托于接待外国游客的入境旅游,其背景是改革开放之初外汇资金的极度匮乏。根据中国统计出版社出版的《中国国内生产总值核算历史资料》显示,1976年我国的净出口仅为8.8亿元人民币,到了1981年也仅为11.3亿元人民币。而1986—1989年,由于大量购置进口生产设备,我国的净出口都为负值,1986年负值高达 -255.2亿元人民币。由此可见当时我国外汇收入的短缺程度。其实,作为一种以入境旅游来赚取外汇收入的发展模式,并

---

① 基尼系数的变动值在1~0之间,越趋于0越平等;而恩格尔系数是指食品消费支出在总消费支出中的比例,这一比例越高则意味着居民的食品支出越大,因而,可以用于其他方面的支出就越小,而非生活必需品(如旅游)的支付能力就越小。

② 邓小平在1978年10月9日首次提出"要大力发展民航、旅游业"以后,1979年1月2日再次强调了"旅游业要变成综合性的行业",1979年1月6日,邓小平在对国务院负责人的谈话中提出了"旅游事业大有文章可做"的指示,1月17日,他又再次发表了讲话,强调"发展旅游事业,增加国家收入"。7月份,他与安徽省委以及徽州地委负责人谈话时,建议"把黄山的牌子打出去"。参见国家旅游局、中共中央文献研究室编:《党和国家领导人论旅游(1978—2004)》,第1-11页,北京,中国旅游出版社,2005年。

不是我国独创的,一些发展中国家都采取过这种优先发展旅游业的发展模式。

当时,政府对国内居民的大众旅游采取不提倡的态度。① 而由于入境旅游的发展,旅游外汇收入得到了迅速的增长(见表2),旅游业随之发展起来。

表2 1978—1991年期间的中国入境旅游者和国际旅游收入②

年份	过夜的国际旅游者人数 (万人次)	国际旅游收入 (亿美元)
1978	71.60	2.63
1979	152.90	4.49
1980	350.00	6.17
1981	376.70	7.85
1982	392.40	8.43
1983	379.10	9.41
1984	514.10	11.31
1985	713.30	12.50
1986	900.10	15.31
1987	1076.00	18.62
1988	1236.10	22.47
1989	936.10	18.60
1990	1048.40	22.18
1991	1246.40	28.45

1989年突发的政治风波成为了中国旅游业发展的一个转折点。由于这一事件对国际旅游市场的强烈影响,我国入境旅游人数减少,旅游外汇收入下滑,这使得从1979年建立起来的旅游产业规模(3317家涉外旅游企业和50多万名接待国际旅游的正规编制从业人员③)面临着前所未有的生存困境。重新确定已经建立起来的旅游产业的市场定位,成为旅游业振兴发展的新出口。1992年以后,我国市场经济体制的确立,使得经济发展空前活跃,人员的流动更加自由,居民的可支配收入也得到了较快的增长。

---

① 1981年国务院下发的《关于加强旅游工作的决定》中指出,"暂不宜提倡发展国内旅游"。参见宁泽群主编:《旅游经济、产业与政策》,第310-311页,北京,中国旅游出版社,2005年。
② 参见宁泽群主编:《旅游经济、产业与政策》,第312页,北京,中国旅游出版社,2005年。
③ 参见《中国旅游年鉴1990》,第488-489页,北京,中国旅游出版社,1990年。

此时的国内旅游市场已经形成了相当的规模,如1988年,我国国内旅游的人数为6.9亿人次,国内旅游收入已经达到了2391.2亿元。① 不过,当时的市场消费主体主要为经贸人员和公款消费者,而并不是一般收入的普通居民。与此同时,20世纪90年代中后期的市场经济发展,使得中国从短缺经济进入到产品过剩的市场疲软状态,中央银行的连续降息政策仍然无法阻止居民的储蓄热情,如何启动市场有效需求成为了中国政府急需解决的社会发展问题,而旅游消费的经济功能再一次成为政府决策者关注的重点。于是便有了1999年黄金周休假制度的出台,旅游者在十一黄金周假日的"出游井喷"现象,也证明了旅游具有的回收货币的巨大功能,因为,旅游支出不仅仅来自于居民的当期收入,也来自于居民的储蓄。② 这也使得国内旅游人数和收入得到了迅速的增长,这时的国内旅游的主体也已经由经贸人员和公款消费者转向了普通的居民大众。

2009年是我国旅游业发展的另一个关键时期。2008年的世界金融危机使得我国经济发展的巨大市场需求,需要从依赖海外市场的出口贸易转向扩大国内市场,因而,旅游的巨大消费功能再一次成为了启动国内市场需求的调节器。当年12月,国务院下发了《关于加快发展旅游业的意见》(41号文件),文件提出"把旅游业培育成国民经济的战略性支柱性产业和人民群众更加满意的现代服务业"。

2.旅游生活方式发展角度的考察

旅游作为生活方式的产生需要具备三方面的条件:技术进步、经济发展和意识演变(申葆嘉,2011)。从我国1979年以来的历史发展情况来看,技术进步所代表的交通运输工具等已经具备了大众旅游的基本条件,因而,我们这里重点来考察一下经济发展和意识演变的情况。

从经济发展的考察来看,导致社会性的大众旅游产生的基本经济条件主要就是我们在前面所指出的居民的支付能力和闲暇时间。

以我国城镇居民1978—2003年可支配收入变化的情况(见表3)为例,我们不难发现,1990年以前,我国城市居民的可支配收入处于一种较低水平,而结合恩格尔系数来考察,1995年以前,我国城市居民的消费支出中食品支出占据主要的消费支出部分,而娱乐教育文化服务支出仅占10%左右。以1995年为例,我国城市居民的娱乐教育文化支出仅仅为396.76元。在这种可支配收入和娱乐消费支出的水平下,我们很难想象1995年以前,旅游能够从经济能力上支撑其成为我国居民的一种休闲生活方式。

---

① 参见张辉等著:《中国旅游产业发展模式及运行方式研究》,第21页,北京,中国旅游出版社,2011年。
② 参见宁泽群主编:《旅游经济、产业与政策》,第88页,北京,中国旅游出版社,2005年。

表3 1978—2009年我国居民的可支配收入与恩格尔系数①

项目	1978年	1985年	1990年	1995年	1999年	2003年	2009年
城市居民人均可支配收入	343.4元	739.1元	1510.3元	4238.9元	5854元	8472.2元	17175元
恩格尔系数	57.5%	52.25%	54.3%	50.09%	39.44%	37.12%	37%
娱乐教育文化服务支出	—	8.17%	11.12%	9.36%	—	14.53%	—

以居民拥有的闲暇时间为例，正如我们在前面强调的，它取决于社会的契约时间，而这一契约时间的界定则体现为国家的一种制度规定。1978年以前，尽管我国模仿前苏联制定了一个职工疗养的休假制度，但这一制度的对象并不是全体社会的公民，而是奖励受到政府认定的模范人员和有一定级别的官员。这种休假制度与受益于全体公民的带薪休假存在着根本的不同性质。加之在改革开放之前，与居民户籍相联系的生活必需品配给票证（粮票、布票、工业券②等）的分配制度，使得人们被户籍和配给票证这一制度规定画地为牢，休闲度假的旅游活动完全是一种奢谈。

1992年代表票证配给的粮票制度被取消，尽管户籍仍然存在，但限定人们异地自由流动的实际约束基本已经消除。1995年3月25日国务院发文，宣布了职工一周工作40小时的规定，在我国实施了双周休假制度。1999年9月18日，国务院修订发布了《全国年节及纪念日放假办法》，规定了春节、五一劳动节、十一国庆节连续休假3天，这样加上前后衔接的双周休假日，使得人们拥有了连续的较长闲暇时间，为居民的外出较长距离的旅游活动提供了时间的制度保证，从而导致被压抑太久的体验异地文化的内在需要以"井喷"的方式爆发出来。

从观念形成（意识演变）的角度来看，旅游的理念基于休闲哲学的基本思想，而休闲哲学的理念则可以追溯到古希腊的亚里士多德。马克思甚至将自由支配时间与人的全面解放等同看待。③

---

① 参见方心清、王毅杰：《现代生活方式前沿报告》，第93-94页，北京，社会文献出版社，2006年。2009年数据参考了有关资料。

② 粮票、布票是根据户籍的人口统一配给，而工业券则是用来购买大件生活用品（如自行车、缝纫机等）的凭证，即大件生活用品除了需要支付一定货币以外，还需要支付一定数量的工业券，否则无法购买。这些票证只针对城镇人口，农村人口不能享受这一待遇。

③ 参见刘晨晔：《休闲：解读马克思思想的一项尝试》，第四章、第五章，第180-276页，北京，中国社会科学出版社，2006年。

然而,现代休闲观念在我国的确立却只是在20世纪90年代中期以后才得以形成。1995年7月于光远先生成立"休闲文化研究小组"标志着中国休闲研究的起步;2000年马惠娣主编的第一套《西方休闲研究译丛》在中国的正式出版,意味着世界的当代休闲理念被系统引入了中国,引发了人们对经济增长与生活质量的内在联系的重新思考。此后,休闲的理念不断被人们提及和传播。2006年10月第9届世界休闲大会在杭州召开,使得休闲被政府决策部门和产业界所高度关注,休闲概念开始从"玩物丧志"的错误理解转变为对生活质量提升的核心体现。旅游学界的关注在这一时期也从产业发展研究为主开始转向探讨旅游的本质内涵以及旅游与休闲的内在联系。①

通过上面的分析,我们不难发现,作为现代休闲生活方式的旅游并不是在1979年形成的,而是开始于1995年的双周休假制度,特别是1999年的黄金周休假制度的实施,由于相当于带薪休假性质的三个黄金周长假期的实施,居民恩格尔系数的下降(低于40%)与居民可支配收入的绝对值增加,以及休闲观念的逐步确立,使得旅游作为现代休闲生活方式发展的必备条件(有闲、有钱、有追求生活质量的休闲理念)逐步形成,我国的旅游发展模式正在逐渐向着常规发展模式转化,旅游成为了我国居民的一种现代休闲方式。

三、我国旅游发展存在的问题与思考

我国旅游业至今已经取得了令人瞩目的成就。1979年我国全年接待的入境旅游者仅有180万人次,而国内旅游和出境旅游几乎没有什么发展。而到了2011年,我国接待的入境旅游者已经达到1.35亿人次,出境旅游的中国公民达到7025万人次,国内旅游者的人数更是高达26.41亿人次。我国现在是全球第四大入境旅游接待国和亚洲最大的出境旅游客源国。

然而,与旅游业发展辉煌业绩相对照的则是旅游作为现代休闲生活方式的发展却日益显现的诸多问题和无序性:旅行社市场的恶性竞争与混乱、旅游对自然和人文环境的不可再生性破坏、旅游的极度拥挤和游客满意体验的下降、预警系统的失灵和旅游安

---

① 谢彦君是最早提出旅游本质问题的国内学者,他在1999年所著的《基础旅游学》(第一版)中对其表述为:"是个人以前往地异地寻求审美和愉悦体验为目的而度过的一种具有社会、休闲和消费属性的短暂经历",而到2011年再版的《基础旅游学》(第三版)中,则直接表述为"是个人利用其自由时间并以寻求愉悦为目的而在异地获得的一种短暂的休闲体验。"在这种旅游本质表述的转变中,休闲体验直接成为旅游的内涵,是旅游研究在本质探讨中深化的体现。

全事故频发①。我们可以从2012年十一黄金周假期的一些相关报道中看出一些问题的所在。

案例1：故宫的拥挤

中新社报道：2012年10月3日，北京故宫博物院午门等待入场的游客众多。2日故宫接待游客数超过18万2千人次，再次刷新了历年接待游客最高值。故宫2日开放了34个售票窗口，比预计的30个再增加4个，达到了售票窗口的极限值。每年的10月2日和3日都是故宫一年来游客最多的时候。②

根据有关资料介绍，故宫每日接待游客的最佳容量为5万人，最大容量则是6万人。为此，故宫曾经于2011年制定了一个黄金周的游客人数的限流政策，即每日游客人数固定在8万人次。结果当年的十一黄金周就突破了这一限流政策，日接待人次达到13万人次，而今年的黄金周更是达到了故宫有史以来的人数最高峰18.2万人次。根据有关学者对旅游容量的定义（谢彦君，1999），"旅游容量是指对某一旅游地而言无害于其可持续发展的旅游活动量。"③故宫这种超旅游容量的旅游活动对旅游者和故宫本身而言意味着什么呢？实际上，本文作者于2005年曾就故宫的拥挤与服务质量管理的关系进行过调查研究，其结论证明了由于过度拥挤，即使加大服务力度，服务质量也很难得到有效的提高。④

案例2：鼓浪屿岛民的出逃

东南网－海峡导报10月5日讯（记者 崔晓旭 詹文/文）连续4天，鼓浪屿上岛的旅游人数都以10万计。"快走啊！晚了，就出不去了！"国庆黄金周，游客来了，鼓浪屿原住民纷纷"出逃"，只求安静。岛上居民们想出许多招数："逃回"厦门岛内；"宅"在家闭门不出；回老家小镇躲几天，顺便旅旅游。这是一场逃离，前所未有。

鼓浪屿岛民的出逃又意味着什么？这篇报道中介绍了他们的无奈：岛上原住民小

---

① 我这里所说的预警系统失灵主要是指当旅游的接待人次已经大大超过当地的承载能力时，政府和旅游主管部门以及旅游经营企业仍然置若罔闻，仍然在不断鼓励旅游者的继续涌入。
② 资料来源：http://news.dayoo.com/china/57400/201210/03/57400_109337753.htm
③ 参见谢彦君：《基础旅游学》，第257页，北京，中国旅游出版社，1999年。
④ 参见罗振鹏、宁泽群：《北京故宫可持续旅游调查研究——一个现代服务管理的视角》，旅游学刊，2006年第1期，50－53。

朱,去菜市场买海鲜,最终却只能提着青菜回家。海鲜呢?被游客大军买光了。游客大军涌入鼓浪屿,不仅占领了景点,连菜市场也占领了。小朱的困境使得许多岛内的原住民无法忍受这种对日常正常生活的干扰,百般无奈地选择了出逃方式。例如,刚退休的老郑,这个假期就带上老伴回浙江老家的小镇躲几天,顺便旅旅游。老郑说,放假了,有时老两口不想煮饭,想出去吃,可国庆节期间,岛上几乎所有的餐饮店都是游客,价高量少。没办法,只能选择出行,躲躲风头。"老家是江南水乡,比鼓浪屿清静多了,可以过一个安静的国庆节。"根据英国学者史蒂芬·佩吉等人对可持续发展型旅游所给出的基本原则之一:"尊重当地环境、文化、居民、基础设施和地区特色的完整性。"①那么,旅游活动导致的原住民出逃属于什么现象呢?这种现象似乎让我们联想起在干旱的秋收季节成群的饥饿蝗虫飞往田野蚕食庄稼的情景。

案例3:华山游客的被伤事件

2012年十一黄金周的华山游客被伤事件轰动全国,各种新闻媒介上各自不一的说法使得真相一时难辨。

我们姑且不去追究这一事件的真相如何,但就这一事件本身的意义来看,旅游已经成为了一场噩梦。原本出来散心娱乐的休闲行为成为了一场以生命为代价的角斗。而这一事件的起因在于景区过度拥挤,摆渡车没有接游客。正如有关报道所指出的:华山,年年长假景区人满为患,华山景区背弃自身管理责任,无度追逐经济利益,为何无人纠正和问责?景区客流超容预警,可预警机制总是迟迟难以启动。②

案例4:三亚的美丽海滩变成垃圾场

根据城市建设网报道:黄金周期间,三亚又成舆论关注焦点。不同的是,这一次不是因为"天价宰客"风波,而是"海滩变身垃圾场"的尴尬。今年中秋夜过后,三亚大东海景区3公里海滩遍布50吨生活垃圾,该市河东环卫局、大东海管理公司等单位出动600余人,耗费两个多小时才清理完毕。消息甫发便招来一片骂声,直指国民素质。

记者查阅公开资料发现,几乎每逢黄金周节假日,三亚或多或少都会遭遇

---

① 参见斯蒂芬·佩吉等:《现代旅游管理导论》,第256-257页,北京,电子工业出版社,2004年。
② 参见搜狐网:http://travel.sohu.com/20121008/n354442463.shtml

"旅游劫",其中生态环境问题也是每年都被提及。①

众所周知的一个词汇,就是"生态旅游",它是指旅游者在一定自然地域中进行的有责任的旅游行为,这种行为应该在不干扰自然地域、保护生态环境、降低旅游负面影响下进行。但是,我们今天的旅游活动有多少符合这种要求呢?

以上这些案例向我们展示了我国旅游发展出现的种种不尽如人意的问题。这些问题与我国的旅游业的大发展形成了鲜明的对比。这不禁让人们一而再、再而三地产生疑惑:旅游发展到底出了什么问题?到底应该如何来发展旅游?旅游最终能带给我们什么?

实际上,在前面的分析中,我们不难发现,我国早期的旅游业发展,目的是为了赚取外汇来支援国家在经济建设上的外汇匮乏。由于我国与国外发达国家在当时存在的社会经济发展的巨大差距和意识观念上的极大反差,在家丑不可外扬的东方传统观念影响下,早期对国外旅游者的旅游接待往往不注重他们对当地居民的生活与文化的深入体验,而只是将具有显著中国文化特征的著名景点作为观赏飞地,以蜻蜓点水的方式来浏览这些区域,这样既能满足外国旅游者的猎奇心理,又能够有效率地快速赚取国外旅游者可观的外汇支出。

因此,我国早期发展的入境旅游并没有体现出旅游本质追求异地休闲体验的文化特征,而更多地是表现出一种旅游体验的失真性和应景的浏览式观光。

例如,在20世纪80年代中期之前,外国人在北京的活动范围仅限于"40里圈"内。"40里圈"就是以天安门广场为中心、方圆40华里的范围。其他地区是不允许外国人去的,在主要路段都设有岗哨,立了"未经允许,外国人不得穿越"的中英文标牌。世界自然基金会中国代表处首席代表郝克明曾回忆他1976年首次探访了我国这个当时"与世隔绝"的神秘国度。他说,当时外国人每去一处必须有中国人陪着,而且必须去指定的地方。美元不能换成人民币,只能凭外汇券在友谊商店这样的涉外商店里用。外国人只能住涉外宾馆。②

21世纪以后,我国整体经济实力增强,国人生活水平提高。国内外物质生活水平日益接近,使得入境旅游最初的国内外差距缩小,阻隔外国旅游者与国人接触的意义已经不大。③ 在这种背景下,如何在国家旅游发展政策上体现出旅游本质的内在特征,即

---

① 参见城市建设网:http://www.zgcsjs.org.cn/news.asp? id=54018
② 转引自新华网:http://www.sina.com.cn,2004年10月03日21:57。
③ 2004年8月15日,国务院颁布了《外国人在中国永久居留审批管理办法》,标志着中国"绿卡"制度正式实施。

作为一种休闲生活方式的旅游应该如何有利于国人生活质量的提升和满足旅游者异地体验不同文化的要求,成为了指导我国旅游发展的关键所在。

为了更加明确常规旅游发展情况下的政策指导观念,我们先来借鉴一下常规旅游发展国家政府对旅游的认知和表达。

美国全国旅游政策法——第96届国会第一次会议参议院1097(报告第96-126号)编号133号:在全国旅游政策中表述道:"国会认为:(1)旅游业和娱乐业对美国很重要,这不仅因为它为广大人民服务并使用大量人力、财力和物力,而且因为旅游、娱乐及其有关活动对个人和社会大有裨益,"……"(3)……**旅游和娱乐将成为我们日常生活和不断增加的闲暇时间中更重要的方面**","……2、(2)使美国和外国的居民普遍能享有在美国旅游和娱乐的机会和好处,并保证现今和将来的世世代代享有足够的旅游和娱乐资源。(3)促进个人成长、健康、教育和跨文化间对美国地理、历史和民族的鉴赏。"①

日本旅游基本法——(昭和三十八年【1963】六月二十日法律107号):"旅游为国际和平和国民生活安定的象征,发展旅游的愿望是增进持久和平和国际社会相互理解,**我们的理想是要健康地享受文化生活。**"②

从上面美国和日本的旅游相关法律对旅游的表达中,我们不难发现这些国家都将旅游作为一种生活方式来看待,提高国民的生活质量则是发展旅游的宗旨和使命。

可见,作为经济增长工具的旅游和作为生活方式的旅游是不同的。

从发展的导向来看,作为经济增长工具的旅游发展是以经济增长指标和效率为导向的,连续不断的游客人流是其追求的目标。在这种发展观念里,蜂拥而来的游客潮是收益增加的标志,倍增的旅游人数是旅游发展利好的象征,但旅游对当地生活方式真实体验的本质特征在这种快餐式的旅游模式中消失殆尽;而作为现代休闲生活方式的旅游发展则需要以保证游客的体验质量和保障当地居民的生活质量为导向,这需要对游客和当地居民双方都做出不损害生活质量的承诺,因此,潮涌而来的旅游者可能会被认为是降低旅游企业的服务质量和降低游客体验质量的标志,是超过当地承载力而损害自然和人文环境的象征,并且这可能会伴随着种种不良的社会问题。

从产业发展政策来看,作为经济增长工具的旅游发展模式会强调旅游行业的快速

---

① 参见杨富斌、王天星主编:《西方国家旅游法律法规汇编》,第110-111页,北京,社会科学文献出版社,2005年。黑体字为本文作者所加。

② 参见杨富斌、王天星主编:《西方国家旅游法律法规汇编》,第1页,北京:社会科学文献出版社,2005年。黑体字为本文作者所加。

增长意义和它的独立产业地位;而作为生活方式的旅游发展更多强调的是国民经济整体产业对旅游发展的支撑作用,旅游的主体产业是依托于整个国民经济的发展框架来获得发展的。① 作为生活方式的旅游,实际上是异地的吃、穿、住、行以及其他各种与生活相关的消费活动。我们几乎可以提这样一个问题:请问什么与旅游消费无关?可见,旅游消费几乎会涉及国民经济最终消费的各个产业的产品。

综上所述,我们可以得出如下结论:发展旅游是什么?其答案就是全面均衡地发展整个国民经济。只有这种全面均衡的发展与人们的生活质量密切联系,旅游作为现代休闲生活方式才能显示出它的真正意义与价值。

参考文献

[1]张凌云.非惯常环境:旅游核心概念的再研究——建构旅游学研究框架的一种尝试.旅游学刊,2009(7).

[2]王玉海."旅游"概念新探——兼与谢彦君、张凌云两位教授商榷.旅游学刊,2010(12).

[3]谢彦君.基础旅游学(第一版、第二版、第三版).北京:中国旅游出版社,1999年,2004年,2011年.

[4]徐菊凤.关于旅游学科基本概念的共识性问题.旅游学刊,2011(10).

[5]申葆嘉.旅游学原理:旅游运行规律研究之系统陈述.北京:中国旅游出版社,2010年.

[6]国家旅游局、中共中央文献研究室编.党和国家领导人论旅游(1978—2004).北京:中国旅游出版社,2005年.

[7]宁泽群主编.旅游经济、产业与政策.北京:中国旅游出版社,2005年.

[8]张辉等.中国旅游产业发展模式及运行方式研究.北京:中国旅游出版社,2011年.

[9]方心清,王毅杰.现代生活方式前沿报告.北京:社会文献出版社,2006年.

---

① 需要强调指出的是,旅游是否是一个产业,理论界始终存在着不同的争议。其中一个最重要的原因,就是产业的边界范围。支持旅游作为产业的人会历数旅游业由众多产业组成,而反对旅游作为产业的人则强调旅游不符合公认规范的"产业定义",它不是一个单一产品的企业集合,它的产品收入并不完全来自于旅游者消费的收入,它的产品之间没有替代性(即不同旅游业的产品是互补品,而不是替代品)。参见托马斯·李·戴维斯:《何谓旅游:它真的是产业吗?》,转引自威廉·瑟厄波德主编:《全球旅游新论》,第23-29页,北京,中国旅游出版社,2001年.

[10]刘晨晔.休闲:解读马克思思想的一项尝试.北京:中国社会科学出版社,2006年.

[11]罗振鹏,宁泽群.北京故宫可持续旅游调查研究——一个现代服务管理的视角.旅游学刊,2006(1).

[12]斯蒂芬·佩吉,保罗·布伦特,格雷厄姆·巴斯比,乔·康奈尔.现代旅游管理导论.北京:电子工业出版社,2004年.

[13]杨富斌,王天星主编.西方国家旅游法律法规汇编.北京:社会科学文献出版社,2005年.

[14]威廉·瑟厄波德主编.全球旅游新论.北京:中国旅游出版社,2001年.

休闲体育与生活方式
——以广州、深圳为例

栗燕梅

【摘　要】 本文采用文献资料、实地调查、问卷调查和数理统计等研究方法,以全面建成小康社会对建立科学健康生活方式的影响为逻辑起点,简述了休闲体育与良好生活方式的关系,社会转型过程中国居民休闲体育生活方式的变革,分析了广州、深圳城市居民参与休闲体育活动的行为和方式特征,研究探讨了影响两市居民参与休闲体育活动的因素,并针对目前存在的问题提出建议。

【关键词】 休闲体育　休闲体育生活方式　体育观念

一、休闲体育与良好生活方式的关系

休闲体育是指现代社会人们为完善自我的生命过程,追求提高生命质量,享受体育活动乐趣的一种体育生活方式,目的是更好地从事劳动、工作、学习和创造活动。

休闲体育深层次的意识是文化,使人们理性地认识到生活的真谛。从科学层面分析,"休闲"是一种文化,是一种人文精神、创新精神、超越精神的生活方式,是人们对生命价值、生存意义、生活质量的思考和人的全面发展的追求。休闲体育正是人们休闲观念中的一种科学理性抉择。休闲体育具有内容多、受众广、文化性、个性化等特征,这些特征让人们自觉不自觉地感受到物质以外精神生活的愉悦,体验社会共同价值观念的融合与升华,使人们在身体活动中增进健康,在休闲娱乐中宣泄压力,获得自我体验与自我满足,真切感受生活的意义和个人的社会价值本位。休闲体育已经成为现代人必不可少的生活要素,是养成文明、健康、科学、和谐、优雅的现代生活方式的重要手段。

作者简介:栗燕梅,女,广州体育学院休闲体育与管理系,教授,博士,硕士研究生导师,研究方向:社会体育和休闲体育。联系电话:13719102678 邮箱:gztylym@126.com

二、社会转型过程中国民休闲体育生活方式的变革

现代社会,生活节奏加快、社会环境变化、工作压力增大等原因让很多人、特别是白领阶层都处于亚健康的状态。许多调查显示,我国"亚健康"人群占60%～70%之多,80%的企业家、86%的中层干部不同程度处于亚健康状态。亚健康容易向高血压、冠心病、糖尿病、脑血管疾病、癌症、心理障碍等疾病转化,进一步恶化就有可能出现"过劳死"或"无病猝死"。英年早逝和过劳死的事让人们从劳碌、繁忙的工作中醒悟过来,生活本身就教育人们要珍惜宝贵的生命,学会忙里偷闲,更多地参加体育运动,提高自己的生活质量和生命质量。"科学的基础是健康的身体"(居里夫人),阿拉伯谚语中也有这样一句话,"有两种东西失去之后才能发现它的价值,那就是青春与健康。"[①]由此看来,参与休闲体育活动虽然占去一定的时间,但换来的却是高效率的学习、工作和终身享用的健康身体。

现代化的关键是人的现代化,是人的生活方式现代化。广州、深圳居民的价值观发生了深刻的变化,体育锻炼已成为当代都市人生活方式中的客观要求,体育态度和体育价值取向向更高层次的与社会生活密切相关的方向发展。69.38%的居民认为体育健身是一种很好的休闲活动,是他们生活中重要的一部分,体育活动的价值取向排在前3位的依次是:强身健体占71.26%、享受运动的乐趣占35.33%、缓解压力与调整情绪占33.89%。社会上谈论频率最高的词语中,有一个就是幸福感,幸福感是当今生活中人们非常关注的一个问题,构成幸福感的因素很多,健康是首要因素。

美国学者英格尔哈特于20世纪90年代就社会转型过程中人们价值观念变化做过一次调查,结论是:"变化的轨迹似乎已经从最大限度地追求经济增长转向最大限度地提高生活质量","生存战略的一种变迁,就是从最大限度地推进经济增长转而通过生活方式的变化而最大限度地保证生存和幸福"[②]。社会转型期,广州、深圳人们休闲的价值诉求呈现"提高生活质量"的价值观变化,从农业社会苦行僧的生活方式转向工业社会追求享受生活,完善生命过程,由数量型生活转向质量型生活,追求生活品位和文化格调的高雅,体育观念从单一转向多元化、多层次化,变化轨迹所显示的也是英格尔

---

① 古丽帕丽阿不都拉.维吾尔族妇女余暇体育锻炼现状分析[J].新疆师范大学学报(自然科学版),2003(06):96-98

② 罗纳德·英格尔哈特.变化中的价值观:经济发展与政治变迁[J].国际社会科学杂志,1996(13)

哈特调查的发展趋势,从广州、深圳居民体育价值观转变的这个侧面也反映了第一次现代化"经济增长"转向第二次现代化"最大限度地提高生活质量"的规律,反映了第二次现代化的社会核心价值诉求。

三、以广州、深圳为例的实证调查与数据分析

(一)工业社会中广州、深圳两地居民休闲体育行为方式特征

本课题以广州、深圳市的教师、公务员、医生、商贸人员、工人、居民等不同职业群体的成年人为调查对象。经查阅文献资料、实地调查、问卷调查收集研究资料,发放问卷2250份,回收有效问卷2064份,有效回收率为91.73%,问卷发放、回收率和问卷有效率均满足统计学的要求。经专家鉴定,问卷具有较高的效度,对回收的问卷用裂半法进行信度检验,指标测量的可靠性 $r=0.86$,$P<0.05$,问卷有较高的可信度。数据输入计算机,使用 SPSS 软件对原始数据进行统计、分析和处理。

1. 运动休闲时间的工业社会特征

闲暇时间是我们生存与生命的重要组成部分,必然深深影响我们的生活方式。[①] 时间的分配和利用是人类生活的一个尺度,它反映了社会生活的过程,体现着社会进步的状况和时代的精神风貌,同时也展现了社会个体的精神内涵和生活质量。那么,广州、深圳城市居民的休闲时间是如何利用的呢?

广州、深圳市居民休闲生活方式有两个显著的特点:一是闲暇时间与经济发展显著相关。由于地缘关系,两市都很早就接受西方文明,近30年来,工业化水平迅速提升,劳动机械化、办公自动化、家务社会化的发展为人们赢得了许多闲暇时间。二是健康、理性地渡过闲暇。调查显示,广深居民休闲活动排前三位的依次是:文化与娱乐活动(31.23%)、体育健身活动(28.92%)、观赏体育竞赛活动(26.31%)。追求健康地、理性地度过余暇时间已成为广州、深圳居民的一种理念,当今社会既是黄金发展期又是矛盾的突显期,各种社会问题层出不穷,然而,广州、深圳市大多数居民能够理性地选择他们的休闲生活方式,这真是令人振奋和令人可喜的社会现象。

从休闲体育活动的频度和时间上看,广州、深圳市居民经常参加体育锻炼的人口占49.42%(包括学生)。不同职业群体调查结果显示:广州、深圳两地脑力劳动者经常参加体育锻炼的人口为45.8%,体力劳动者为49.5%。说明"富而思体、富而思健"的观

[①] 马惠娣,宁泽群.中国休闲研究学术报告 2011 绪言.北京:旅游教育出版社,2012:1

念正逐步根植于人们的日常生活之中,从一个侧面体现出广州、深圳经济和社会发展的程度和水平及人们积极、健康的生活方式。

调查显示,广州、深圳两市居民晚上健身活动的比例高达39.08%,其次是清晨占35.12%、下午占15.19%。中国几千年的农耕社会形成"日出而作,日落而息"的生活方式,发展到现代工业社会,呈现社会转型的交往需求。广州、深圳这两个现代都市,晚上的文化娱乐活动丰富多彩,精彩纷呈,文化广场、体育中心、健身苑、俱乐部人群沸腾,处处呈现出勃勃生机。老年人大多仍保持早睡早起清晨参加休闲体育活动的习惯,活动后去饮早茶,谈论天下大事,过着老有所养,老有所依,安享老年的幸福生活。

2. 惠及百姓的公共服务特征

从休闲体育活动空间的选择分析,公共体育活动场所(33.12%)被选率最高,以下依次是住宅小区(30.82%)、公园广场(28.75%)、自家庭院(27.34%)、单位体育设施(22.66%)、收费体育场馆俱乐部(21.65%),如图1所示。到收费场所的青壮年占了14.48%,说明通过休闲体育来提高现代生活质量已成为当今青壮年的时尚追求。

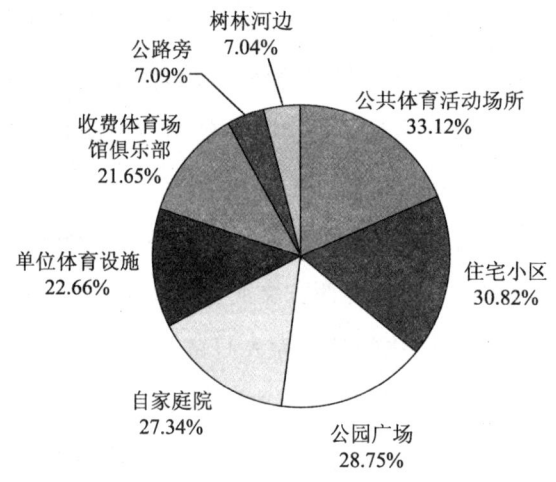

图1 广州、深圳居民参与休闲体育活动的空间

广州、深圳两地的公益性事业建设越来越受到政府的重视,公共设施的数量不断增加。2010年广州亚运会及2011年深圳世界大学生运动会的成功举办,大大改善了城市的体育设施,为城市居民参与休闲体育提供了便利。群众体育有着良好的物质基础,市民参与体育锻炼的热情十分高涨。尽管体育公共设施建设的力度很大,但仍有43.20%的居民认为缺场地或"场地不方便",体育公共设施建设还未能满足人民群众日益增长的休闲体育活动需求。

3. 勇立潮头、包容百川的岭南文化特征

休闲体育活动内容和形式反映休闲体育生活方式的水平,反映人们所追求的休闲品位和休闲质量。运动休闲不仅可以强身健体,尤为重要的是使人感受到一种清新时尚、对高质量高品质生活的向往和追求。调查结果显示,广州、深圳居民的休闲体育活动覆盖了36个项目,依次是散步(66.73%)、羽毛球(27.00%)、游泳(23.43%)、做操(21.36%)、跑步(17.89%),等等。对于休闲体育活动项目选择,传统的项目依旧比较受青睐。散步、羽毛球、跑步、篮球、乒乓球、游泳、足球、网球、体育舞蹈等项目最受欢迎,是人数参与最多的运动项目。

独特的百越文化底蕴和海洋文化特征,加上与中原文化、海外西方文化和岭南文化的不断交流、融合,使广州、深圳在文化形态上呈现出多元化的岭南特点,形成了包容、开放、务实、进取、敢为人先的城市文化品格。正是文化形态上的多元化特点,使得广州、深圳市居民具有丰富多彩的生活方式。

4. 休闲体育活动形式的市场特征

互动论强调,人们总是处在创造、改变他们的生活世界的过程之中,他们不仅对人们的行为感兴趣,而且对人们的思想和感觉感兴趣。互动论探索人们的动机、目的、目标和他们理解世界的方式。①

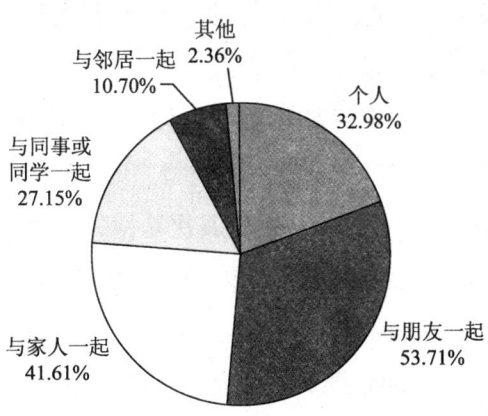

图2 广州、深圳居民参与休闲体育活动的形式

广州、深圳居民参与休闲体育活动的形式,居前三位的依次为与朋友一起(53.71%)、与家人一起(41.61%)、个人(32.98%),如图2,其中与朋友一起活动位居

---

① 栗燕梅,许宗祥等.广州休闲体育生活方式研究[J].广州体育学院学报,2010,30(6):4

榜首。深入调查结果显示:中产阶层群体,主要是机关干部、公务员等行业中的脑力劳动者,体现出和朋友、家人以及同事或同学一起参与为主,这一阶层群体参与休闲体育意识较强,除了具有强身健体、放松身心和宣泄压力、愉悦身心外,其中还蕴藏着完善自我、展示人格魅力、突出社会影响和宣传企业形象的深刻内涵。说明广州、深圳居民喜欢与志同道合的人一起活动,在观念上显示出价值开放性和活动自由性的特征。这些都充分反映了城市化生活方式使人们的人际交往需求加强。

调查显示,与家人一起参与运动休闲活动的人数有大幅提高的趋势,这是中华传统美德的回归,促进了家庭、社会和谐。

5. 时尚、享受、彰显个性的多元化消费特征

一般来讲,生活方式由五大要素构成:行为习惯、生活时间、生活空间、生活节奏以及生活消费。①

按照发达国家的资料,人均收入1000美元时,是消费结构巨变期,也就是人们的基本生活满足之后,消费转向旅游、教育、信息等领域。依据世界旅游组织判断,广州、深圳市居民已达到进行旅游、教育和信息等领域消费的条件,具备了休闲体育活动条件,不过,统计显示,家庭月体育消费10~100元之间的占了45.65%,500元以上的仅有3.10%。家庭月体育消费多在100元以下,原因是载负着教育(占52.12%)、医疗(33.85%)、住房(34.96%)、养老(45.37%)的压力,在很大程度上制约着休闲体育的发展,制约着居民休闲生活的质量。

从广州、深圳市居民休闲体育消费支出的项目分析,可将休闲体育消费结构归为实物型消费、娱乐享受型消费和发展型消费三大类型。调查结果显示:广州、深圳居民休闲体育实物型消费所占比例最高(50.41%),其次是博弈型消费(17.51%),再次是观赏型消费(11.38%)、娱乐享受型消费(13.39%),显然,物质型消费仍占主要地位,娱乐享受型消费地位比较突出,而发展型消费还有待进一步提高。低收入群体的休闲体育消费,同样存在发展与享受的需求,但休闲体育消费要想实现大众化和普及化,仍需要很长一段时间,这就决定了城镇居民的休闲体育行为仍以公益性、国家福利型的消费行为为主要方式。

---

① 卢元镇. 体育社会学[M]. 北京:高等教育出版社,2001:257-259

(二)休闲体育发展的社会环境条件和影响因素分析

1. 休闲体育活动的社会环境条件

广州、深圳地区经济社会的发展,是地理孕育了机会,历史创造了机会,政治催生了机会。经济的发展是体育活动发展的基础,是前提条件。

广州、深圳经济社会发展有着坚实的基础,有着优越的地理、人文、气候条件。

首先,休闲体育发展,经济是最基础的条件。

广州、深圳形成了高起点的知识、技术密集型工业体系,高标准、大规模的第三产业以及竞争力较强的主体产业群。经济持续30年高速发展,2011年,广州、深圳两市实现生产总值(GDP)分别为12373亿元和11316亿元,人均GDP12500美元和13664美元,有了雄厚的经济基础,为中心城市体育场地设施现代化建设提供了经济支撑。居民舍得花钱进行运动休闲消费,这些都是经济基础的作用。

其次,特殊政策,灵活措施,先行一步,探索经验,是广州、深圳休闲体育发展的政策条件。

1979年中央决定给广州、深圳特殊政策和灵活措施,鼓励广州、深圳发挥优越条件,先走一步,大胆改革,探索走中国式社会主义现代化道路的经验,尽快把国民经济搞上去。因为有了特殊政策和灵活措施,解放了思想,勇于创新,广州、深圳体育改革才有市场化的探索、社会化的探索、体育奖券的探索、职业俱乐部的探索,先行先试,为体育改革探索了中国式社会主义现代化道路的经验。

第三,区位优势是广州、深圳休闲体育发展独特的地理、气候条件。

地缘优势影响广州、深圳休闲体育发展:一是岭南与中原的历史渊源;二是岭南独特的地理区位;三是良好的气候环境。

广州是岭南的政治、文化中心,深圳是一个开放、移民城市,百越人受中原文化的影响,岭南文化不断吸收、兼容了中原先进文化以丰富自己。

广州、深圳是中国的南大门,面向大海,毗邻港澳,与菲律宾、马来西亚、越南等东南亚国家隔海相望。海上丝绸之路从这里出发,通向亚洲、通向世界。通过商贸渠道,中华文化从海上传向世界,又从海上带回来世界先进文化,岭南人不断地吸收、兼容了世界先进文化以丰富自己。

广州、深圳年平均气温21.9摄氏度,三冬无雪,树木葱郁,繁花似锦,四季温暖如春,无论是白天黑夜,都可从事各种活动,更为晚上的运动休闲提供了温凉适宜的环境,为活跃市场经济给足了自然条件。进入工业社会,运动休闲的市场特征有它的地缘、人缘、环境背景,广州、深圳休闲体育蓬勃开展,气候条件优越是它得天独厚的影响因素。

2. 影响休闲体育活动的因素分析

作为一种社会现象,作为休闲的组成部分之一,休闲体育也绝对不是一个单纯的现象,它必然与其他社会现象有着密切的联系。影响广州、深圳市居民参加休闲体育活动的因素很多,个体因不同的内在条件和外部条件会采取不同的活动方式,社会的休闲体育生活方式是呈多样化的。笔者采用主成分分析的方法,从问卷提取19个指标进行因子分析,结果显示,影响广州、深圳居民参与休闲体育活动的有5个主因子,按其内在的特征,分别命名为:条件因子、环境因子、观念因子、经济因子和文化因子(如表1所示)。旋转后5个因子累计贡献率为61.81%,用5个因子代替19个变量,可以概括原始变量约六成以上的信息,5个因子可以解释大部分变量。

表1 各指标分类及因子命名表

因子名称	指标	因子载荷	因子名称	指标	因子载荷
C1 条件因子	X5	0.518	C3 观念因子	X2	0.677
	X6	0.650		X10	0.458
	X7	0.726		X11	0.735
	X8	0.639		X12	0.699
	X9	0.670	C4 经济因子	X13	0.785
C2 环境因子	X16	0.547		X14	0.839
	X17	0.725		X15	0.671
	X18	0.762	C5 文化因子	X1	0.570
	X19	0.675		X3	0.800
				X4	0.753

(1)条件因子,主要由休闲体育设施(X5)、休闲体育活动的媒介宣传、推介(X6)、休闲体育场所的指导、服务和管理水平(X7)、休闲体育场地所离居住地的距离与方便程度(X8)、周围人参与休闲体育活动多少(X9)等5个指标组成,它们作用在第1因子上的载荷分别是0.518、0.650、0.726、0.639、0.670。

随着城市化进程的发展,交通的拥挤问题越来越突出,而广州、深圳市上班一族大多是朝九晚五的工作作息,下班后选择较近与方便的体育场所健身成为他们的首选,因此,体育场所的远近与方便程度成为制约人们参与运动休闲的一个重要因素。周围人群参与体育健身的积极性高,会间接影响人们参与休闲体育的兴趣与积极性。由于生活水平的提高,居民在参与体育锻炼的同时,对体育场所的相关指导、服务与管理的要求也越来越高。随着信息化产业的发展,大众传媒已经成为人们获得信息的主要手段之一,为人们的生活提供丰富、及时和准确的信息,促进人们主动参与休闲体育的热情。

(2)环境因子,主要由家人朋友的支持与影响(X16)、学生时代对体育的喜爱程度(X17)、参加单位体育活动(X18)、休闲体育活动的伙伴(X19)等4个指标组成,它们作用在第2因子上的载荷分别是0.547、0.725、0.762、0.675。

马斯洛的人本主义的目的,追根究底就是人的自我实现。人具有一种与生俱来的潜能,发挥潜能、超越自我是人的最基本要求。环境具有促使潜能得以实现的作用,如果周围环境条件具备了而且达到了参与者进行体育行为的要求,那么周围环境等外在因素的诱导因子就会促使参与者参与体育行为的意识得以实现。居民参与活动较关心活动的氛围,喜欢参加自己生活圈子成员中的活动,和家人、朋友、伙伴和同事一起,会非常轻松、愉悦,他们不用怕动作不熟练,不用怕人讥笑,可以随心所欲,尽情发挥,互相的影响形成热烈的气氛,增进感情。

(3)观念因子,主要由健身性(X2),对休闲体育知识、技能的熟悉程度(X10),身体健康状况(X11),兴趣爱好(X12)等4个指标组成,它们作用在第3因子上的载荷分别是0.677、0.458、0.735、0.699。

休闲观受一定的历史条件、客观实际和人的世界观、人生经历、知识水平和休闲技能等因素的制约,不同时代、不同区域、不同个体的休闲观有很大差异,休闲层次、休闲质量也有很大差异。当人们认知到收入水平和休闲时间只是两个社会条件,他们对体育的态度就有了根本的认识,就会养成自觉自愿参与休闲体育活动的习惯,这就为建立良好的休闲体育生活方式提供了可能。人们对体育锻炼的兴趣直接关系到他们参与体育锻炼的效果。对休闲体育知识、技能的熟悉程度也是影响人们参与休闲体育活动的一个重要因素。因此,需要借助社会体育指导员、广大的体育爱好者、政府和社会的力量来引导和调动他们参与体育锻炼的兴趣和积极性。

(4)经济因子,主要由个人收入水平(X13)、休闲体育支出(X14)、个人休闲时间(X15)等3个指标组成,它们作用在第4因子上的载荷分别是0.785、0.839、0.671。

时间和金钱是我们这个社会中最稀有的资源,而如何消费它们决定了这个社会和经济的本质。

经济条件是构成体育生活方式的一个重要条件,也是影响体育生活方式形成的重要因素。因此,个人收入水平的高低、个人休闲时间的多少和休闲体育花费的多少是制约个人参与休闲体育活动的主要因素,同时也是影响休闲体育活动开展的重要因素之一。

(5)文化因子,主要由娱乐性(X1)、时尚性(X3)、知识性(X4)等3个指标组成,它们作用在第5因子上的载荷分别是0.570、0.800、0.753。

休闲体育本身就具有趣味、时尚、知识、健身的特点,休闲体育活动最主要的功能是健身功能,其次是娱乐消遣的文化功能。在开展休闲体育活动中,应在体现这两个功能的同时,发挥休闲体育其他功能的作用。一些居民的体育知识匮乏,锻炼手段和方法单一,健身器械对健身的作用不理解,对锻炼增强免疫能力的作用缺乏认识,都会直接影响参与活动的积极性。随着社会的发展,时尚性已成为人们讨论与追随的主题之一,在青年人群体中尤为明显。因此,趣味娱乐性、时尚性和知识性也成为制约人们积极参与休闲体育活动的主要因素之一。

综上所述,影响居民参加体育活动的因素很多,各类因子都对休闲体育生活方式起着正面的或负面的影响,不同的个体受各自不同的主客观条件限制。只有研究休闲体育的影响因素,有针对性地开展工作,才能推进休闲体育生活方式的广度和深度,提高社会和谐的程度。

四、结论

(1)在全面建成小康社会进程中,科学健康的休闲体育生活方式是社会主义精神文明建设不可缺少的组成部分,对经济、社会建设、构建和谐社会具有重要意义。休闲体育是社会发展的必然现象。追求科学、积极、健康地休闲成为一种时尚和理念,理性地度过余暇时间,体现出广州、深圳居民积极、健康的休闲体育生活方式。

(2)社会转型过程中,广州、深圳居民休闲的价值诉求正由数量型向质量型,由物质为主向精神与物质并重转变。这是30年社会转型价值观变革的轨迹,也是社会发展的必然规律。这个轨迹具有普遍意义。

(3)广州、深圳居民休闲体育生活方式凸显了开放性、市场性和创新性,具有浓郁的岭南色彩。广大居民休闲体育活动仍以公共设施为主,群众满意度不断提高,市民参与休闲体育活动的意识和积极性很高,这是政府关注民生、改革成果惠及百姓的效果。

(4)影响广州、深圳市民参与休闲体育活动的因素多样。各种因素交互作用,对两市居民休闲体育行为起着制约作用。不同个体的不同条件,形成社会休闲体育生活方式多样化。

参考文献

[1] 王玉波.生活方式[M].北京:人民出版社,1986:13.

[2] 古丽帕丽阿不都拉.维吾尔族妇女余暇体育锻炼现状分析[J].新疆师范大学学报(自然科学版),2003(06):96-98.

[3] 罗纳德·英格尔哈特.变化中的价值观:经济发展与政治变迁[J].国际社会科学杂志,1996(13).

[4] 马惠娣,宁泽群.中国休闲研究学术报告2011 绪言.北京:旅游教育出版社,2012.

[5] 栗燕梅,许宗祥等.广州休闲体育生活方式研究[J].广州体育学院学报,2010,30(6):4.

[6] 卢元镇.体育社会学[M].北京:高等教育出版社,2001:257-259.

休闲教育与大学生生活方式

黄金葵

【摘　要】基于"生活论"的福利主义教育观是休闲教育的哲学基础;而休闲教育又是美好生活方式的重要传承途径,这是由生活方式的内在文化属性决定的。本文以休闲教育课程体系中的特色课程——"中国文化与景观审美"教学设计为案例,说明休闲教育在传承美好生活方式过程中道德标准与美学标准是可以融合与统一的,其理念在于以美育促生活,其最终目标是促进生态自然、人际社会以及个体情智三者的和谐发展。

【关键词】休闲教育　生活方式　课程设计　美育

一、休闲教育与生活方式的关系

（一）基于"生活论"的福利主义教育观是休闲教育的哲学基础

休闲教育之所以能够成为人们理性选择生活方式的重要途径,是因为休闲教育与生活方式在教育哲学的理论基础和理论意义上均存在本质的、必然的联系。首先。从休闲教育的概念边界看,"休闲教育是相对于职业教育而言的概念,它和其他类型的教育如通识教育（博雅教育）、学科专业教育、职业教育的主要差异并非体现在教育的内容上,而是体现在教育的目标上。休闲教育旨在"丰富人们的生活"（布莱特比尔,2009:30）。正是休闲教育的这种非职业针对性的、居于生活本位的教育目标,使得它所立足的教育哲学根基并非是基于"生产本位论"的教育观。也就是说,教育的目的并非仅仅为了找到一份毕业以后可以维持生计的工作,而是学会如何在未来更长远的人生道路中更好地生活。其积极意义在于,休闲教育目标的生活本位特征构成了对传统功

作者简介:黄金葵,首都体育学院讲师、北京大学社会学系人类学专业2012级博士生;学术方向:休闲教育与文化研究;联系方式:北京市海淀区北三环西路11号首都体育学院管理与传播学院外语教研室100191;电子邮箱:hjkhwj@126.com。

利主义教育哲学的一种超越,体现为一种新型的福利主义教育观。

"生活论"能够作为休闲教育的哲学基础,可以从马克思历史唯物主义社会理论中找到依据。根据马克思的观点,"生产和生活这两个各自有独立的概念特性和发展要求的人类活动实体,在社会整体发展中体现为互动生成关系。不是'生产本位论',正是'生活/生产互构'过程构成人类社会发展的实质和核心,成为社会发展理论研究的基本解释框架和研究范式。"(王雅林,2006:11)基于"生活论"的社会概念研究范式,是一种"从生活出发,以生活为核心的内外结构要素,显性与隐性结构互动生成的社会概念体系框架"(王雅林,2012:24)。由于这种研究范式的出发点和休闲教育丰富人们生活的终极目标是一致的,因此"生活论"得以成为休闲教育赖以存在的哲学基础。

休闲教育所折射出的福利主义教育观是由其自身的终极诉求所决定的。因为休闲教育的生活本位目标不刻意强调教育目标的职业针对性,注重的是教育活动对人的发展的长远效益,即人类对美好生活的终极诉求。而这种观念恰恰和注重短期效益的功利主义教育观相对立,因此它是超功利的,它所折射出的是一种为人的发展提供远期生活收益的社会福利思想,因此,我们不妨将其称之为一种带有福利主义色彩的教育观。

(二)休闲教育是传承美好生活方式的重要途径

休闲教育引导人们理性选择生活方式,不是指向那些空耗的、反文明型的生活方式,而是鼓励人们选择对人的发展有积极意义的,创造的、求知的、娱乐的生活方式。人类学的观点认为,具体社会特定民族的生活方式表现为文化,是社会结构的外在表达形式,社会结构是稳定的,而外在的文化表现形式是千姿百态的(利奇,2004:28-29)。从这个意义上看,美好的生活方式不是单一的、绝对的、抽象的、孤立的,而是同特定的时空情境及人文环境相联系的,是具体社会特定民族先进文化的具体体现。休闲教育引导人们理性选择生活方式,可以理解为对特定民族先进文化的有意识传承。从功能上看,这类传承活动有三方面特征,即主体选择性、人文民族性、开放系统性,均是由生活方式的内在文化属性所决定的。

第一,通过休闲教育途径所传承的人类美好的生活方式具有明显的主体选择性,这是生活方式的文化习得属性所决定的。美好的生活方式很大程度是通过人类后天习得的方式进行代际传承的。按照文化人类学家林顿的观点,"所有的文化都是习得的而非生物学遗传的,人们在特定的文化中成长,因而学会自己的文化,文化借以从一代人传递到下一代人,这个过程被称为濡化"(哈维兰,2002:42)。但是纯粹靠自然地"濡化"进行文化传承只是十分完美的理论假想状态。实际上,"没有两个个体以恰好同样的方式经历濡化过程,在任何文化中总存在某种变化的潜在趋势,而在特定文化中也会存在相对的文化黏合应力"(哈维兰,2002:45)。一旦文化黏合应力失效时,文化危机就会出现。目前我国社会上出现的代际沟通瓶颈,优秀传统文化断层现象可以理解为文化黏合力失效的典型表现。而上一代人刻意地对下一代进行美好生活方式的传承与教化,则是增进文化黏合力的有效途径,这种传承与教化活动若要成规模、成系统、长期持续,需要依托专业化的教育机构去实现。具有非职业针对性的休闲教育,具有去功利化属性,很适宜成为传承美好生活方式的重要平台。

第二,通过休闲教育途径所传承的人类美好的生活方式具有强烈的民族特色和人文主义色彩,这是生活方式的文化符号属性所决定的。根据人类学家怀特的观点,"所有的人类行为都源自符号的使用,文化最重要符号的方面是语言,语言是用符号交流各种信息的系统,用词代替对象,借助语言,人们能够把文化一代又一代地传递下去,语言尤使人们能够从积累的共享的经验中学习"(哈维兰,2002:43)。然而,由于人类社会不同群体间的语言千差万别,所表现出的文化也因此而多姿多彩。正如吴文藻(2010:281)先生所主张的,语言是了解文化的精神现象的关键,也是文化存在的基础。正是人类语言所具有的这种稳固的、复杂而排他的符号属性决定了休闲教育会和特定民族的生活方式相联系,并且离不开人类特有的民俗活动。因此,休闲教育的内容通常会具有浓厚的民族特色和以人为本的人文主义精神特质。

第三,通过休闲教育途径所传承的人类美好的生活方式是一个面向大众的、有机的开放系统,这是生活方式的文化共享属性和文化整体属性所决定的。根据人类学界在长期的田野实践中形成的共识,哈维兰强调(2002:44-45),文化既是系统的,又是一套共享的理想、价值和行为准则。"正是这个共同准则,使个人的行为能为社会其他成员所理解,而且赋予他们的生活以意义"(哈维兰,2002:36)。也就是说,从这个意义上说,生活方式的文化共享属性和整体属性决定了休闲教育应是一个面向大众开放的观念体系,在这个体系中应当尽量还原人类美好生活方式的全貌。具体而言,休闲教育的内容结构配置不但应体现为施教者在伦理教化上设定的完整意图,还应体现为在对学习者审美体验上的充分关照。也就是说,作为人类美好生活方式有机传承系统的休闲教育,在道德教化的天然教育目标外,还要将艺术审美的第二重目标纳入其中。在将特定时空场域的整体文化景观作为基本的教学单元的过程中,应力图在系统的、有组织的休闲教育过程中使目标群体针对特定的对象凝聚审美共识,并且潜移默化地植根于自身的道德伦理价值观念体系中。

二、休闲教育与大学生生活方式

(一)休闲教育课程体系概述

在上述论证中不难发现,休闲教育作为人类传承美好生活方式的重要途径主要呈现出主体选择性、人文民族性、开放系统性三个特征。而将这三个特征应用到开发具体的大学生休闲教育课程上则应体现出对学习内容选择权的尊重,对传授特色生活知识与相关技能自主性的尊重,以及立足伦理与审美的全人格教育。简单地归纳就是秉承"选修、通识、美善"三原则。休闲教育课程在我国尚处于试点探索阶段,以高校为例,各高校现有的公共课教师资源十分有限,而且休闲教育课程涉及到的教室、上课时间等教务工作呈现复杂性,这些都在客观上要求休闲教育的课程开发应尽量结合现有的优势课程资源而进行。根据比尔布莱特归纳的休闲教育课程应培养人类的十一种生活技能(比尔布莱特,2009:74),再结合我国高校普遍开设的通识教育类选修课程,得出的对应关系如表1。

表1 休闲教育分类目标与通识教育课程的对应关系

休闲教育的分类目标	休闲教育的主要内容	对应的通识教育课程
提升价值观	1 帮助发展强大的精神支柱	思想道德教育类课程
增进求知欲	2 打开走向科学世界的大门 3 贴近自然尤其是户外生活	科普教育类课程 户外(环境、旅游)教育类课程
提高欣赏力	4 在形象艺术和创造艺术中发挥创造力 5 懂音乐或至少能欣赏音乐 6 深入研究文学 7 提供机会让我们可以通过不同形式的戏剧表达来表达自我	美术教育类课程 音乐教育类课程 文学教育类课程 戏剧教育类课程
增强生存适应力	8 帮助发展身体\运动和机械协调 9 强化有效交流和体现社会美德的能力 10 鼓励为他人服务 11 为安全和救生做出贡献	体育教育类课程 人际伦理教育类课程 志愿服务教育类课程 安全与逃生教育类课程

(二)休闲教育课程理念:以美育促生活

休闲教育在传承美好生活方式过程中的道德标准与美学标准是可以融合与统一

的。因为体现美好生活的"艺术并非局限于艺术本身,它主要和适合的生活方式有关,美学和伦理学关系密切……但是,归根结底,美学标准和好的生活方式是一致的"(韦尔施,2010:19)。基于对支撑美好生活方式的审美与伦理标准内在统一性的认同,我国很多前辈学者如蔡元培、李泽厚等先后提出过"以美育代宗教"的主张,这种主张的提出为我国休闲教育课程的具体目标定位研究提供了很好的理论起点。但是由于目前休闲教育在我国尚处起步阶段,更为具体的有关休闲教育课程定位层次的理念表述仍处在探索阶段。对此,笔者主张,将休闲教育的哲学基础——"生活论"与前辈对美育的倡导相结合,重新确立休闲教育的课程理念为"以美育促生活",进而使得这种表述更加体现休闲的特质。

由于休闲教育所传承的是人类美好的生活方式,根据人类学结构功能主义学派代表人物马林诺斯基提出的"文化三分法"(吴文藻,2010:273),任何社会的文化系统都可被分为物质底层、社会组织以及语言和信仰三个层次型。无疑,这三个层次的文化都可作为休闲教育课程的教学内容。其次,中国传统的休闲观念也十分强调文化系统的整体性,往往集智慧教育、审美教育和伦理教育于一体,这和马氏将三个层次的文化放到一个共同的文化体系里看待有异曲同工之妙。因此,不妨结合中国传统的怡情养性、天人合一等休闲观念分别针对具体的物质底层层面、社会结构层面和语言与观念层面的文化提出休闲教育的课程目标。具体可以归纳为,针对物质底层层面的生态和谐观,针对社会结构层面的人际和谐观,针对语言与信仰层面的情智和谐观,如表2。最后,如果再进一步明确地阐述,则可借鉴李泽厚先生在《以美育代宗教》(2011)中所提到的"以美启真"、"以美储善"的观点并加以丰富,最终推导出我国休闲教育课程在传承美好生活方式上的具体目标:第一,休闲教育要力图揭示生活方式物质层面的美学真谛;第二,休闲教育要大力倡导生活方式人际社会层面的公序良俗;第三,休闲教育要循序提升生活方式个体观念层面的情趣品位。而这一切最终的目标都是促进人的自由与全面发展,有助于丰富与完善人类美好的生活方式。

表2 休闲教育课程目标

文化三因子	休闲教育课程目标	休闲教育类课程总目标
物质底层层面	"以美启真"——探究生活方式物质层面的美学真谛(生态和谐观)	大学生群体人文素养与休闲观念的全面提升
社会结构层面	"以美储善"——倡导生活方式社会层面的公序良俗(人际和谐观)	
语言与信仰层面	"以美养性"——提升生活方式观念层面的情趣品位(情智和谐观)	

(三)基于人类审美认知规律的课程设计原理

然而,在实际的休闲教育课程设计中,如何最终协助学习者实现生态自然、人际社会与个体情智三者间的关系和谐和共生发展,则要遵循人类普遍的审美认知规律。在人类对环境感知的心理活动规律的研究中,著名人本主义地理学家段义孚先生在他的景观地理学代表作《恋地情结》(段义孚,1990:92)中首创性地提出了人类在景观审美这种综合而复杂的感知体验过程中的心理机制,主要有以下三层含义:(1)人类对外部环境(景观)的反应方式主要由对美的欣赏(aesthetic appreciation)和物理接触(physical contact)两大类型构成。(2)能够引发恋地情结(topophilia)的三种相关心理因素分别是健康需求(health)、熟悉度与依附感(familiarity and attachment)以及爱国情怀或历史怀旧情感(patriotism)。(3)因城市化(urbanization)的负面影响引发了人类对田园风情(countryside)与荒野自然(wilderness)的欣赏。

段先生的主张在提升学生审美情趣类的休闲教育课程设计上有三点启示:第(1)条中关于欣赏式审美和接触式审美的二分法,为我们揭示了人类感知美好景观的不同体验方式,而且这些感知方式在难易程度上是有差异的,在人类感受体验的感官中介上是有选择的。第(2)条的意义在于,揭示了触发人类恋地情结的个体心理诱因的多样性,而且这些诱因都属于人类心理底层潜意识的诱发因素,属于个体的本能情感范畴,状态稳定而持续,很难克服或消解。第(3)条提出了生存环境的过度人化是触发人类恋地情结的外部诱因,人类心理在本能层面存在着亲近自然的内在倾向,并随着去自然化程度的增加而增长。段氏的恋地情结假说应用到我们的大学休闲教育课程建设领域,在理论上有力地支撑我们如何从尊重学习者的审美认知心理机制出发,更合理地编排教学内容的结构与顺序。

(四)特色休闲教育课程设计案例——"中国文化景观审美"

1. 课程结构编排

"中国文化景观审美"就是笔者根据上述理论模型为北京学院路地区①教学共同体②设计的特色休闲教育跨校公选课。该课程旨在面向学院路地区教学共同体所有成员单位的任意专业的全体本科生开放。本课程遴选了由我国著名美学家叶朗先生撰写

---

① 学院路地区指位于北京西北部一条不足3公里的道路两侧彼此相邻地坐落着八大院校在内的国内十多所著名高校。这些高校多数是建国后建立的行业性高水平大学。

② 成立于1999年的教学共同体现已拥有21所成校。由各校遴选具有特色的优质素质教育课程供所有成员校学生跨校选修,互认学分。目前已发展到除军事之外包含11个学科、265门跨校选修课、34个跨校辅修专业的课程体系,是开展休闲教育的良好平台。

的《中国文化读本》作为教材底本,其课程结构在编排上最大的特点就是按照人类的审美认知规律将原教材中36个中国文化经典主题进行章节重组(见表3)。根据人类就特定审美对象产生感知体验的难易程度,针对特定文化景观的审美活动,按照非语言型直观感知类、语言型直观感知类、语言型非直观感知类、综合感知类逐级递进的原则进行排序。

表3 "中国文化景观审美"教学内容结构表

审美体验感知方式	对象类型	中国文化经典主题
(一)非语言类可直观感知型景观	1 感官体验型	听觉、视觉感知类:(1)琴乐
		视觉感知类:(1)水墨画(2)青铜器(3)兵马俑(4)佛造像
		视觉、触觉感知类:(1)瓷器(2)服饰(3)民间工艺品
		视觉、味觉、嗅觉感知类:(1)美食(2)茶(3)酒
		视觉、味觉、嗅觉、触觉感知类:(1)中医
	2 肢体运动体验型	(1)功夫与蹴鞠
	3 脑力运动体验型	(1)围棋
(二)语言类可直观感知型景观	1 文字型	(1)汉字(2)书法(3)唐诗(4)明清小说
	2 戏剧型	(1)京剧
(三)语言类不可直观感知型景观	1 信仰型	(1)儒家思想(2)道家思想(3)易经(4)兵家(5)禅宗(6)礼天思想
(四)综合感知型景观	1 现场情境型	(1)江南园林(2)紫禁城(3)民居(4)万里长城
	2 历史情境型	(1)郑和下西洋(2)大唐盛世(3)丝绸之路(4)古代城市风情(以《清明上河图》为例)
	3 分类评价型	(1)四大发明
	4 综合体验评价型	现代城市风情(以(1)北京(2)上海为例,此部分内容可视实际教学需要而替换,亦可作为小组项目大作业由学生介绍自己家乡的风土人情在课上展示)

需要指出的是,以上仅提供一个参考性的编排方案,因为在很多具体的审美活动中产生的感知体验是比较复杂的,如戏剧型的审美活动就是一例,不宜仅仅使用某种单一的类型简单地归纳。此外,具体的学校教学环境和亲临现场的审美环境是有天壤差别的,出于教学方便的需要,这个原则有时也会相应变通,具体还要依据学习者对审美内容的感知、识记、理解等认知习惯的周期性特点而定。

2. 教学环境与教辅材料

（1）工作坊式教学环境。休闲教育课程在教室环境布局上也应尽可能地照顾到学习者回归生活、休闲惬意的心理感受。比如，可以对传统的三尺讲台面对众排课桌的师生对立型教室布局风格进行大胆的改革与创意，用休闲书吧甚至西式开放式厨房的风格将中、小型教室重新装修成休闲教育工作坊，并配置相应的多媒体视听教学设备。休闲书吧模式无论从功能上还是形式上都是进行休闲教育的天然优良场所，但是本文特别提到的西式开放式厨房的教室设计则出于以下考虑：一方面该课程倡导的休闲教育理念同生活场景密不可分，采用西式开放式厨房风格布置教室环境有利于激发学习者在观念中建构温馨的休闲生活观念；二是各种实物展示类的教具亦可存放在西式厨房空间充裕的橱柜里；此外，开放式厨房的宽大岛台十分类似学校图书馆自习室的书桌，十分方便组织小组讨论和手工制作类体验活动，还可以供多名学习者同时摆放文具和学习资料。

（2）配套教辅材料开发。休闲教育课程的自身定位决定了应当让学习者从多个角度深入细致地感触文化景观的美学价值。除了教学环境方面的情境模拟外，在选择配套的教辅技术与教具进行教学信息输入时，也需考虑到学习者对特定的景观审美对象所采用的不同感知途径的特点，否则，便容易引起学习者的理解误差。在表4中，归纳了在具体的教学过程中，针对学习者对不同类型的景观审美对象的感知途径，任课教师适宜采用的教学信息输入方式。

表4 "中国文化景观审美"教学信息输入方式

景观审美对象	学习者感知途径	教师任务	信息输入方式
文字、文学作品、信仰	视觉、听觉	示范与讲解	文本（含口头）
音乐	听觉	展示与讲解	音频
绘画、雕塑、建筑、服饰	视觉	展示与讲解	图形、图像
工艺品、饮食习俗	视觉、触觉、味觉、嗅觉	展示与讲解	实物教具
武术、围棋、中医、戏剧、城市风情	视觉、听觉、参与式观察	展示与讲解 讲解与点评	视频或体验活动

关于教辅材料的设计，简单的可由任课教师自行开发，但对于较复杂的教具，既可以采用申请精品课程建设项目的形式，也可以依托休闲哲学专业委员会牵头组织，借助会员单位高校的教师发展中心或者社会上有志于公益教育事业服务的专业教辅材料设计机构开展。在结项的成果中可推出成体系的教具以及视听教辅产品甚至师资培训课

程方案,并在项目成熟时向全国各地区教育单位进行产品推介,同时提供免费的师资培训与进修项目。

三、结果与讨论:休闲教育对倡导健康生活方式的积极作用

(一)在协调人与自然关系上的积极作用

从休闲教育课程体系的具体目标来看,学习者所学习的涉及特定社会文化物质底层的内容是休闲教育的基础层次,主要是针对人与自然关系层面倡导一种生态和谐的观念,因而具有积极意义。具体而言,所谓"以美启真",其根本目标就是探究生活方式物质层面的美学真谛。按照李泽厚先生在《建立新感性》(李泽厚,2011:308)中的主张,"'以美启真'最初是指自由想象的审美感受可以导致科技认识的发现和发明"。该观点亦可进一步理解为,人类偶然的、自发的对事物的美好情感与想象能够产生理性的认知行为,这便是审美活动中创造性灵感的形成过程,这个观点在休闲教育中意义尤为重要。长期以来我们很多课程受应试教育的影响,只注重强调知识点的识记与理解,推行标准化测试,缺乏对学习者想象力和创造性灵感的激发。而休闲教育课程则在课程的目标层面上定位于尊重并解放学习者的自由灵性以充分发挥他们的创新精神,在多姿多彩的文化景观的现象世界中潜移默化地参悟生活方式中的美学真谛。

(二)在协调人与人关系上的积极作用

特定社会文化层面的内容是休闲教育的中间层次,主要是针对人与人关系层面倡导一种人际和谐的观念,即"以美储善"。其积极意义在于,在社会生活领域倡导一种有利于社会成员共同发展的公共性的秩序与善良的风俗。按照李泽厚先生在《建立新感性》(李泽厚,2011:308)中的主张,"'以美储善'本意是指由审美感受导致情本体和物自体的信仰与追求,人由此可以……无所烦畏而立命"。该观点亦可以进一步引申为人类偶然的自发的对事物的美好情感与想象能够产生与公众普遍认同的伦理精神相吻合的态度倾向,这便是审美活动中道德规范意识的自发形成过程,这个观点在道德教育中意义尤为重要。长期以来,我们的伦理道德教育流于形式主义,过于强调教条性地灌输,缺乏对学习者自我反思过程的培养与关注。对此,休闲教育课程可以在课程的目标定位上起到价值导向的作用,即使得学习者通过具体的审美活动渐渐形成一种符合有中国特色的社会主义核心价值观的休闲理念,而这种理念与维系具体的社会公共秩序、培植良性的生活习俗是相统一的。

(三) 在协调个体自身心智发展上的积极作用

最后,学习者所学习的涉及特定社会文化语言与精神层面的内容是休闲教育的高端层次,主要是针对人类自身心智发展层面倡导一种情智和谐的观念,简而言之就是"以美养性",即培养个体生活方式观念层面的高雅情趣与品位。"以美养性"的提法源自对中国人传统的修身养性、怡然自得休闲观念的总结与提炼。因为青年群体是我们国家未来社会生活的中坚力量,他们中大多数人在人生观形成的关键时期养成的生活信念和生活习惯一定会在未来影响到整个国家主流社会休闲价值观念的总体走向。所以,利用通识教育选修课模式培养青年群体的良好审美习惯,对他们自身的人格塑造和未来生活中休闲品位的提升有着至关重要的长远意义。

四、结语

于光远先生曾针对休闲教育做出两点精辟的论述,第一个是关于自由的表述,他主张"自由不仅仅是哲学和休闲的本质,也是教育的本质"(马惠娣,2008:83-84)。第二个是关于快乐的表述,他认为中国传统教育思想中休闲教育的本质就是"寓教于乐"。从这个意义上说,休闲教育为人类从必然王国走向自由王国提供了一条可供选择的途径,它的终极指向是自由与快乐。然而,迸发自由的灵性,享受快乐的心境,并不一定波澜壮阔、巨浪滔天;或许应似宗白华先生在《艺境》中对诗兴的探寻一样温婉自然,"在春风里,点碎落花声;在细雨中,飘来流水音"(宗白华,1987:394)。这是自然界和谐美的具体表现。美学标准和好的生活方式的标准是统一的,这个标准外在呈现出来的就是一种和谐的美。因此,人类应在传承美好生活方式的具体休闲教育实践中追求生态和谐、人际和谐与情智和谐。休闲教育课程致力打造的就是这样一座可供心灵栖息的诗意家园,让学习者在传承美好生活方式的情境体验中接受休闲教育,学会如何更有情趣地生活。

参考文献

[1] 哈维兰. 文化人类学(第十版). 翟铁鹏、张钰译. 上海:上海社会科学院出版社,2006:36,42-45.

[2] 利奇. 缅甸高地诸政治体系——对克钦社会结构的一项研究. 杨春宇、周歆红译. 北京:商务印书馆,2010:28-29.

[3] 李泽厚. 哲学纲要. 北京:北京大学出版社,2011:308.

[4] 王雅林.闲暇生活方式与个性发展.青年研究,1985(1):10-12.

[5] 王雅林.生活方式研究的社会理论基础——对马克思历史唯物主义社会理论体系的再诠释.南京社会科学,2006(9):8-14.

[6] 王雅林,从生活出发诠释社会意蕴——论费孝通教授对社会学的重大理论贡献.哈尔滨工业大学学报,2012(5):23-28.

[7] 韦尔施.艺术如何改善我们的生活.艺术评论,2011(4).

[8] 吴文藻.论社会学中国化.北京:商务印书馆,2010:273,281.

[9] 叶朗,朱良志.中国文化读本.北京:外语教学与研究出版社,2008.

[10] 于光远,马惠娣.于光远、马惠娣十年对话:关于休闲学研究的基本问题.重庆:重庆大学出版社,2008:83-84.

[11] 宗白华.艺境.北京:北京大学出版社,1987:394.

[12] Tuan, Y. Topophilia. Columbia University Press, 1990:92.